ДИАГНОЗ: БОГ

Исповедь хирурга

Д-р Грэг Э. Виман

«Я был мертв, но теперь жив».

Диагноз: БОГ

Автор: д-р Грэг Э. Виман

Главный редактор: Олесь Дмитренко

Перевод на русский: Ольга Мазур

Редактор: Галина Кириенко

Диагноз: Бог. Исповедь хирурга / Перев. с англ. О. Мазур; ред. Г. Кириенко. – К.: Брайт Стар Паблишинг, 2015. – 288 с.

Скептически настроенный американский медик решает опровергнуть христианство, чтобы уличить своих верующих соседей в лицемерии. Грэг Виман руководствуется научным методом, непредвзято взвешивает факты, но неожиданно на собственном опыте переживает Божье присутствие. Он ставит диагноз своему новому состоянию в соответствии с требованиями медицины и приходит к парадоксальному выводу, который оказывает влияние на его судьбу.

ISBN 978-1-937355-33-3, © Greg E. Viehman, M.D., 2016

Copyright 2016 Greg E. Viehman, M. D.
Published by Big Mac Publishers
Kingston, Tennessee 37763

All rights reserved. Written permission must be secured from the publisher or Dr. Greg Viehman to use or reproduce any part of this book, except for brief quotations in critical reviews or archives. No part of this publication may be stored in a retrieval system, or transmitted in any form or by any means – electronic, mechanical, photocopying, recording, or otherwise – without prior written permission. Dr. Greg Viehman can be contacted via his website: www.goddiagnosis.com

Авторское право © д-р Грэг Виман (Dr. Greg Viehman). Все права защищены. Для использования или отображения любой части этой книги, за исключением сжатых цитат для отзывов или архивов. Любые отрывки данной публикации запрещено сохранять в поисковых системах, передавать любым способом – электронным, механическим, фотокопированием, записью и другими – без предварительного письменного разрешения автора. Контакты доктора Вимана размещены на сайте: www.goddiagnosis.com

Содержание

Содержание 3
Отзывы читателей 4
Благодарность 8
Вступление 9
Глава I. Мечта или ужас? 13
Глава II. Путешествие 23
Глава III. Первый этап исследования. Новый завет 51
Глава IV. Второй этап исследования. Воскресение 59
Глава V. Третий этап исследования. Иудейское писание 71
Глава VI. Четвертый этап исследования. Исторические
   доказательства Нового Завета 89
Глава VII. Решение 121
Глава VIII. Пробуждение 129
Глава IX. Преображение 143
Глава X. Дифференцированный диагноз 159
Глава XI. Предварительный диагноз 175
Глава XII. Грех 179
Глава XIII. Симптомы греха 185
Глава XIV. Лекарство от греха 189
Глава XV. Окончательный диагноз 203
Глава XVI. Подтверждение исцеления 205
Глава XVII. Лекарства в действии 209
Глава XVIII. Доказательства выздоровления ... 213
Глава XIX. Тэмми 219
Глава XX. Отношения 225
Глава XXI. Дети 241
Глава XXII. Благоприятные обстоятельства 247
Глава XXIII. Пациент 255
Глава XXIV. Прививка против лекарства 267
Примечания и ссылки 283
Об авторе 287

Отзывы читателей

Книга «Диагноз: Бог» интригует с первых страниц, поскольку речь идет о поисках смысла жизни. Доктор Виман повествует о том, как воплощение «американской мечты» – образование, деньги, карьерный успех, слава, прекрасные жена и семья – оставило его наедине с внутренней пустотой и злостью. С чувством отвращения к пустой религии и ее лицемерным популяризаторам автор делится своими размышлениями и в конце концов делает невероятное открытие с точки зрения медицины. Его проверка фактов тщательна, тесты – комплексны, диагноз – точен: пациент духовно мертв. На страницах этой книги вы найдете не только подтверждение диагноза, но и ответ, как избавиться от болезни и какие Лекарства употребить. Настоятельно рекомендую каждому, кто ищет смысл жизни.

Алан Т. Э. Бэнсон, магистр теологии, доктор богословия

Впечатлило глубокое и искреннее свидетельство человека, который решил найти ответы на вечные вопросы своего бытия. Никогда не читал подобного. Доктор Виман доносит мысль четко и ясно, а читатели как будто проходят с автором все этапы его исследования, чувствуют его волнение. Постоянное описание внутреннего состояния автора во время исследования, выяснение всех «за» и «против» относительно корректности Святого Писания, точная историческая информация восхищают и убеждают в правдивости окончательных выводов. Это невероятное приключение медика, который, пребывая в расцвете сил, неожиданно делает открытие, навсегда изменившее его жизнь и судьбу в вечности. Но будьте осторожны: диагноз доктора Вимана может изменить и вашу жизнь.

Майк Гокетт, полковник военно-воздушных сил США в отставке

Читать обязательно! Отправьтесь путешествовать в невидимое. Посмотрите на мир глазами внимательного наблюдателя, медика-практика, который ищет истину.

Билл Данн, MSAE

В поисках истины и доказательств доктор Виман использует научный метод и скрупулёзно изучает разные точки зрения, чтобы получить ответ на глубинные вопросы, которые волнуют и мужчин, и женщин… Эта книга познакомит читателей с доказательствами и выводами, которые способны повлиять на сердце, душу и судьбу в вечности.

Линн Фортунис, администратор

Это увлекательный рассказ успешного хирурга и преданного семьянина, который, по мирским меркам, достиг всего, что нужно для счастья, но позже осознал, что успех и удача не дали ему мира или смысла жизни, к которому он стремился. В книге «Диагноз: Бог» доктор Виман использует и академический опыт, и медицинскую практику, чтобы поставить самый критичный диагноз своей жизни.

С. Дюэн Тэстер, фармацевт, MBA

Диагноз? Бог? Неужели! Диагноз требует подлинных доказательств, которые можно проанализировать с научной точки зрения. Разве можно объяснить феномен веры явлениями, доказать которые нереально? Постановкой диагноза занимается доктор Грэг Виман, выводы которого заставят вас переоценить свои убеждения и вдохновят жить в соответствии с тем, во что вы верите.

Рик Э. Грэйвз, доктор юридических наук

Это рассказ человека, который ищет истину в мире, прячущем ее за разными фасадами. Как пастор я получаю для ознакомления немало книг из разных источников. Как правило, читаю одну-две главы, а потом книги пылятся на полке. Книга Грэга отличается от других искренностью, прямотой, юмором, свежестью, интересным стилем. Меня впечатлила жизненная история Грэга, его опыт, переживания и откровенная оценка собственной жизни. Рекомендую каждому.

Клэй Рэттэр, старший пастор церкви «Калвари Чапэл» в Уилмингтоне

Доктор Виман – обыкновенный медик в халате, который ходит по лаборатории с фонендоскопом на шее, держа в руках результаты своего исследования, ставящего диагноз человечеству. Вывод доктора шокирует: мы все — духовно нездоровы, не просто больны и больны не временно. Мы — ходячие мертвецы. Расследование показало, что человек не способен самостоятельно излечиться от проклятой болезни, сколько бы ресурсов ни привлекал. Выдающийся медик ставит Диагноз и находит Лекарство. Доктор Виман признал парадокс пустоты, который возник вследствие его земного успеха. Непременно советую прочитать всем, кто в поиске!

Томас С. Уомбл-младший, магистр теологии, доктор богословия

В поисках ответов на сакральные вопросы о смысле жизни и судьбе доктор Виман отправляется вместе с читателем в путешествие, полное искренних личных чувств, чтобы, вопреки цинизму и скептицизму, прийти к грандиозным результатам своего исследования. Размышления доктора Вимана повлияют и на вашу жизнь. Книга «Диагноз: Бог» — подробное и трогательное свидетельство успешного хирурга, который на собственном опыте почувствовал, что такое «трансплантация сердца». В то же время книга бросает вызов всем, кто сомневается в существовании Бога.

Уильям Дж. Ванартос, доктор медицинских наук

Книга доктора Вимана — это откровенный и подробный рассказ о системе поэтапного исследования сущности христианства с целью опровергнуть его и отбросить прочь. В поисках ответов автор на собственном опыте ощущает присутствие Божье, начинает новую жизнь и понимает, чего именно жаждало его сердце столько лет, — настоящей живой Любви. Труд доктора Вимана — чудесный источник вдохновения для тех, кто стремится к полноценной жизни.

Кэрри Эндрюс, дипломированная медсестра

Существует ли иная жизнь, помимо повседневного существования на земле? Этот вопрос волновал многих на протяжении всей истории. Доктор Грэг Виман отважился отправиться на поиски настоящего ответа. После тщательного изучения фактов он ставит окончательный диагноз. Настоятельно рекомендую эту книгу каждому, кто стремится получить ответы на самые важные в жизни

вопросы.*Джонни Ривьера, пастор церкви «Калвари Чапэл Кэри»*
Если вас интересует смысл жизни, если ищете ответы на глубочайшие вопросы своего бытия или, возможно, чувствуете, что в жизни не хватает чего-то, эта книга для вас.

Родни Финч, старший пастор церкви «Калвари Чапэл Кэри»

Доктор Виман отправился в интереснейшее путешествие. В своей книге он объединяет человеческую искренность с профессиональными навыками медика, чтобы записать на бумаге подробности своего исследования. Его повествование дышит свежестью, книга информативная, вдохновляет и впечатляет откровенностью, заставляет читателя задуматься и о своей жизни.

В результате тщательного исследования и анализа собственных переживаний доктор Виман оставил нам настоящее сокровище. Его книга будет полезной для каждого, кто сомневается в корректности Святого Писания и возможности человека вернуться к полноценной жизни, для которой он был сотворен с самого начала.

Дэвид С. Брадэн, B.S.C.E., магистр теологии

Книга «Диагноз: Бог» разоблачает настоящее состояние человека и отвечает на вопросы, которые мы часто не решаемся себе задать...

Кэрол Касэл

Благодарность

Выражаю искреннюю благодарность друзьям, которые помогли мне в создании книги. Ваши вклад, время, комментарии были бесценными. Я благодарен своей жене Руфи, которая посвятила мне столько времени, вдохновения, сил, особенно на протяжении последних семи лет, когда я искал ответы на глубинные вопросы. Билл Дан – наставник, друг и редактор повлиял на меня, указав правильное направление. Д-р Билл Ванартос помог мне в работе над текстом и формулировке ключевых тезисов. Грэг Мак-Элвин консультировал в вопросах стиля, что помогло воплотить в жизнь мою историю. Лэсли и Диэнн Уильямсон тщательно отредактировали содержание, пунктуацию и грамматику.

Кроме того немало людей поделилось своими комментариями и идеями, прежде чем родилась окончательная версия. Благодарен им за их время, интерес и вклад. Наконец, я благодарен Господу, истинному Автору моей жизни и вдохновения, вследствие чего родилась эта книга. Бог дал мне возможность осуществить то, чего я не смог бы воплотить в жизнь без Его помощи.

Грэг Э. Виман

Вступление

Однажды в колледже показывали спектакль, который оказал влияние на мою жизнь и восприятие действительности. Это была пьеса Торнтона Вайлдера «Наш городок». Главная героиня, Эмили Гиббс, в молодом возрасте умирает во время родов. Однако возвращается к жизни на день, чтобы увидеть, как в кино, свое прошлое. Эмили ужасает картина потраченных зря лет и пустой суеты, ведь она смотрит теперь на все другими глазами. Вдруг она понимает: люди погрязли в суете, работе и беготне так, что больше не смотрят друг другу в глаза, не наслаждаются присутствием самых дорогих на свете людей. Эмили отчаянно желает, чтобы члены ее семьи остановились хотя бы на минуту и ощутили бесценное мгновение, насладились искренней радостью. К сожалению, теперь это невозможно.

На глазах Эмили смысл и сущность жизни постепенно тают в водовороте мелочной суеты, которая омрачает самое главное. Моменты, наполненные смыслом, обесценены. Ими пренебрегали, их утратили, никто не придавал значения вечному. Эмили сделала вывод: люди не знают, что живы, пока не умрут. Воспринимают жизнь как должное, пока ее не станет.

Фабула пьесы задевает за живое каждого читателя и ценителя театра. Когда мне исполнилось девятнадцать, я впервые осознал, что сам проживал в «городке», не подозревая об этом. Драматургия Вайлдера коснулась моего сердца. Что-то внутри как бы говорило: мир, в котором ты живешь, ущербен.

Однако глубокие впечатления от спектакля быстро улетучились из моей студенческой головы в бушующем потоке академической деятельности. Я с легкостью вернулся в свой «городок». Поплыл по течению. И совсем не задумывался над причиной своего существования и смыслом бытия. Жить ради собственного удовольствия, заботиться о своем здоровье, лелеять семью — что же странного в такой позиции? Время шло, но мне было все равно.

Незаметно я попал в ловушку «целей» — достигал одной, после мчался за другой. Вертелся, как юла, изо дня в день, ожидая птицу счастья завтрашнего дня, которая все не прилетала. Вместо нее, как дым, улетучивалось настоящее.

После женитьбы и рождения детей суеты прибавилось. Казалось, стрелки часов завертелись еще быстрее. Прекрасные минуты в семейном кругу и долгожданный отпуск стали каплей в море нескончаемой суеты. Жизнь торопила, подгоняла вперед, не спрашивая разрешения. Я не успевал идти в ногу с ней. Фотографии и ностальгическое домашнее видео не могли полноценно ни отобразить, ни воспроизвести мою действительность. Каким-то образом семейные архивы только усиливали чувство тревоги, напоминая, как быстро летит время, как хочется остановить его или прожить счастливые минуты еще раз. Попытки остановить мгновение были безрезультатны и возвращались бумерангом, ведь времени для людей, которых любишь, всегда не хватает. Жизнь проходила, и никто не мог этому воспрепятствовать.

Естественно, я не хотел, чтобы отношения с семьей и близкими когда-нибудь оборвались. Сердце стремилось к вечности, но мировоззрение, сформированное теорией эволюции и убеждением в том, что истина относительна, постепенно лишало смысла каждый его удар. Психологическое давление, стресс, разочарование оседали на дне моей души, которая умоляла о помощи. Я стремился найти ответы на глубинные вопросы, но искал их в мире, который в унисон уверял, что ответов не существует. Таким образом, моим убежищем стал свой собственный «городок», в котором я прятал боль всякий раз, когда ее не могли заглушить развлечения. В «городке» комфортно просиживала будни наша семья, прячась от неспособности наполнить дом любовью, которой не будет конца. Гораздо легче играть роль Эмили Гиббс и позволить обыденности отвлекать твое внимание от главного. Жить в теплом «городке» комфортно, пока не осознаешь, где пребываешь на самом деле. Я обитал там, обманутый, несколько десятков лет.

Сердце искало ответы на сакральные вопросы бытия, жаждало вечного и хотело быть там, где любовь никогда не умирает и продолжается вечно. Наконец отчаянные поиски привели меня к Исцелению.

В студенческие годы я считал, что знал все. Позже убедился, что не знал ничего. Повзрослев, стал удовлетворять земные аппетиты, приобретая все, что в мире считалось необходимым для счастья. Но вскоре прозрел: я был беден и наг.

Бог всегда находился на расстоянии вздоха от меня, хотя все, что я видел и слышал вокруг, силилось убедить меня в обратном. Почему ценности этого мира не вписывались в картину моей жизни, которая пронеслась перед глазами, словно миг? Все, от собственных жизненных принципов до понятного на первый взгляд смысла жизни, оказалось полнейшим обманом, когда я поставил точный Диагноз.

Грэг Э. Виман, доктор медицинских наук

Глава I

МЕЧТА ИЛИ УЖАС?

В тридцать шесть у меня было все, чего душа желает. Я гордился безупречной репутацией медика-профессионала, в свое время был лучшим студентом факультета, учился в самых престижных университетах мира, работал в авторитетной клинике, у меня была прекрасная жена, двое сыновей, крутая машина, изысканный гардероб, роскошный дом в престижном районе и породистый пес в придачу. Сказать нечего, своими собственными руками человек построил рай на земле, воплотил «американскую мечту» в жизнь. Да-да, дело сделано. Я разгадал запутанный ребус бытия.

Кирпичик за кирпичиком я сооружал свою собственную башню, в соответствии с требованиями этого мира. Меня научили полагаться только на себя любимого, постоянно держать марку, строить собственную империю, чтобы жить красиво и гарантировать обеспеченную жизнь своей семье. Полный эгоистичных амбиций, я сметал все на своем пути ради постоянного продвижения вперед. Благодаря самодисциплине и преданности своему делу, успешно реализовал себя. А мир тем временем гладил меня по головке за то, каким хорошим мальчиком я был, старательно исполняя поставленные им задачи. Материалистическое мировоззрение незаметно цементировало иллюзию успеха и комфорта. Основой моей «башни» была надменность, но тогда я не понимал этого.

Вот наша семья на пороге третьего тысячелетия. Ну разве она не прекрасна? Разве не демонстрирует эталон образцовой? Разве не отражает портрет успешной страны?

Как же я чувствовал себя на самом деле, находясь в центре американской мечты? Одиноким, разочарованным, недовольным, опустошенным, беспомощным, беспокойным, грустным. Постоянно чего-то не хватало. Ни достижения, ни должность, ни многолетний опыт не давали мне того, чего я ждал. Я попытался наполнить жизнь разнообразными хобби: ранними пробежками, триатлоном, хорошим вином, горным велоспортом; собственностью: спортивными машинами, огромным домом, драгоценностями, одеждой, часами, музыкальным оборудованием; развлечениями: кино, поездками, изысканными ресторанами; обществом: вечеринками, высоким статусом, друзьями. Все это удовлетворяло меня лишь на время, шарм и прелесть яркой жизни всегда улетучивались — когда за ночь, когда постепенно. Как незрелый подросток, который заигрывает то с одной красоткой, то с другой, я годами метался из стихии в стихию.

Когда меню прихотей было исчерпано, пришла депрессия. Я был голоден, но ни одно блюдо не насыщало меня. Хотел пить, но не мог утолить жажду. Чем больше потребляла моя душа, тем хуже было самочувствие! В конце концов мне уже стало страшно пробовать «что-то еще», потому что понял: это «что-то» не насытит меня никогда. Оно не даст того, на что я так надеялся.

Однажды прозрел: я провел свои годы в бесполезных поисках удовольствий. Так было даже в детстве. Дорогие подарки и игрушки никогда не приносили того, что обещала яркая упаковка. Они быстро надоедали и даже утомляли.

«Грэг, почему ты больше не играешь в новый пинбол? Ты же просил его весь год, – поинтересовалась мама вскоре после празднования моего восьмилетия. – Не прошло и недели с тех пор, как мы купили тебе его».

Я не знал, что ответить. Просто сидел на полу возле разноцветного китайского бильярда и грыз ногти от разочарования. Мне быстро наскучила эта шумная игра. Процесс ожидания новой игрушки оказался значительно интереснее, чем сам подарок. Не прошло и недели, как игра устарела!

Каждый раз уже другая игрушка манила меня. Я рос в обеспеченной семье, поэтому не было проблем с получением новой. Постоянный поток новинок поддерживал мой пульс. Ощущение пустоты и тошноты не длилось настолько долго, чтобы причинить ощутимую боль моей душе. Игрушечные машинки «Мечбокс» быстро переставали быть интересными из-за появления «Мерседесов», конструкторы «Лего» уступали место моделированию домов, пластиковые часы с изображением Супермена менялись на настоящие «Роллекс», а футболки с принтом на заказ затмевала стильная одежда от Армани. Теперь я жил во взрослой версии игры, которая уходила своими корнями в детство.

Моя душа напоминала стерильную и в то же время холодную, с блеклыми, покрытыми грибком стенами, пустую комнату, куда еле доносился голос сердца, жаждущего мира и спокойствия. Комната была бездонной пропастью, безжалостно и нещадно пожирающей все, что туда попадало. Мое внутреннее состояние напоминало состояние юноши, которого бросает девушка после первого же свидания. Только процесс разрыва продолжался беспрерывно. Поначалу я бывал на седьмом небе от новой покупки или очередного увлечения, но позже чувствовал себя опустошенным и бросал всех и вся, даже не попрощавшись. Иногда ходил развлечься на разные вечеринки, хотя душа все равно страдала. Меня окружали родственники, друзья, но я был одинок.

Вспоминаю семейные каникулы. Каждый год на Рождество мы уезжали на Карибы. Самыми любимыми островами для нас стали Аруба, Сент-Томас и Багамы. Еще в детстве удивляло то, что большинство взрослых, побывав на Карибском побережье, возвращались домой с кислыми минами. То были несчастные и вечно недовольные личности. Наконец они вырвались из повседневной суеты на свободу, прилетели на удивительный курорт, где больше не нужно было забивать голову всякими заботами, наоборот – наступило долгожданное время, чтобы насладиться жизнью, расслабиться, есть, спать, веселиться… Совершенно непонятно, почему физиономии практически всех их выражали глубокую тоску. Еще тогда я понял, что недовольное лицо свидетельствует об элементарной внутренней неудовлетворенности. Напрашивался вывод: если Карибские острова не сделали счастливыми их, то разве могут принести счастье мне? Такое заключение меня не устраивало, поэтому я решил выяснить, почему все так происходит.

СЧАСТЛИВЫЕ КАНИКУЛЫ

Летом 2000-го, когда детям было два и три года, мы спланировали первые семейные каникулы во Внешних отмелях Северной Калифорнии. Наконец-то смогли отпустить детей на пляж и при этом поминутно не хвататься за сердце. Полгода я вынашивал план этого отдыха, предвкушая счастливые минуты, которыми будет наслаждаться вся моя семья. Когда мне портили настроение или оно само куда-то улетучивалось, я напоминал себе о грядущем празднике – отпуске. Надежда на счастливые каникулы всегда ободряла меня.

– Друзья, время пришло! Сегодня отправляемся на море! Ха-ха, это же наши первые семейные каникулы!

Радость била ключом, я чувствовал себя, как гейзер, который вот-вот вырвется наружу. Приятная суета, упаковка вещей, загрузка чемоданов в машину поднимали нам настроение.

– Пап, смотри, что у меня есть! – похвастался двухлетний сын.

Он расплылся в улыбке, гордо демонстрируя мне новенькое ярко-голубое ведро и лопатку! Малыш радостно побежал к машине. До места назначения мы добирались шесть часов, но время пролетело незаметно. Я не мог дождаться!

«Вот и оно – то, что называют счастьем», – думал я. Прекрасная семья, престижная работа, красивая жена. Мы воплощаем американскую мечту. Отпуск заполнит пустоту в моей душе и избавит от чувства неудовлетворенности. Просто-напросто никак не удавалось спланировать нормальный отдых, поэтому и не хватало чего-то в жизни, но теперь мы почти у цели.

Наконец остановились в самом конце улицы возле арендованного домика. Это был роскошный коттедж с гонтовой крышей и видом на море. Я открыл окно и услышал плеск волн, накатывающихся на берег. Легкий бриз наполнил авто. «Боже, как чудесно. Именно то, что надо. Мы на месте», – обрадовался я и торжественно объявил:

– А вот и домик! Друзья, мы прибыли туда, где сбываются мечты!

Мальчикам не терпелось выбраться из машины, они заерзали в своих креслах. Их восторгу не было предела.

Мы поспешили к домику и распаковали свои вещи. Все переоделись в купальные костюмы и поспешили на пляж. Правда мне пришлось сбегать дважды и принести к морю много всякой всячины: игрушечные бульдозеры, полотенца, кресла, журналы и другую дребедень. Мы были в восторге от пляжа. Там царило спокойствие и тишина. Первый день воплотил наши ожидания в жизнь. Замки из песка, прогулки босиком по берегу, катание по волнам на доске, поиски ракушек полностью заполнили этот день. Что еще нужно?

День второй оказался еще лучше! Мы хорошо выспались, вкусно позавтракали и снова запустили программу развлечений. После активного отдыха на пляже дети сладко заснули, а мы с женой устроились на террасе, любуясь волнами океана.

На третий день я начал хандрить и не понимал почему. Все вокруг раздражало. «Да что со мной такое?» – удивлялся я. Океан уже не казался мне таким волшебным, песок не успокаивал, а отдых больше не был беззаботным. Тревога росла все больше.

– Идея! Играем в мини-гольф, а потом – мороженное! – предложил я.

Свежая мысль быстро заглушила внутреннюю боль. Я с нетерпением ждал нового приключения и не понимал, что, на самом деле, снова терзался в ловушке, в которую попадал всякий раз, когда пытался отвлечь внимание от главного.

На четвертый день я проснулся в депрессии. «Отпуск проходит так быстро! Скоро и закончится. Время пролетело!» – нахмурился, как туча.

Первые три дня казалось, что неделя – это вечность. Теперь отпуск приближался к завершению. Финишная прямая действовала мне на нервы. В голове уже вертелись неприятные мысли. Наблюдал за своими мальчуганами, которые играли на берегу. Они как раз сооружали гигантскую насыпь из песка, облепливая ее высокими шпилями, чтобы получился старинный замок. При этом они с удовольствием имитировали своими тоненькими голосочками звук трактора: «Р-р-р-р, м-м-м-м». Я наблюдал за ними с радостью и грустью одновременно. «Какой особенный момент! – думал я. – Но что будет с этими впечатлениями? Неужели завтра я уже не вспомню эту игру моих сыновей? Неужели эти воспоминания затеряются в ветхих архивах сознания? Разве через сто лет будет кого-нибудь интересовать куча мусора, в которую превратится наша семья?»

Мальчики еще не закончили сооружать замок. Конструкция напоминала скорее гору песка, нежели готическое здание. Дети воткнули по ветке в свое творение. Считалось, что это флаги. Неожиданно маленькие строители затихли. Потом тихонечко достали из пляжной сумки свои бульдозеры. «Трах! Бах! Тарарах! Р-р-р! Р-р-р!» – под сопровождение боевых возгласов от замка не осталось и следа. За считанные секунды шедевр местного зодчества сравняли с землей. Перед глазами простирался пляж. Сооружение исчезло и слилось с остальным песком.

Такова и наша жизнь, думал я. «Почему отпуск проходит совсем не так, как я себе его представлял? Ведь только что был свидетелем прекраснейших моментов своей жизни. Почему печаль все равно подкрадывается?» — Мысли не давали мне покоя.

Каждый следующий день становился тяжелее предыдущего, пока мы не уехали.

День шестой я потратил впустую. Делать ничего не хотелось, и я не мог дождаться, когда мы, наконец, покинем этот дурацкий пляж и вернемся домой.

У меня было все, что нужно для полного счастья, но во время отпуска я понял кое-что. Жизнь была не только «пустой». Если верить теории эволюции, она вообще выбрасывалась в мусорный бак. Чего еще я мог достичь или почувствовать? Все, что у меня было, включая жену и детей, не имело смысла без вечности, без постоянства. «Наступит день, когда самые дорогие сердцу люди исчезнут вместе со всеми воспоминаниями», — размышлял я. Сидя за рулем, погрузился в раздумья: «Почему я чувствую себя так скверно после самого лучшего в жизни отдыха?» Решил никому не говорить о своих ощущениях — это был элементарный стыд. От него сжималось сердце. Когда-то предвкушение новых ощущений, процесс покупки, наслаждение изысками гарантировали пусть обманчивое и временное, но чувство удовлетворенности. Однако, как только удавалось «поймать момент», я тут же ощущал пустоту и депрессию. Выход видел один: заполнять пустоту более новым, большим, лучшим.

Главное — бакалавриат. Главное — магистратура. Главное — начать собственный бизнес по специальности. Главное — въехать в новый дом. Главное — хорошо отдохнуть. Главное… Такой подход сопровождал мою жизнь. Однако со временем вариантов «главного» почти не осталось. Словно в песочных часах, последние песчинки вот-вот просочатся сквозь щель, и на месте моего сердца останется пустота, заполнить которую будет невозможно. В душе заканчивался «песок», и я не мог закрыть отверстие, из которого он сыпался. Чувствовал себя преданным собственной парадигмой жизни. Ведь годами откладывал триумф на потом, чтобы сполна насладиться им в расцвете сил. Теперь оказалось, что я проложил себе дорогу лишь для того, чтобы увидеть не радость, а мрак. Что еще ждало меня впереди, к чему еще стремиться? Куда еще податься, чтобы найти ответ?

Я не мог откровенно поговорить с другими людьми о метаниях своей души из-за стыда, и это только усиливало чувство бесполезности, которое невозможно описать словами. Семя безнадежности постепенно прорастало. Цинизм, печаль, нетерпимость, раздражение, ощущение ненужности стремительно росли на плодородной почве пустоты, одиночества и фатализма. Встревоженный, я страдал из-за депрессии, пребывал в молчаливом отчаянии. Потягивал винцо, оно немного успокаивало мой мозг и душу. Какое-то время я находил в нем утешение. Но со временем признал, что поднятие настроения спиртным — фальшивка. Алкоголь быстро выветривался и не давал никаких ответов.

Американская мечта не дала мне того, к чему на самом деле стремился. Я не ощущал ее прелестей. Внешне моя жизнь казалась эталоном успеха, но в сердце царила пустота. «Всю жизнь зарабатывал то, что имею сейчас. Что же происходит? Чего еще я ищу? Что со мной не так?» — в глубине сердца я рыдал.

ЦИФРОВАЯ ИЛЛЮЗИЯ

Когда вернулся домой после шикарного отпуска, я пытался остановить время, фиксируя семейные события на фото и видео. Записывал все подряд. Приобрел «Эпл», научился монтировать домашнее видео, записывать DVD. Так я хотел уберечь свою «крепость», чтобы ее вдруг не снесли «бульдозеры». Благодаря цифровым носителям, память о семье останется на века. Я надеялся, что пересматривая видео или фото снова смогу наполниться теми прекрасными переживаниями. «Теперь они никуда не денутся! Я сохранил их на компе! Вот и перехитрил время!»

Удовольствие от накопленных домашних фото- и видеоархивов длилось года два, пока не начал их пересматривать.

— Любимая, устроим домашний кинозал! — с энтузиазмом предложил жене.

— Отличная идея, — согласилась Руфь, — пойду позову детей.

Все собрались возле экрана. Я вставил диск в проигрыватель. Понятное дело, больше всех хотел посмотреть видео именно я, поэтому и устроился на полу, поближе к телевизору.

Как только пошли первые кадры, сердце застонало. «Как быстро выросли дети», — первое, что подумал. Я уже и забыл, какими маленькими они были. Время летит бесповоротно. А куда? Смотрю запись: будто вчера сделана, а ведь прошло уже два года!

Мне хватило пяти минут. Угнетенный и испуганный я понял, что задумка не удалась. Фотоальбом и домашнее видео лишь усилили мою боль, напоминая, как быстро летит время. Неспособность остановить его или вырвать хотя бы минутку сыпала еще больше соли на мои раны. Я окончательно убедился, что сердце жаждало намного большего, чем простое воспроизведение воспоминаний в цифровом формате. Оно устремлялось к вечности, но вечности, по убеждению этого приземленного мира, не существовало. Я спустился в подвал с бутылкой вина, чтобы притупить свою боль. Фото и видео больше не интересовали. Проще жить настоящим, чем заглядывать в прошлое.

Совсем одинокий, я сидел на диване в гостиной и пил вино. С портретов, развешенных на стенах семь лет назад, на меня смотрели члены моей семьи. Я внимательно рассматривал эти изображения. Как ни крути — жизнь пролетит, словно миг, и с этим, увы, ничего не поделаешь. В глазах стояли слезы, когда я вглядывался в картинки семейного счастья, висящие на стенах. «Что с нами будет? Куда денутся все воспоминания?» – спрашивал я себя. Не ожидал такого поворота событий. Все должно было пойти совершенно по-другому! Что не так? В глубине души я стонал от отчаяния.

Звон в голове от бокала вина постепенно утих, и я погрузился в воспоминания в надежде найти зацепку. Исподволь я становился на путь поиска истины и установления Диагноза. Припомнил один странный случай, который случился со мной в молодости. Тогда не ожидал подобного поворота событий.

Глава II

ПУТЕШЕСТВИЕ

Однажды мой товарищ собрался поехать в горы, чтобы покататься на лыжах. Он пригласил меня с собой. Это случилось в последний год моей учебы в старшей школе. Я согласился. Однако не знал маленького нюанса: его друзья были верующими. На лыжах, так на лыжах, наивно думал я. Ничего не предвещало беды, пока не наступил вечер. После долгого изнурительного дня, проведенного на склонах, мы вернулись в дом, расположенный прямо в горах. Снег покрывал всю землю и кроны деревьев.

Я устал и не мог дождаться отдыха. В камине полыхал огонь, который притягивал, как магнит. Устроившись удобно в кресле, я снял рукавицы и обувь. Замерзшие пальцы покалывало, словно иголочками. Я протянул их к огню, чтобы согреть. Потихоньку согреваясь, я вытянул вперед ноги, поближе к горящим поленьям, которые, потрескивая, наполняли теплом всю комнату.

Внезапно пятеро (у каждого в руках была книга в кожаной обложке) подошли ко мне и окружили со всех сторон. Когда они приближались, я почему-то насторожился. Ни с того ни с сего меня охватил страх, странный испуг, мороз пробежал по коже, но почему?

Подобное чувство возникало и раньше, когда поступал неправильно, когда боялся, что меня вот-вот застукают на горячем и разоблачат мой грех. Мне вспомнился строгий голос отца:

— Грэг! Грэг Эдвин Виман, спускайся вниз!

— Может не надо, папа? У меня тут важные дела, — робко отвечал я, наивно пытаясь избежать неизбежного.

— Спускайся немедленно! — настаивал отец.

На душе становилось тяжело. В ушах звенело. «Папа все уже знает», — думал я с горечью.

Пятисекундное воспоминание мгновенно оборвалось, когда в горном домике надо мной, словно вороны, нависли пять теней книжников. Я почувствовал прилив адреналина. «Странно, почему я чувствую себя, как преступник, которого застали врасплох? —

удивлялся. – Я же не сделал ничего плохого. Даже не знаю, кто они такие».

– Что случилось? – я съёжился в кресле, пытаясь скрыть свои смешанные чувства.

– Ты в Бога веришь? – спросил прямо в лоб один из парней, а остальные пристально смотрели на меня. Пока я обдумывал, что ответить, девушка, стоявшая рядом, конкретизировала вопрос:

– Веришь в Иисуса Христа?

Последние слова окончательно сбили меня с толку, как, собственно, и странная манера общения. Я быстро собрался с мыслями и занял оборонительную позицию. Все тело напряглось. Моментально меня охватили гнев и паника, которые я не мог контролировать...

В голове вдруг мелькнуло воспоминание о похожем состоянии. Школьный заводила пытался поиграть на моих нервах: «Ну что, неженка, не можешь даже сдачи дать?» Тогда я впервые подрался.

– А почему, собственно, вас это интересует? – иронично улыбнулся, отводя в сторону взгляд.

У всех любознательных блестел странноватый огонёк в глазах. От этого огонька мне стало не по себе. Сердцебиение усилилось. Почему-то я не мог смотреть в глаза этим чудакам. Я был готов выйти из комнаты и удрать куда подальше, но попал в ловушку.

– Мы хотим кое-что тебе рассказать. Первых людей на земле, Адама и Еву, сотворил Бог. Но они согрешили, и потому грех отделил их от Творца. Так в мир пришла смерть. Грехопадение оказало влияние на все последующие поколения, включая нас с тобой. Однако на землю пришел Иисус Христос, чтобы взять на Себя наказание за твои грехи и устранить пропасть между тобой и Богом...

Когда разговорчивая «сестра» наконец перевела дыхание, я воспользовался моментом и немедленно запротестовал:

– Что за ерунду вы несёте? Человек эволюционировал на протяжении миллионов лет. Вы действительно верите в религиозные сказки? – я старался выглядеть непоколебимо, но голос выдавал моё волнение: – Плевать я хотел на Адама и Еву.

«Неужели "рождённые свыше" действительно воспринимают все написанное так буквально?» – подумал я.

— Иисус любит тебя, — пробормотал еще один блаженный откуда-то из угла.

Не знаю почему, но последняя фраза окончательно вывела меня из себя. Упоминание об Иисусе спустило курок моего гнева. В жилах закипела кровь, на лице выступил пот:

— Да неужели вы думаете, что после ваших рассказов я поверю в легенду о сотворении человека божеством? За восемнадцать лет своей жизни я ни от кого не слышал такой ерунды! К вашему сведению, тема моей курсовой: «Люси, недостающее звено между обезьяной и человеком»! — воскликнул я и возмущенно рассек рукой воздух. Случайно я зацепил ногой стоящий неподалеку стул, который ударился о несколько других, стоявших рядом. На них никто не сидел, поэтому грохот был ужасный.

— Грэг, что случилось? — удивился однокурсник, сидящий с противоположной стороны от выхода, к которому я, собственно, и направлялся.

Подойдя к нему, я прошипел сквозь зубы:

— Закрой рот! Просто замолчи! — Распахнул дверь ногой и очутился на улице, подальше от неадекватных фанатиков.

В тот же вечер святоши отважились подойти ко мне во второй раз. Теперь заговорили деликатнее. Они попытались представить факты, подтверждающие их убеждения. Однако все «доказательства» были взяты из Библии. Я даже не взглянул в их сторону. Просто игнорировал этих ненормальных до конца путешествия.

После возвращения домой сердце не покидала тревога. Какие-то непонятные личности попытались поставить под сомнение мою жизненную позицию. Моему негодованию не было границ! Радовало лишь то, что религиозный фанатизм — признак неадекватности. «Если человек — результат Божьего творения, а не эволюции, этому обязательно учили бы в школе. А ведь нам преподавали курс теории эволюции. Никто и словом не обмолвился о сотворении. Так что со мной все в порядке», — успокаивал себя. Самым весомым был тот факт, что в учебном заведении о Боге никто не рассказывал.

Вместе с тем было ощущение, что не все так однозначно, как казалось на первый взгляд. «Почему эта тема меня так зацепила? Да, у меня свои убеждения. Но почему я чувствовал себя тогда, как в детстве, когда донимал родителей?» — не мог уняться я, возвращаясь домой на автобусе. Я отрешенно смотрел в окно, только бы не иметь дела с этими набожными. Каникулы были испорчены.

Дома радостно встретили родители. Я же был подавлен и встревожен. Во время рассказа о верующих мои ладони покрылись потом от волнения. Родители успокоили и посоветовали не обращать внимания:

— Не волнуйся, сынок. Наплюй на это, у тебя все хорошо.

На следующее утро я уже не вспоминал о Боге. Вычеркнул Его надолго из своей жизни. В этом не было ничего странного, ведь до инцидента в горах я практически ничего не слышал о вере.

Сидя на диване я думал. Незаметно погрузился в давние воспоминания, в самое начало. Анализируя эпизоды жизни, понял, что больше всего меня волновали те события, которые прямо касались Бога.

ДЕТСТВО

Я родился в 1967 году в городке под названием Уилмингтон, штат Делавер. Был единственным ребенком в благополучной семье, где религии не придавали особого значения. Родители имели определенное представление о Боге, но мне предоставили полную свободу в вопросах веры. В свое время они увидели достаточно лицемерия среди верующих, поэтому не питали особых иллюзий по поводу церкви. Так что не было ничего удивительного в том, что я рос и не слышал ничего о Боге или потустороннем мире. В храм мы не ходили, над библейскими историями не раздумывали, об Иисусе Христе не говорили. Бог казался мне каким-то абстрактным, далеким, необъятным, вообще не актуальным для современного человека. Мир вокруг только подтверждал такое представление о действительности.

Единственные ассоциации с Богом вызывала бабушка по маминой линии. Ее вера навевала мрачные мысли о загробном и как-то не клеилась с веселым настоящим. На праздники бабушка торжественно провозглашала молитву «Отче наш», но что она имела в виду? Я не мог понять ни слова этой молитвы.

В доме у бабушки была Библия. Несколько раз я листал ее, но так и не понял, о чем там написано. Время от времени слова типа

«Господь» витали в воздухе, но я не понимал и этого. Когда я вредничал, старуха грозила: «Милостивый Господь все равно тебя накажет!» Не помню, чтобы кто-то ходил в церковь. Я считал, что нормальные люди не ходят в церковь, так всё вокруг свидетельствовало именно об этом. Хотя бабушка ходила всегда. Мы же воскресные дни проводили дома.

Когда мне исполнилось одиннадцать, общество активно начало влиять на мое мировоззрение. На уроке литературы нам дали задание написать о том, каким мы видим наше будущее. Я сообразил вот что:

Надеюсь, у меня будет классный дом среди красивой природы. Я женюсь, у меня будут дети. Заработаю много денег. Когда насобираю приличную сумму, то какую-то часть пожертвую на благотворительность, раздам бедным. В целом, планирую успешную жизнь, дела пойдут хорошо. После ухода на пенсию перееду во Флориду. Буду жить там до конца своих дней. Хочу посмотреть мир, как живут люди разных культур, как зарабатывают на жизнь. А умереть я хочу от старости, а не от какой-то болезни. Не хочу страдать. Жизнь в основном должна сложиться так, как я себе это представляю. Впереди прекрасная, приятная и счастливая жизнь.

У меня было счастливое детство, много друзей, прекрасный дом, добрые родители, я жил «американской мечтой». За исключением моей бабушки и нескольких случаев, во всем, что я видел и слышал и за чем наблюдал, Бога не существовало. Рождество означало праздник Санта Клауса и подарков. Пасха — возможность получить конфеты и оригинальные пасхальные яйца.

СТАРШИЕ КЛАССЫ

Старшую школу я закончил в восемнадцать, в 1985 году. Среди моих друзей был один еврей, но о религии мы никогда с ним не говорили. Не припоминаю, чтобы тема Бога когда-либо появлялась на горизонте моих школьных лет, за исключением той поездки в горы, куда мы отправились покататься на лыжах. Мы старательно учились, отлично веселились, жили, как все нормальные люди. В школе о Боге никто не думал, ведь учебные программы и пустая болтовня на перерывах были не о Нем.

Некоторые знакомые ходили в церковь. Но они никогда не говорили об Иисусе Христе или Библии. В школе я никогда не видел, чтобы кто-то читал или хотя бы держал в руках Библию. Если Иисус и играл какую-либо роль в жизни некоторых студентов, то в стенах учебного заведения никто из них не вспоминал о Нем, не вел открытых публичных дискуссий на богословские темы. Обычно верующие просто «ходили в церковь», хотя некоторые перешли к нам из частных христианских школ. Насколько я помню, не было никакой разницы между жизнью прихожан церкви и обычных студентов. Связи между церковью и реальной жизнью я не видел. То, о чем верующие говорили за закрытой дверью, никогда не выходило за пределы их круга. Они не демонстрировали то поведение, которое даже мирские люди ожидают от особ, верующих в высокоморального Бога, какой бы Он ни был.

Во время летних каникул я несколько раз посещал так называемые христианские лагеря, но и там не было ни религии, ни дискуссий о Боге. В лагере никогда не говорили об Иисусе Христе. В воскресенье проводили обычное богослужение, от которого всех тошнило. Участники лагеря не могли дождаться, когда оно, наконец, закончится. Нецензурная лексика, алкоголь, сигареты, тайные сексуальные связи — всем этим пестрели лагеря.

КОЛЛЕДЖ

Через некоторое время я поступил в колледж при Пенсильванском университете, но после первого семестра перевелся в Делаверский институт, поближе к дому. Эмоционально мне было тяжело переживать внезапные радикальные изменения в жизни. В то время я не осознавал, но в зрелом возрасте понял, что у меня были определенные психологические трудности из-за отделения от привычной среды. С первых дней учебы в университете меня постоянно наполняло чувство тревоги, страха, прогрессировала депрессия. Нервы были, как натянутые струны, сердце ныло, я не мог объяснить почему.

КЛЕТОЧНО-МОЛЕКУЛЯРНАЯ БИОЛОГИЯ

Дома условия для учебы оказались намного легче. Я выбрал биологию профильным предметом, поскольку хотел продолжить учебу в медицинском университете. Несмотря на сложный переходной период, я упрямо не впускал Бога в свою жизнь.

На третьем курсе впервые задумался о потустороннем мире. Нам преподавали клеточно-молекулярную биологию, я изучал примитивные методы регуляции гена ДНК у бактерии.

Внимательно слушая профессора, который основательно раскрывал тему, я вынужден был признать: «Упорядоченная структура и пути регуляции гена указывают на гениальный замысел Творца!» После детального анализа лекции я только утвердился в своем выводе: «Существует множество взаимозависимых частичек, которые не могут функционировать друг без друга. Если отсутствует хотя бы одна — вся система потерпит фиаско. Как после этого верить в эволюцию?» Ведь сторонники теории Дарвина считали, что изменения в организмах происходили сами по себе, постепенно, на протяжении миллионов лет, вследствие мутаций, производимых природой из-за необходимости приспособления к окружающей среде и фактора «полезности» для экосистемы. Вместо этого я наблюдал сложную интегрированную систему, которая никоим образом не могла возникнуть по принципу постепенного формирования вследствие эволюции.

То, что ДНК содержит данные, вызывало еще больше вопросов к теории Дарвина. Каким образом информация закодирована в наши гены? Она кодируется «сама по себе», из-за «стечения обстоятельств» или вследствие «миллионов лет»? «Когда я вижу перед собой книгу, то понимаю, что ее кто-то написал. Когда рассматриваю часы, понятно, что их кто-то смастерил», — думал я. Мои логические размышления не давали мне покоя. Сердце указывало на то, что фактор творения, разумный замысел, лежащий в основе бытия, все-таки существовали. В таком случае, все, чему нас учили, опираясь на теорию эволюции, было вымыслом человечества. Неужели нам на самом деле пудрят мозги? Однако разум не спешил поддерживать интуицию. «Такого просто не может быть», — говорил себе я.

После непредвзятых наблюдений я пришел к выводу, что Бог, возможно, существует в некой абстрактной реальности. Скорее всего, Он запустил механизм жизни, потом позволил эволюции вмешаться, корректируя процесс развития… Но не успел я допустить возможность существования Бога, как сразу вспомнил тех психов с лыжами! Остановился на том, что Бога невозможно познать, так как Он не личность и не принимает участия в жизни современного общества или повседневной деятельности человека, как считают некоторые религиозные фанатики. Если бы моя точка зрения была ошибочна, то учителя, родители, телеведущие или хоть кто-нибудь обязательно заверили бы меня в обратном. Тревога и депрессия не оставляли меня, но я быстро заглушил противоречивые мысли из-за страха перед возможными выводами.

ЦЕРКОВЬ

Однажды, еще во время учебы в университете, я отправился в церковь со своей девушкой и ее родителями. Чувствовал себя там, как белая ворона. Мне сразу захотелось удрать, как это было в компании горнолыжников. Удивляло, откуда присутствующие знают, когда начинать петь псалмы, а когда говорить «Аминь». Я пошел за компанию с моей красоткой, поэтому пришлось сидеть там до конца службы. Поступок был правильный, ведь я с уважением относился к ней и к ее родителям. Однако, находясь в церкви, заметил, что дети не выдерживали длиннющей церемонии, крутились и извивались на стульях, как юла. Одни, словно мученики, глазели в потолок, нетерпеливо покачиваясь туда-сюда, другие дремали, кто-то жевал жвачку втихаря от родителей. Монотонное бормотание пастора никого не интересовало. У меня отлегло от сердца.

ЛОХМАТЫЙ С КРЕСТОМ

Как-то раз на аллее студенческого городка появился персонаж с длинными растрепанными волосами. Мужчина стоял прямо на дорожке, ведущей к нашим аудиториям. Его борода, длинная, коричнево-сероватого оттенка, сразу бросалась в глаза — грязная, с какими-то шнурками, связанными в узелки и вплетенными в волосы. На плече он держал огромный деревянный крест. Волосатый резко поворачивал голову то туда, то сюда и таращился на толпу студентов, двигающуюся на лекции. Пришелец настойчиво вещал, надрывая голосовые связки: «Покайтесь! Позвольте Иисусу Христу спасти вас от грехов и ада! Университетское образование — ничто без Иисуса Христа! Вас обманывают! Этот мир не даст вам ничего, что нужно для спасения души. Покайтесь!» Отчаявшегося никто не слушал. Эксцентричный глашатай производил впечатление психически неуравновешенного человека. Кажется, охрана университета вывела тогда его за территорию.

НАШ ГОРОДОК

На последнем курсе я записался в театральный кружок. Драматургия была одним из предметов на выбор, и я с огромным удовольствием посещал занятия. Художественный руководитель дала нам задание посетить местный театр и посмотреть профессиональный спектакль. Так получилось, что я пошел один. В тот вечер играли пьесу, о которой я рассказывал в начале: «Наш городок» по Торнтону Вайлдеру. Главная героиня, Эмили Гиббс умирает от родов в молодом возрасте. Бог позволяет ей вернуться в этот мир и увидеть, как она прожила свою жизнь. Эмили осознает трагедию утраченных возможностей и обыденного существования, ведь теперь она видит все иначе.

Впервые в жизни героиня осознает, что люди по уши погрязли в рутине, работе, пустой суете и уже не смотрят в глаза своим близким, не наслаждаются присутствием дорогих сердцу людей. Эмили жаждет увидеть свою семью, остановить время хотя бы на миг, чтобы уловить ценные мгновения, насладиться ими, но теперь это невозможно.

Она рыдает, наблюдая за тем, как жизнь и ее смысл тают каждую минуту в море суеты. Понимает, что не ценила важные моменты. «Люди не понимают, что живы, пока не умрут, — размышляет Эмили, — и воспринимают дар жизни как должное, пока не утратят его».

Спектакль потряс меня до глубины души. Я понял, что прожил в своем «городке» всю жизнь, сам того не подозревая. На глаза навернулись слезы. Я не мог поверить в это. «Приятель, ты что, с ума сошел? – укорял себя. – Ты же не плакса, прекрати немедленно!» Я держался как мог. «Может ли жизнь быть другой? Эмили Гиббс говорит обо мне?» Что-то указывало на то, что мой мир катился не туда. К сожалению, сильные впечатления быстро улетучились в бурной студенческой жизни.

СТУДЕНЧЕСКАЯ ЖИЗНЬ

Два моих соседа по комнате постоянно ходили в церковь, но мы не общались на духовные темы. Наши отношения были достаточно искренними, однако я блокировал любые попытки товарищей затрагивать столь деликатную тему. Бог значил для них очень много, но я не понимал этого. Они старались не давить на меня, за что я благодарен им по сей день. Вообще-то, меня не интересовала их церковь. По воскресеньям большинство студентов отходило от ночных гулянок. У меня кипела своя жизнь, я любил повеселиться, в то же время готовился к поступлению в магистратуру в медицинский университет.

Как-то нам преподавали курс «Философия религии». Мы изучали биографию и работы различных философов и религиозных деятелей, но об Иисусе или Библии не говорили. Нас уверяли, что человек сам по себе может создать различные теории о божестве для того, чтобы определенным образом объяснять тяжелые стороны жизни. Нас убеждали, что концепция «Бога» – это изобретение человека с целью ослабить страдания из-за смерти, болезней и трагедий. Прозвучала мысль, что не существует единственно истинного толкования слова «Бог», потому как необходимо уважать все религии, какими бы они не были.

Студенческое лето я обычно проводил на побережье. Подрабатывал спасателем и даже крутил дискотеки. Веселился и гулял на полную, употреблял спиртное, флиртовал с девушками, был при деньгах. В центре вселенной было «Я», хотя училось оно отлично. Вскоре я достиг следующей цели и в 1980 году поступил в медицинский университет.

МЕДИЦИНСКИЙ УНИВЕРСИТЕТ

Первые три года в медицинском вытеснили из моей жизни былые привычные развлечения. Я с головой ушел в литературу, читал книги днем и ночью семь дней в неделю. Результаты были отличными. У меня развились навыки быстрого чтения, улучшилась память. Книги буквально глотал томами. Среди выпускников набрал наибольшее количество баллов.

Как-то изучал строение человеческого тела и его функции. Факты, которые выяснялись, впечатляли и увлекали, однако мыслей о Боге не возникало, поскольку тогда я думал как типичный эволюционист. Несмотря на то, что медицина тесно связана с телом человека, ни в учебниках, ни на лекциях никогда не упоминалось о Боге и о концепции сотворения. «Если Бог играл какую-то роль в теле человека, то, наверное, в одном месте», — подшучивал тогда я. Отсутствие духовного влияния на мою жизнь долгие годы наносило целые «гравюры» депрессии на мое сердце с такой силой, о которой я даже не подозревал.

Помню практическое занятие, на котором наблюдали за вскрытием какого-то покойника. Мне позволили взять в руки настоящий мозг человека. Я держал его и размышлял: «Вот мои пальцы охватили серое вещество, в котором еще недавно пульсировала жизнь, в этих извилинах хранилась память о семье, различные впечатления. Куда они делись? Куда исчезли? Каким образом горстка желатиновой массы могла любить, ощущать, проявлять эмоции?» Я понял, что в моем черепе точно такое же серое вещество. Мой мозг в точности такой же, как месиво, которое держал в руках. Куда исчезнут мои воспоминания? Неужели они — лишь нервные синапсы, набор химических соединений? Мороз пробежал по коже. Такие мысли напрягали мой разум, но ответа не было. Получается, когда умру, моя любовь к жене и детям сгниет в сырой земле? Такой конец меня ждет? Что-то не совпадало. Сердце сжалось, желудок свело. Такая реакция возникала всякий раз, когда я приходил на практические занятия. Когда они заканчивались, облегченно вздыхал.

Учеба целиком и полностью поглотила мое время. Я ни с кем не встречался и наполнил весь эфир академической деятельностью, которой не было конца и края. Перед тем расстался со своей девушкой, поэтому чувствовал себя совсем одиноко. Несмотря на это, Бог был последним, о ком я мог думать тогда. Ничего из увиденного или пережитого за мои двадцать четыре года не указывало на необходимость верить в Бога или хотя бы стремиться к этому.

Отпил еще глоток вина и снова углубился в воспоминания. Раньше не доводилось прокручивать жизнь в обратную сторону, словно старую видеокассету.

БРАК

Мою будущую жену звали Руфь. Мы познакомились в медицинском на третьем курсе. Поженились примерно через год, в 1993-м. Повенчались в церкви. Мы даже дважды встретились с пастором для «добрачных консультаций». Служитель оказался любезным человеком. Церковь производила впечатление заведения, в котором каждый получал полезные советы для жизни. Священника мало интересовали мои отношения с Богом. Это только утвердило меня в убеждении, что Бог не играл особой роли в ежедневных реалиях. Своей невесте я этого не говорил, но на самом деле не мог дождаться, когда пастор сменит тему и начнет проповедовать Христа. Не дождался. Фантастика! Если Иисус и правда живой и Его можно познать, если Он играет важнейшую роль в жизни человека, о чем заявляли фанатики с лыжами, почему пастор даже не заикнулся об этом? Ведь, судя по моим комментариям на добрачной консультации, и коту было ясно, что пришел неверующий. Святой отец лишь еще больше укрепил мое безбожное мировоззрение.

Началась годичная практика в госпитале Университета Пенсильвании. Все мое время съедала работа, работа и еще раз работа — круглый год. Постоянно я имел дело с пациентами, которые покидали этот мир, но среди врачей и медсестер почему-то не возникало мыслей и дискуссий о Боге и жизни после смерти. Смерть и в Африке смерть, тем более в госпитале.

На то время мои ассоциации с Богом были скорее негативными. Даже пастор не удосужился поговорить со мной о Нем. Дела шли хорошо, я продвигался вперед, строил успешную карьеру. И жена, и дети были чудесными. Родители гордились своим сыном, жизнь кипела. Общество не стремилось к Богу, не отправляло мне никаких сигналов о том, что Он живой и существует. Высшее образование сформировало твердое убеждение, что истины нет, а понятие «абсолютная правда» относительно и зависит от системы верований человека.

В 1994 году я учился на стационаре Дюкского медицинского университета, на отделении дерматологии. Три года тяжко трудился, всецело отдаваясь профильному предмету и семье. Жена работала в фармацевтике. Все шло прекрасно. Современная парадигма жизни требовала от нас успеха и максимального достатка. На достижение его мы, собственно, и устремляли всю свою энергию.

В то время мы перебрались в Апекс в Южной Каролине, купили дом. Руфь воспитывали в «христианской» традиции, но она забыла о церкви сразу же после замужества. Несколько раз пыталась затащить меня в какой-то храм на Рождество и Пасху, но я сопротивлялся. На самом деле ее не особо волновали духовные вопросы. Руфь просто не могла представить себе жизнь без посещения церкви хотя бы дважды в год. Я достаточно насмотрелся на святош, которые ходили в храм ради религии. А религиозность была для меня пустым звуком. Поэтому я считал, что в воскресенье существуют более полезные дела — нормально отоспаться, отойти от похмелья, пробежаться, покататься на велосипеде.

Как-то раз одна знакомая пригласила Руфь в церковь, и она пошла. Я остался дома. Неделю спустя жене позвонила еще одна женщина, с которой та познакомилась на богослужении. Ей захотелось прийти к нам в гости. Женщины пошли прогуляться, и гостья заговорила об Иисусе Христе. Руфь чувствовала себя не в своей тарелке, поэтому вскоре вернулась домой. «Я же говорил тебе, что там сборище фанатиков», — буркнул я. После этого у Руфи отпало всякое желание ходить в церковь.

В 1997-м я окончил Университет Дьюка и продолжил работу на кафедре в качестве научного сотрудника и практикующего хирурга в области рака кожи. Через год вместе со своим наставником открыл частную клинику в городке Кэри в Южной Каролине. Этот проект требовал титанических усилий и помогал успешно «отвлекаться». Я стал хорошо устроившимся жителем своего «городка». В том же году у нас родился первый сын.

ОСТРОВ МАРКО

Когда малышу исполнился год, мы отправились путешествовать в штат Флорида, на остров Марко, где проживали родители Руфи. Они были верующими и хотели, чтобы ребенок был крещен.

— Дорогая, а зачем грудному ребенку крещение? — не мог понять я.

— Не знаю. Говорят, если малыша не крестить после рождения, а он вдруг умрет, то не попадет в рай, — неуверенно ответила жена.

Я вскипел:

— Это же абсурд! Прижать бы этого пастора к стене и задать пару вопросов! — Я стиснул челюсти, потому что понимал, какие эмоции меня накрывают. — Никто не посмеет указывать, что делать с моим сыном!

Я был вне себя от ярости, ожидая горячего спора. Пастор мне уже не нравился и раздражал, хотя я даже не успел с ним познакомиться. Снова переполнили те же чувства, что и в домике на пресловутой лыжной горе. Гнев, страх, неуверенность, бессилие, нехватка самообладания — все это съедало меня изнутри. Только вот что было интересно: почему я волнуюсь и теряюсь, как только имею дело с христианством?

Мы прибыли во Флориду и на следующий день встретились со служителем церкви, которую посещали тесть и теща. Все утро перед встречей я был как на иголках. Пастор сидел в углу кафе за круглым столиком, время от времени попивая из чашечки свежемолотый ароматный кофе. Впечатлило то, что слуга Божий оказался невероятно приятным человеком и встретил нас искренней улыбкой и миролюбивым настроем.

— Мы хотим выяснить некоторые детали относительно крещения ребенка, — перешел к делу я.

К великому удивлению, пастор спокойно объяснил, что крещение нашего сына в таком раннем возрасте совсем не обязательно. К тому же, оно в любом случае, не может быть залогом спасения души. Человек вел беседу аргументировано, объясняя, что вера в то, что благодаря крещению человек попадает в рай, хоть и популярна, но некорректна с библейской точки зрения. Понять желание родителей крестить ребенка можно разве что как публичную демонстрацию их решения вырастить его в христианском духе. Он посоветовал нам не крестить сына, если мы сами не разобрались с фундаментальными доктринами христианства. Я почувствовал облегчение и расслабился. Такого трезвого ответа от священника, честно говоря, не ожидал.

Решил спросить этого человека о том, что давно не давало покоя. Он тихо попивал свой кофе, сидя напротив.

— Миллионы людей на планете не верят в Иисуса Христа. Что будет с ними? — вопрос прозвучал довольно иронично. — Считаете, что все ошибаются, а вы — нет? Человечество обречено идти в ад? — Я выдержал паузу для пущего эффекта, а затем уверенно добавил: — Как по мне, так любящий Бог не может обвинять людей, которые не верят в христианскую доктрину. Каждый прав по-своему. Так считает современное общество. В конце концов, разве мы не живем в эпоху толерантности? — Я оперся о спинку кресла, уверенный, что посадил собеседника в лужу.

Пастор тепло посмотрел на меня, погладил свою седую бороду и ответил:

— Иисус — единственный путь к Царству Божьему, потому что Он единственный имеет и божественную, и человеческую природу. Бог воплотил Себя в теле человека. Ведь заплатить долг за грехи всех людей под силу только Богу. Другие религии не имеют ни настоящего спасителя, ни решения проблемы греха. Вы, наверное, не догадываетесь, что существуют тысячи миссионеров в каждой стране мира. Через Иисуса Христа Бог спасает тысячи душ по всему миру каждый день.

Сказав это, пастор посмотрел мне в глаза:

— Почему вы так опечалились из-за того, что существует только один путь? Ведь логичнее было бы — радоваться тому, что спасение, слава Богу, вообще существует, что есть способ, благодаря которому человек гарантированно попадает в рай, и что рай реален, разве не так?

Я опешил и на мгновение потерял дар речи. Никогда не рассматривал этот вопрос под таким углом. Как и большинство людей, я боялся смерти. А когда вопрос касался потустороннего, теория эволюции была бессильна.

— Хорошо. Спасибо, сэр, за ваше время, — делая вид, что спешу, сказал я.

Было желание быстрее исчезнуть из того кафе, сам не знал, почему. Меня переполняли чувства тревоги, раздражения и даже паники, которые я не мог объяснить. Эти переживания были мне хорошо знакомы. «Грэг Эдван Виман, спускайся. Немедленно!» — слышались отголоски отцовских слов из детства. Я понимал: если вовремя смоюсь, то стыда удастся избежать. Нет священника — нет проблемы. Фух!

Не успел прийти в себя после разговора с пастором, как тесть сообщил, что два члена его церкви зайдут в гости поболтать. И зайдут скоро. «Этого еще нам не хватало», — подумал я. Через час послышался стук. Я сидел в гостиной, откуда видел входные двери. Они открылись и на пороге появились мужчина и женщина, лет около шестидесяти. Неожиданно, на уровне интуиции я понял важность этой встречи. Казалось, что вместе с посетителями в комнату вошел кто-то невидимый. Ощущалось присутствие сверхъестественного, я не мог объяснить словами это странное явление. «Почему возникло это чувство? Что происходит? — не мог успокоиться. — Почему комнату наполнил удивительный мир? Ведь я настроился на противоположное и сейчас должен раздражаться и сидеть уныло».

Вообще-то, я никогда не ощущал полного спокойствия на душе, разве что после рюмки спиртного. Поэтому был заинтригован. Ощущение необыкновенного мира нарастало и целиком охватило меня буквально за несколько секунд. Никто не догадывался, что творится в моей душе. Мы сели на белый диванчик, типичный для дизайнерского вкуса Флориды.

— Мы хотим рассказать вам об Иисусе Христе, — вежливо, но уверенно начали разговор гости.

— Слушаем вас, — ответила Руфь. В другой ситуации я бы обязательно толкнул ее локтем, но сейчас это было бы слишком заметно, поэтому я просто стерпел.

Они объяснили, что слово «Евангелие» означает «Благая Весть», это Божий план спасения человечества от греха. Рассказ продолжался минут пятнадцать, я внимательно слушал. Идея заключалась в том, что Иисус умер за мои грехи. Гости говорили, что Он пришел, чтобы претерпеть наказание вместо меня. Если доверюсь Христу и отвернусь от своих грехов, то Бог простит меня и подарит жизнь вечную. Все это звучало так просто! Впечатлило то, что Евангелие все-таки имело смысл. Благая Весть привлекала, но казалась мне слишком искусственной и оптимистичной, чтобы претендовать на истину. Посетители намекнули на то, что без Иисуса Христа у меня проблемы. Хорошо, что хоть адом не пугали. Я задумался: «Почему за тридцать лет жизни я никогда не слышал об этом ни от кого, за исключением настырных лыжников? Хоть раз где-то люди могли обмолвиться о Евангелии, если бы оно действительно давало ответы на ключевые вопросы бытия. Если проанализировать мой стиль и уровень жизни, то все свидетельствовало о порядке. Почему у меня должны быть проблемы?»

Мозг жонглировал то одними, то другими мыслями. Сердце чуть не выпрыгивало из груди. Снова пришло ощущение дискомфорта и раздражения. Я вспомнил американские горки: вас поднимают на самую высокую точку, с которой, сидя в кабине, через несколько секунд придется камнем падать вниз. Я выслушал гостей, стараясь не вступать в дебаты. Мы поблагодарили их, и они ушли. Скорее всего, поняли, что я намеренно не задавал вопросов. Я был напуган, словно на вершине американских горок, с которых вот-вот начнется падение. Не знал, что там внизу, и не хотел знать.

Когда супруги ушли, я все еще ощущал тот удивительный мир, вопреки волнению. Беспокоило столкновение со сверхъестественным, ведь я не мог разумом объяснить свое состояние. «Наверное, не стоит рассказывать Руфи о моем состоянии. Еще подумает, что я схожу с ума», — решил для себя. Рассказ гостей не давал мне покоя. Впервые в жизни возникло желание почитать Библию, хоть раньше и считал, что это последнее, что может интересовать нормального человека на земле. Казалось, мое сердце удивительным образом меняется, становится мягче, спокойнее. «Что за штука? Я же не могу вот так однажды проснуться и открыть Библию. Люди поднимут на смех!» Действительно, Святое Писание совершенно не вписывалось в мой стиль жизни.

Через три дня мы, наконец, вернулись домой. Все время я думал о визите гостей. «Если они правы, то все, что я знаю о жизни, то, как ее понимаю и воспринимаю, – заблуждение… Странно». Когда вечером легли спать, я спросил у Руфи:

– Как ты считаешь, нам нужно читать Библию?

Тем временем мысленно сказал себе: «Дружище, не верится, что ты взболтнул такое».

Ответ жены приятно удивил:

– Да. Завтра же куплю Библию. Если хочешь, можем читать каждый вечер перед сном.

На следующий день случилось так, как и предполагалось. Руфь вернулась с новой Библией. Я облегченно вздохнул, так как не хотел светиться в книжном магазине, чтобы все увидели, какое произведение мировой литературы интересует доктора Вимана. Мне было просто стыдно ходить со Святым Писанием в руках.

Читать Библию мы начали уверенно, и чтение продолжалось целых три дня подряд – по главе за вечер. На третий день прочитали об Адаме и Еве и так называемом «грехопадении», когда они согрешили против Бога. «Это уже слишком», – подумал я. Не выдержал:

– Руфь, это бессмыслица. Я медик академического уровня, успешный практик. Одиннадцать лет изучал тело человека. Не может такого быть, чтобы нас слепили из ничего. Возможно, это типичный миф с глубоким скрытым смыслом, чтобы научить нас определенной истине, но ни в коем случае не текст, который нужно воспринимать буквально!

Жена со мной согласилась, и на том наше чтение Библии прекратилось. Я снова разозлился, снова разочаровался, только корня проблемы не понимал. Беспокоило чувство ярости, которое усиливалось, лишь только осознавал, каким гадким было мое внутреннее состояние!

Следующим вечером, когда зашел в спальню, Руфь уже спала. Я тихонечко залез под одеяло, закутался – выглядывала только голова, – и вдруг заметил Библию, которая лежала на тумбочке. Кто-то скажет, что это странно, но мне казалось, что книга уставилась на меня и не отводит глаз. Ее ненормальные сюжеты не выходили у меня из головы. Следующее, что помню: моя рука потянулась к книге, и я стал читать ее снова. «И почему меня тянет на религиозные сказки?» – удивлялся, в который раз наполняясь гневом. Еще больше раздражало то, что Адам и Ева описывались как реальные люди, а не сказочные герои. У них, оказывается, были дети, дальше по тексту приводилась целая родословная. Оказалось, что средний возраст людей на земле составлял несколько сот лет! Я мысленно смеялся: «Конечно! Разве могло быть иначе? Каждый жил по тысяче лет, а крокодилы летали, только так низко-низко, над самой землей!».

Следующих три вечера я еще читал. Последней каплей в чаше моего терпения стала история про Ноев ковчег. «Хватит. Я достаточно начитался этих небылиц», – процедил сквозь зубы. С чувством отвращения швырнул Библию прочь и услышал, как она шлепнулась на паркет.

Жена давно спала, но внезапный шум ее разбудил.

– Что случилось? – спросила спросонья.

– Библия упала. Там сплошные небылицы. Какой идиот станет в них верить? Обычные люди, которые неизвестно когда жили, напридумали сказок, а теперь забивают ими мне голову, – с раздражением ответил я.

– Ясно. Только почему ты так злишься? Успокойся и ложись спать. – Слова жены имели смысл, но я отрезал:

– Не хочу! – И стукнул кулаком по кровати. Чувство было такое, как после первой драки в школе, когда спускался ступеньками к отцу, чтобы выслушать его нравоучения.

Я уставился на жену и упрямо твердил:

– Человек, у которого все в порядке с головой, который живет в 1998 году, однозначно согласится: эти истории нереальны. На моей стороне – доказательства. На их – ноль без палочки. Ненормальные, вот и все! Со мной – наука, с ними – слепая вера!

Очевидно, сонная Руфь не была готова продолжать разговор. Она лишь покачала головой и попыталась успокоить меня:

– Просто ложись спать и выбрось все лишнее из головы. Я тоже устала.

Жена повернулась на другой бок и вскоре заснула. А я еще долго ворочался и не находил себе места.

ЕЩЕ ОДНА ЦЕРКОВЬ

В следующее воскресенье зашел сосед и начал настаивать, чтобы я сходил в церковь:

— Церковь пойдёт тебе на пользу. Познакомишься с людьми, возьмешь контакты, — заверил он меня.

— Вряд ли. Это не для меня, — ответил я.

В тот же день Руфь сказала, что хочет проверить одну церковь, которую рекомендовала ее подруга. Община принадлежала к той же конфессии, что и церковь, где выросла моя жена. Я не возражал, понимая, что хуже не будет.

По дороге в церковь я погрузился в раздумья и не говорил много. На порог храма ступил гордо и скептично. «Что за сборище несчастных, — думал я. — Одни мужчины чего стоят! Устроились в креслах, словно барышни. А женщины тоже интересные: нарядились в платья в цветочек, как из инкубатора прошлого века, в глазах пестрит. Просто тошнит от этих лицемерных улыбочек и искусственного смеха!» — еле сдерживался.

Когда мы вошли, служба только началась. Зал был поделен на три секции с мягкими креслами, в каждой примерно по пятнадцать рядов, впереди сцена. Все стояли и пели. Я по жизни ненавидел песнопения, а тем более в церкви. Оглянулся. Вокруг люди поднимали руки вверх, закрывали глаза. «Странности не имеют границ», — шепнул жене на ухо. Ми едва выдержали богослужение и при первой же возможности быстро удалились. Все, что касалось религии в нашей жизни, закончилось именно тогда и именно там. Больше никакого чтения Святого Писания, никаких церквей и размышлений о безумных сказках. Оба решили, что с религией в нашей семье покончено. На душе стало значительно легче.

Я не сомневался, что поступил правильно. Такого количества чудаков, собранных в одном помещении, еще не видел. В экстазе они слушали байки про чудеса Господни. Целая толпа вела себя так, словно Царство Божие уже пришло. С меня было достаточно. Уверен был, что здравый смысл на моей стороне. В конце концов, я врач, ученый, интеллектуал, закончил с отличием университет, поставил не один диагноз — кому как не мне лучше знать о проблемах бытия, и уж точно не тому стаду овец.

Я не мог ходить в церковь просто, чтобы казаться добряком или из-за стереотипа, сложившегося в обществе. Посещать ее ради знакомства с интересными людьми, поиска деловых контактов я отказывался, хотя некоторые товарищи уговаривали меня делать это для собственной выгоды. Мне не нужны были доказательства плюсов и «бонусов» от посещения религиозной общины. Я прекрасно знал, чем живут некоторые парни из той церкви. На выходных болтали о том же, что и я, а их повседневная жизнь мало отличалась от моей.

Наконец, мы с женой достигли определенного успеха в жизни, хорошо зарабатывали, у нас был роскошный дом, прекрасный сын, любимые профессии. Зачем нам церковь или религия? К тому же, мы достаточно убедились в странностях верующих. Религия не прошла тест на крепость. Она всегда раздражала меня и нарушала эмоциональное спокойствие. Нет смысла вовлекаться туда, где чувствуешь себя жалким и ничтожным.

Одни наши друзья нашли более-менее адекватную церковь, но нам было все равно. Мы считали себя порядочными людьми, которые проживали в безопасном месте вместе с соседями нашего уровня. В то время я с головой окунулся в раскручивание собственной частной клиники и воспитание сына. С религией было покончено раз и навсегда. «Какое облегчение!» — вздохнул я. Радостно было, что сбросил с себя лишнее бремя.

НОВЫЕ СОСЕДИ

В 1999 году мы переехали в более просторный дом. Деньги у нас были всегда, поэтому жили практически без стрессов. Разве что дети иногда причиняли хлопоты. У нас родился второй сын, прибавилось суеты, ведь теперь мальчиков было двое. Я поставил перед собой простую и понятную цель: работать не покладая рук, откладывать на пенсию, обеспечивать семью. Ведь благодаря деньгам можно в некоторой степени обезопасить и контролировать свою жизнь. Именно тогда я достиг уровня, который наше общество называет «американской мечтой».

Затем случилось кое-что неожиданное. Новое окружение, в котором очутилась наша семья после переезда, не имело ничего общего с прошлым. Предыдущие соседи были приветливыми. В наших воспоминаниях остались искренние открытые люди, которые охотно общались, взаимодействовали с нами, а улица напоминала большую родню. На новом месте царила совсем иная атмосфера. Большинство соседей нас просто игнорировало. Людям даже не приходило в голову сказать: «Добрый день».

Как-то я общался с соседкой на углу улицы, вдруг к нам подошла незнакомая мне особа. Она вклинилась в разговор, без тени сомнения начала говорить что-то моей собеседнице, упрямо игнорируя мою персону, как будто меня тут и не было. «Она действительно делает вид, что меня тут нет? Они все с ума сошли?» – подумал. Я простоял несколько минут, как столб. Когда мое присутствие стало полным абсурдом, молча ушел. Всю дорогу домой я был вне себя от злости из-за манер новых соседей, которые действовали мне на нервы уже несколько недель.

– Не верю своим глазам! Что за публика живет на этой улице? С чего эти типы ведут себя, как инопланетяне? – бурчал я, переступая порог дома. Руфь как раз хозяйничала на кухне. Рассказал ей о моем «содержательном» разговоре, на что она ответила:

– Говорят, тут немало рожденных свыше.

– Где они рождены, свыше или снизу, меня мало волнует. Ясно одно: пользы от них нет. Вот предыдущие соседи – то, что нужно.

Через некоторое время эмоции улеглись, я улыбнулся и подытожил:

– Меня же предупреждали: чем дороже район, тем более странные его обитатели. Добавь к этому религиозный фанатизм, и мы в центре зоопарка, по которому разгуливают экзотические существа!

Слава Богу, на работе дела шли отлично. За Иисуса никто не агитировал, кроме одной женщины, которая работала в нашей лаборатории. В свободное время она всегда читала Библию и рассказывала о Господе и о том, как Он меняет ее жизнь. Коллегу звали Тэмми. Очевидно, она нарушала права человека на свободу вероисповедания в нашей стране.

– Слушай, а что с ней не так? – спросил как-то раз заведующую лабораторией.

– Она верующая, – пояснила та.

— А почему постоянно читает Библию?

— Вот такая она загадочная. — Мы посмеялись и разошлись.

В целом, заведующая относилась к подчиненной с добротой, теплотой и спокойствием. В моих глазах религиозность лаборантки была чудачеством, но вера, очевидно, много значила в ее жизни. Тэмми как-то по-настоящему верила в Бога, я не помню, чтобы видел что-то подобное. «Как человек может рассказывать о Господе и одновременно заниматься профессиональной деятельностью? О каком, кстати, Господе? Неужели Тэмми считает, что Богу есть дело до лаборантки? — возникала целая цепочка вопросов. — Насколько глубокой должна быть вера, чтобы человек не стеснялся заявлять на людях о том, что «Бог говорит»?»

Несколько недель я наблюдал за сотрудницей и сделал следующий вывод: все, о чем она говорила, работало лично для нее, но это отнюдь не значит, что сработает и для меня.

Я любил шутить на работе, особенно в лаборатории. Когда в новостях сообщили об урагане, который прошел в Северной Каролине, бросил:

— Придется строить Ковчег!

Тэмми ответила:

— Не придется. Бог больше не повторит Всемирный потоп. Он Сам так сказал.

О, снова эта фраза! Безумным было то, что в ней и заключался исчерпывающий ответ женщины! «Откуда у нее такая информация? Искренне верит в Ноев ковчег? Бедная!»

Однажды передали, что приближается сильная буря. Дождь лил как из ведра. Казалось, его капли вот-вот пробьют крышу лаборатории. Я снова сострил:

— Пойду на пробежку, как всегда.

— Может не стоит в такую погоду? — спросила Тэмми.

— Даже Господь не остановит меня на пути к спорту! — расплылся в улыбке я.

Она отошла в другой угол комнаты. Я заметил, что мои слова задели Тэмми, но не так, как я думал. Ее взгляд меня испугал. Вместо обиды, в глазах Тэмми появилась нескрываемая тревога за меня. Ее брови приподнялись, демонстрируя негативную оценку моему отношению. Снова знакомые ощущения. Снова все те же лыжники. «Что такого страшного я сказал? Почему она так смотрит на меня? Считает, что Всевышний испепелит меня за богохульство?»

ДОМАШНЯЯ ГРУППА, КОТОРУЮ ПОСЕЩАЛА РУФЬ

Весной 2003 года Руфь шокировала меня, заявив:
— Наверное, я начну ходить на изучение Библии.
— Куда? Зачем тебе это надо? — мой ответ прозвучал с презрением.
— Друзья предложили, а я не против, — позиция жены была четкой.
— Ладно. Хочешь, иди изучать свою Би-и-иблию, — проблеял я.

Меня коробило то, что Руфь опять подастся к этим блаженным.
— Надеюсь, тебя там не обработают. Нам не нужны религиозные активисты, — буркнул на прощанье и больше ни слова не хотел слышать на эту тему.

Одной вещи я не знал, но позже выяснил. Как-то в магазине тканей к Руфи подошла незнакомка, вручила записку и исчезла. На листочке бумаги женщина нацарапала простую фразу: «А вы уверены, что попадете в рай?» Руфь бросила бумажку на сидение пассажира, завела машину и поехала домой, как обычно. Но та смятая записочка не давала ей покоя. Первое, что сделала моя жена, когда вернулась домой, — проверила электронную почту. Выяснилось, что в одном из писем было приглашение на домашнюю группу по изучению Библии. Это потрясло Руфь. Она задумалась о том, что Бог, возможно, привлекает ее внимание. Именно тогда она решилась посетить церковную группу, на всякий случай. В конце концов, в детстве она считала себя христианкой.

Руфь ходила на то изучение несколько месяцев. Один раз сказала фразу, которая прозвучала, как гром среди ясного неба: «Иисус грядет, а ты идешь в ад». Она всегда была честной и довольно прямолинейной, но я подумал, что это уже слишком!

В тот момент я проходил мимо нее по направлению к лестнице:
— Конечно. Грядет, аж деревья гнутся!

«Может, те женщины употребляют или покуривают что-то пикантное на изучении Библии», – подумал. Заявление жены казалось элементарной бессмыслицей, поэтому я не придал ему особого значения. Казалось, что Руфь проходит очередной этап временного увлечения, людям на смех. Хотя раньше она вела себя адекватно и не надоедала.

Правда, не всегда. Не так давно купила книгу – «Неоспоримые свидетельства» Джоша Мак-Дауэлла. Объем немалый, видно, труддяга поработал на славу. Жена ласково посмотрела на меня и попросила: «Обязательно прочитай. Автор не верил в Христа. Начал исследовать факты, чтобы опровергнуть христианство. В итоге сам стал христианином. Там много аргументов, тебе будет интересно».

Я взял книгу, демонстративно закатил глаза и положил ее возле кровати. «Веселая жизнь настала», – прошептал себе под нос.

НАЗАД В РЕАЛЬНОСТЬ

Путешествие в прошлое на крыльях воспоминаний оборвалось, когда голос Руфи вернул меня в реальность. Она звала с лестницы: «Грэг! Грэг, где ты? Внизу? Мы же договорились смотреть видео всей семьей. Чем ты занят?»

Я вздрогнул, когда вернулся к действительности и понял, что потерял ощущение реального времени за бокалом вина.

— Минуточку, сейчас иду!

Осушил бокал, оставив его в баре. Поплелся ступеньками вверх, в уверенности, что Руфь уже злится.

— Ты куда пропал? Оставил всех, ушел куда-то, ничего не сказал, – раздраженный тон жены свидетельствовал о том, что она на грани.

— Просто хотел побыть один. Рабочая неделя выдалась нелегкой. Рад, что наконец-то выходные.

— Вид у тебя подавленный. С тобой все в порядке?

— Да. Ты замечаешь, что время исчезает бесследно?

— Замечаю. Но почему у тебя такой кислый вид?

— Не знаю. Мысли не дают покоя. Не переживай. Наверное, стоит хорошо выспаться. Сил нет.

ПОСЛЕДНЯЯ СОЛОМИНКА

На следующий день и без того скверные отношения с соседями достигли апогея.

— Папа, соседские дети не хотят играть с нами! Не обращают на нас внимания! — со слезами на глазах рассказали сыновья: одному было пять, другому шесть лет.

— То есть? — сообщение детей меня откровенно разозлило.

— Кажется, мальчики с нашей улицы совсем не хотят с нами играть, — сказал малыш, всхлипывая.

— Каждый раз, когда мы выходим во двор, они делают вид, что нас нет. Никогда не зовут в свою игру, — пролепетал второй сын. — А одна девочка сделала своей подруге замечание, что та не настоящая христианка.

Я побагровел. Теперь еще и дети несут религиозную ерунду!

— Хватит! Надоело мне это дерьмо! — выпалил я в присутствии детей. — Меня вычеркнули, меня игнорируют и не хотят видеть, а теперь добрались и до моих детей. Негодяи!

Посмотрел на жену:

— Дорогая, я обязательно куплю Библию, прочитаю ее от корки до корки и покажу этим лицемерам, где раки зимуют. Докажу, что они — ничтожная, фальшивая стая! — стукнул дверью, которая выходила на террасу, так, что в ушах зазвенело от вибрации стекла между рамами.

На следующий день рассказал коллегам из лаборатории про верующих ничтожеств на нашей улице. Тэмми, ходячая Библия, удивленно подняла брови, однако промолчала.

— Если моих детей и меня вместе с ними обвиняют неизвестно в чем, то я выясню, на каком основании. Пойду в магазин христианской книги и куплю Библию — назло всем!

В глазах Тэмми загорелся странный огонек. Мне даже показалось, что на ее лице появилась еле заметная улыбка. Она все еще молчала. «Почему она не боится, что я вдребезги разобью ее веру? Такое впечатление, что она только обрадовалась моим неприятностям!»

После работы сдержал слово и поехал в книжный магазин. Теперь у меня было две Библии. Правда, одна куда-то исчезла после того, как я швырнул ее на пол. После искал ее по всему дому и не нашел. Когда приехал покупать новую книгу, сердцебиение участилось и в который раз появилось чувство тревоги. Я не хотел, чтобы меня заметили в христианском магазине, особенно с Библией в руках. Машину припарковал как можно дальше, напротив другого магазина. Для маскировки одел бейсболку и солнцезащитные очки. Осмотрел местность, чтобы убедиться, что никого из знакомых не видно. Потом незаметно зашел внутрь. Чувствовал себя, словно пришелец с другой планеты. Операцию покупки Библии произвел молниеносно. Когда пришел домой, понял, что не учел один нюанс. Библия, которую я купил, была слишком похожа на… Библию! Я же не хотел, чтобы люди видели, как я ее читаю. Придется вернуться и заменить ее на другую, по виду ничем не отличающуюся от обычной книги.

Я прибег к тем же хитростям, прежде, чем снова нанести визит в магазин христианской книги. В этот раз приобрел еще и программное обеспечение для изучения Библии на ноутбуке. Мне действительно стыдно было носиться с печатной версией, потому как у всех глаза на лоб полезли бы от удивления.

Таким образом, я начал тайно пользоваться электронной версией, чтобы никто не заподозрил, чем я на самом деле занимаюсь в свободные минуты. Пациенты часто приходили с книгами или газетами, когда ждали результаты анализов, но я никогда не видел, чтобы кто-то читал Библию. Если ни единого пациента с Библией не было, то тем более я не собирался с ней светиться.

Начал с Нового Завета, так как в Старом вообще не мог ничего понять. Что касается Нового, то понятия не имел, что там вообще может быть кроме Иисуса, Девы Марии и мудрецов с Востока. Читать Библию я начал с нуля, не имея предварительного представления о ее содержании. Чтение Святого Писания стало личной миссией. Интересовало только одно: как найти «оружие» против фанатиков. К самому христианству я относился равнодушно. Воспринимал древние трактаты как юридический документ, в котором необходимо найти те пункты, которые свидетельствуют в мою пользу. Наконец, процесс пошел.

Я даже не представлял, как повлияют строки Слова Божьего на мою жизнь. Начался процесс постановки диагноза. Только не знал тогда, что диагноз касался меня, а Диагностом был Бог.

Глава III

ПЕРВЫЙ ЭТАП ИССЛЕДОВАНИЯ

Новый Завет

ЧЕТЫРЕ ЕВАНГЕЛИЯ

Матфей и Марк

Свое исследование я начал с первых двух книг Нового Завета – Евангелий от Матфея и Марка. Проглотил их за четыре дня. Читая святые строки, я активизировал научное мышление, которым пользовался еще в студенческие годы. Ведь постоянное чтение научной и специализированной литературы было неотъемлемой составляющей учебы. В последнее время я все чаще направлял свои силы в практическое русло, поэтому читал значительно меньше, чем в университете. Несмотря на большой перерыв, я быстро восстановил способность усваивать значительный объем информации за короткий промежуток времени.

Повествования в Евангелиях от Матфея и Марка были похожи, как две капли воды. Я не понимал, зачем понадобилось повторять одну и ту же мысль по сто раз. Первые четыре книги Нового Завета называются Евангелиями и рассказывают о жизни Иисуса Христа. Дело в том, что по-английски Евангелие звучит как «Гаспел» (Gospel), но такое же название имеет одно из направлений американской музыки! Гаспел я всегда ассоциировал с негритянскими напевами. Открываю Библию, а тут на тебе: все четыре книги Нового Завета – гаспелы! Почитал комментарии и выяснил, что буквальное значение термина «гаспел» – это «благая весть». Что ж, гаспел так гаспел.

Иисус вырос в Назарете, небольшом городке в южной части Израиля. Его родители были обычными людьми. Жизнь шла своим чередом, особых событий не намечалось, пока Христу не исполнилось тринадцать. Со временем Он начал распространять Свое учение. О детстве Иисуса почти ничего не написано, хотя упомянуто, что Он был плотником.

Христос совсем не был похож на других героев, о которых я читал ранее. Его описывали как Мессию, Который имеет власть над природой, болезнями, творением, грехом, жизнью и смертью. Понятно, что никто, кроме Бога, не имел власти над всеми аспектами человеческой жизни. Иисус знал мысли других, прощал грехи, заочно исцелил слугу римского сотника. Если так, то это означало, что Господь полностью контролировал тело того слуги и имел власть над болезнью на расстоянии многих миль. Разве кто-нибудь, кроме Бога, способен на такое? Меня как медика заинтересовала тема физического исцеления, которое практиковал Иисус, хотя верилось с трудом в то, что такое возможно.

Исцеление парализованного, о котором шла речь в Евангелии от Матфея, вообще сбило меня с толку. Иисус просто сказал ему: «Встань и ходи!». И тот пошел!

Я врач. Мне известно, что паралич — комплексная проблема, которая касается не только мышц, но и нервов. Мышцы на ногах давно должны были атрофироваться из-за отсутствия движения в течение многих лет. Они должны были стать слабыми, неэластичными, непригодными для здорового функционирования. Чтобы парализованному человеку вдруг встать и пойти, необходимо мгновенное восстановление нервной системы и мышц. Никто, кроме Бога, если Он вообще существует, не смог бы сделать подобное.

В Евангелиях четко прослеживается мысль о том, что Иисус — Бог, да и Сам Христос позиционировал Себя как Бога. В принципе, именно из-за этого тогдашняя религиозная власть хотела Его уничтожить. Называть себя Богом было неслыханным богохульством. Вот что я об этом прочитал: «"...Заклинаю Тебя Богом живым, скажи нам, Ты ли Христос, Сын Божий?" Иисус говорит ему: "Ты сказал; даже сказываю вам: отныне узрите Сына Человеческого, сидящего одесную силы и грядущего на облаках небесных". Тогда первосвященник разодрал одежды свои и сказал: "Он богохульствует! На что еще нам свидетелей? Вот, теперь вы слышали богохульство Его! Как вам кажется?" Они же сказали в ответ: "Повинен смерти"» (Мтф. 26:63-66).

Заинтересовало то, что Иисус подтвердил свой статус Мессии, хотя, судя по евангельским историям, на вид был обычным человеком. Никто не замечал особых примет в Его внешности. Каким образом плотник из Назарета мог быть и человеком, и Богом одновременно? Сложно было поверить в такого Иисуса, но Он, бесспорно, привлек мое внимание. Утверждение о Его божественной природе впечатляло. Не припоминаю, чтобы лидеры других религиозных систем осмеливались на такие утверждения. Меня интересовал один вопрос: могло ли все это быть правдой?

Большинство притч, которые рассказывал Иисус, не оставляли меня равнодушным. Короткие яркие рассказы доносили до слушателей определенную истину, мораль, которая содержала глубокий духовно-философский смысл. Я откладывал книгу, чтобы поразмышлять над притчами. Казалось, Иисус необычайно тонко понимал человеческую природу. Интуитивно я предполагал, что Его учение может претендовать на истину, но не понимал до конца почему. Святое Писание я читал постоянно. Даже рассказал о своем новом увлечении нескольким надежным людям: жене, детям, некоторым сотрудникам. С другой стороны, не очень хотелось, чтобы все об этом знали.

Евангелие от Луки

Евангелие от Луки было третьим в Новом Завете. И снова история об Иисусе! На этот раз я обратил особое внимание на несколько отрывков. Оказывается, Лука по специальности был врач, как и я. В то же время его считали отличным историком. Поэтому я решил узнать о нем больше.

Выяснилось, что Лука принципиально точно воссоздал названия городов, стран, имена правителей. Современная археология и география подтверждают точность всех фактов, записанных евангелистом Лукой [1-6]. Впечатляло количество исследовательских материалов, которые подтверждали это. Современные историки фактически аплодировали апостолу за столь тщательно изложенные мысли. Таким образом, его Евангелие конкурировало с самыми известными трудами других античных авторов.

Сэр Уильям М. Рамзай, известный историк и археолог, писал: «Лука – историк наивысшего ранга; доверия заслуживает не только фиксация фактов, но еще и то, что апостол обладал чутьем исторической правды… Несомненно, имя этого автора должно стоять в одном ряду с самыми выдающимися историками мира» [7].

Обратите внимание на стиль Луки в первой главе Евангелия: «Как уже многие начали составлять повествования о совершенно известных между нами событиях, как передали нам то бывшие с самого начала очевидцами и служителями Слова, то рассудилось и мне, по тщательном исследовании всего сначала, по порядку описать тебе, достопочтенный Феофил, чтобы ты узнал твердое основание того учения, в котором был наставлен» (Лк. 1:1-4).

Лука утверждает, что организовал своего рода разведку, собрал необходимую информацию, пообщался с очевидцами событий, связанных с Мессией. Люди же охотно слушали учение Иисуса, восторгались чудесами, которые Он творил, ходили за Ним по пятам. Религиозные правители буквально рассматривали Христа под микроскопом, поскольку их целью было дискредитировать Его, найти компромат. Итак, путешествуя по Палестине, апостол Лука подробно расспрашивал очевидцев о том, что конкретно они видели собственными глазами, сопоставлял их показания со свидетельствами других, проверял правдивость данных.

Интересно, что в I столетии врачи обязательно изучали историю. Очевидно, что апостол отлично владел аналитическими навыками и воспользовался ими, чтобы написать биографию Христа. Благодаря таким качествам апостола, мой скептицизм существенно ослаб. «Коллеге-медику, в принципе, можно доверять», – размышлял я.

Лука уделяет немало внимания феномену физического исцеления людей, которые приходили к Иисусу с простыми, с точки зрения медицины, диагнозами. Я хорошо знал, что самые лучшие диагносты – это опытные медики. Поэтому записи тогдашнего лекаря про неоднократные исцеления заинтриговали. Дело в том, что врачи, как правило, крайне скептически относятся ко всевозможным чудесам. Прежде чем официально подтвердить «чудесное исцеление», врач-профессионал задаст целый ряд прагматических вопросов, давая объективную оценку фантазиям пациента. Лука, безусловно, действовал в соответствии с профессиональной этикой – задавал конкретные вопросы, уточнял данные, даже проводил «медосмотр» граждан, которые свидетельствовали о «чуде».

С самого начала повествования Лука уверяет, что лично изучил вопрос исцеления по каждому случаю, описанному в Евангелии, и засвидетельствовал достоверность всех чудес, которые сотворил Иисус. «Вот это да!» – удивился я, ломя голову над первыми строками. Одним лишь вступлением апостол подготовил почву для адекватного восприятия Евангелия людьми с таким складом ума, как у меня. Следующие строки я читал сосредоточенно и внимательно.

Когда дошел до описания воскресения девочки из мертвых, по коже побежали мурашки. Отец несчастной, Иаир, в панике пришел к Иисусу, так как его несчастная доченька умирала на глазах. Несмотря на потрясение в жизни этого человека, Господь отложил поход к Иаиру, потому что кто-то вмешался со своей просьбой. Девочка умерла. Вот что пишет Лука дальше: «Придя же в дом, не позволил войти никому, кроме Петра, Иоанна и Иакова, и отца девицы, и матери. Все плакали и рыдали о ней. Но Он сказал: "Не плачьте; она не умерла, но спит". И смеялись над Ним, зная, что она умерла. Он же, выслав всех вон и взяв ее за руку, возгласил: "Девица! Встань". И возвратился дух ее; она тотчас встала, и Он велел дать ей есть. И удивились родители ее. Он же повелел им не сказывать никому о происшедшем» (Лк. 8:51-56).

Эта история задела меня за живое. Я сразу представил себя на месте отца, ведь у меня самого было двое малышей. «Неужели это действительно произошло?» – снова и снова спрашивал себя. Догадывался, что Лука, прежде чем описать этот случай, вероятно, отыскал девочку, чтобы убедиться в его достоверности. Неизвестно, была ли она жива в момент написания Евангелия, но разговор с человеком, которого воскресил Господь, Лука должен был запомнить на всю жизнь. Одно дело замазать прыщик на лбу, совсем другое – вернуть мертвого к жизни. Рассказ о воскресении человека не укладывался в моей голове, хотя душой мне хотелось верить написанному. «Скорее всего, я настолько серьезно воспринял эту историю, потому что у самого двое детей. Да и смерть пугает», – подумал. Одну вещь я понял: если история о воскресении той девочки правда, то это объясняет и многое другое.

Когда кто-то из членов нашей семьи болел, мне всегда было не по себе. Ведь теория эволюции гласила, что человек – это своеобразный «компот» из органических соединений, которые «эволюционировали». Сердце никогда не хотело этому верить, особенно теперь, когда нас было уже четверо. Должен был существовать ответ на проблему смерти. История о дочери Иаира вселяла надежду, хотя на первый взгляд казалась слишком искусственной. Если Христос все-таки воскресил человека, то существовала вероятность вечной жизни. Размышляя над этим отрывком я осознал, что в глубине души всегда хотел жить вечно. Теория эволюции впрыснула яд, который блокировал мои размышления над духовными вопросами. Конечно, я не мог понять всего и сразу, поскольку бывшая парадигма жизни не предусматривала потустороннего. Если вечная жизнь – реальна, то она даст ответ и на вопрос: «Что будет с моей семьей после смерти и куда денутся воспоминания?». Если память человека наполнена конкретным содержанием, то она должна иметь какую-то связь с вечностью. Воспоминания о прекрасных мгновениях зафиксировались в памяти, они уже постоянны и неизменны. Времени на тех, кого любишь, всегда не хватает, а воспоминания живут. Это впечатляло.

Я настолько увлекся биографией Иисуса Христа, что и думать забыл о своих соседях. Теперь мне уже не было интересно искать доказательства их лицемерия. Волновали другие вопросы, на порядок важнее.

Кроме Библии я принялся исследовать дополнительную литературу с культурно-историческими и текстологическими комментариями. Большинство книг старался покупать, чтобы они стали частью моей домашней библиотеки. Я тщательно прорабатывал все авторитетные источники, которые мне встречались. Все свободное время посвятил тайному чтению и изучению разнообразных нюансов личности Иисуса Христа и Его жизни.

Евангелие от Иоанна

Четвертая книга Нового Завета написана Иоанном, который, вместе с другими апостолами, находился рядом с Иисусом три года. Иоанн был очень предан делу, стал очевидцем многих событий, а со временем увидел и Христа воскресшего.

Господь сформировал команду апостолов и уполномочил их проповедовать о спасении. Сразу же заинтересовали слова Христа. Я вчитывался в каждое Его слово. Прежде всего потрясло то, что Иисус претендовал на боговоплощение. Хотя Иоанна это не удивляло. Апостол провозглашал, что Иисус – это Бог, пришедший на землю, которая была творением Его рук. Я подумал: «Невероятно! Если бы это было правдой, то являлось бы самым выдающимся событием в истории человечества».

Над несколькими утверждениями Иисуса я ломал голову не один день. Вот один из таких отрывков: «Филипп сказал Ему: Господи! покажи нам Отца, и довольно для нас. Иисус сказал ему: столько времени Я с вами, и ты не знаешь Меня, Филипп? Видевший Меня видел Отца; как же ты говоришь, покажи нам Отца? Разве ты не веришь, что Я в Отце и Отец во Мне? Слова, которые говорю Я вам, говорю не от Себя; Отец, пребывающий во Мне, Он творит дела. Верьте Мне, что Я в Отце и Отец во Мне; а если не так, то верьте Мне по самым делам» (Иоан. 14:8-11).

Иисус прямо сказал ученикам о том, что они смотрят на Бога, видят Его лицом к лицу. Таким образом, Господь четко заявил, что Он – выражение и воплощение Бога. Позже я нашел соответствующее слово в словаре – боговоплощение. Это впечатляло, но не убеждало до конца.

Мое сердце забилось чаще, когда прочитал следующие стихи: «Иисус сказал ей: "Я есмь воскресение и жизнь; верующий в Меня, если и умрет, оживет. И всякий, живущий и верующий в Меня, не умрет вовек. Веришь ли сему?"» (Иоан. 11:25-26).

Иисус четко дал знать, что владеет жизнью вечной. Я не мог припомнить, чтобы кто-нибудь из других религиозных деятелей претендовал на статус Бога, Который пришел на землю и имеет власть над вечностью.

Заявление Христа о жизни после смерти вселило лучик надежды. Я не спешил становиться христианином, но открыл для себя интересную концепцию, которую стоило основательно обдумать.

За довольно короткое время изучения биографии Иисуса что-то поменялось в моем отношении к людям, в мотивации, в поведении. С начала я буквально дышал злобой на нахальных соседей и искал доказательства против их веры, чтобы наконец-то вскрыть лицемерие бесстыдников. Теперь мои жалкие мотивы исчезли.

Я искал ответы на вопросы, которые волновали мою душу. Даже не подозревал об их существовании, пока не начал исследовать Библию. Текст Святого Писания открывал мне глаза на глубинные стремления души.

Слова Библии словно ожили. Сердце билось чаще, спящий разум как будто бы пробудился от сна. «Что со мной происходит?» – удивлялся я. – Эта книга коснулась меня, даже не понимаю, почему. Такое впечатление, что она говорит со мной». Для мирского человека так мыслить неестественно, но внутренний голос подсказывал, что слова Писания действительно адресованы читателю лично. Я не мог остановиться и все читал украдкой Библию на своем компьютере.

Однажды мне нужно было вылететь в Новый Орлеан по делам. В самолете я принялся читать Евангелие от Иоанна. Меня так увлекли размышления, что уже не обращал внимания на присутствующих. Эмоции настолько переполнили меня, что я в испуге закрыл приложение. Как никак сидел среди людей, а глаза вдруг наполнились слезами! Когда капля упала прямо на ноутбук, я сразу его закрыл. «Да что же такое происходит? Почему я плачу? Что со мной не так?» Я отвернулся к иллюминатору, опасаясь, что сосед заметит слезы на моем лице. Потрусил головой, слегка похлопал себя по щекам, чтобы сделать вид, что пытаюсь взбодриться от долгого сидения в кресле. Сосед все же заметил мое состояние. Об этом свидетельствовало вопросительное выражение его лица.

Слова подействовали на мой дух с такой силой, зацепили такие глубины моего существа, о которых я даже не подозревал. Они привлекали мое внимание и заставляли обдумывать прочитанное. «Уровень понимания человека в Библии потрясает!» – признал я. Возник вопрос: какое человеческое существо на белом свете способно найти такие слова, такие истины или откровения, которые бы настолько благодатно повлияли на мою душу? Я молча думал над отрывком, который только что прочитал. Что-то глубоко зацепило мое сердце.

Глава IV

ВТОРОЙ ЭТАП ИССЛЕДОВАНИЯ

Воскресение Иисуса

Если вечная жизнь существовала, то я хотел жить вечно. Это главный вопрос, который я когда-либо хотел выяснить. Если Иисус действительно вернулся к жизни, то воскресение свидетельствовало бы о Его божественной природе и служило бы официальным доказательством искупительной миссии. Оно указывало бы на существование вечной жизни, а также на то, что Иисус действительно «единственный путь» ко спасению, поскольку именно Он взял на себя наказание за грехи человечества. Единственный вопрос, который не давал мне покоя, — могу ли я поверить в это?

На этом этапе исследования все вращалось вокруг проблемы воскресения Христа. Случилось ли оно на самом деле? Я решил основательно изучить этот вопрос.

Вспомнил о книге, которую подарила жена. Быстро поднялся по ступенькам наверх. Действительно, труд Мак-Дауэлла [8] до сих пор лежал на тумбочке. Уже одно ее название меня раздражало: «Новые неоспоримые свидетельства». «Неоспоримые? Неужели? А я оспариваю!» — такой была моя реакция, когда оставлял книгу там, где она пылилась вот уже несколько месяцев, я даже не касался ее. «Несчастный Джош, неужели ты думаешь, что я буду читать твою писанину из-за того, что в ней есть что-то «неоспоримое»?» — самодовольно улыбнулся я тогда. Ирония судьбы — теперь мне не терпелось ее прочитать.

Секунду я сомневался, но все же подошел к столику, взял книгу и повторно прочитал заголовок. В глаза бросилось слово «свидетельство». Какое же это свидетельство? Интересно. Впечатлил размер книги, ведь теперь я держал ее обоими руками, ощущая вес. Вспомнились университетские учебники. Я пролистал страницы, просмотрел содержание. Это был сборник фактов и точек зрения на основе многих источников. Целая глава была посвящена воскресению Иисуса.

Я погуглил Джоша Мак-Дауэлла в Интернете. Оказалось, что это современный апологет с мировым именем. «Значит, писал предвзято», – я насторожился. И все-таки решил ознакомиться с его писаниной. Кроме этой приобрел еще несколько интересных книг, которые так же касались воскресения [9-11]. Я не волновался, так как уже сделал определенные выводы на основе независимого чтения Евангелий.

Прежде всего, я должен был исследовать исторические факты, касающиеся воскресения. Действительно, какие именно данные свидетельствовали о том, что Иисус ожил? Интересовали конкретные, а не двузначные или абстрактные аргументы. Я начал с того, что приступил к изучению медицинских аспектов распятия.

Смерть Иисуса

Вопрос номер один: действительно ли Христос умер? Дело в том, что в процессе исследования я наткнулся на так называемую теорию бессознания [12]. Согласно этой теории, Иисус на кресте не умирал. Напротив, остался жив и даже сумел удрать из пещеры! Это объясняло, почему Он «являлся многим», как написано в Евангелиях. Однако с самого начала эта гипотеза вызывала большие сомнения. Несмотря на это, я должен был ознакомиться со всеми возможными точками зрения.

После нескольких часов анализа стало ясно, что теория бессознания неправдоподобна. Перед казнью Иисуса пытали, Его жестоко избили, в конце концов распяли на кресте и прокололи бок копьем. Безусловно, Он испытывал ужасную физическую боль. У Него случилось сильнейшее внутреннее кровоизлияние, компрессионный ателектаз (коллапс легких), обезвоживание организма, возможно, разрыв сердца и шок от потери крови. Это лишь некоторые осложнения среди множества других симптомов, которые возникают в таких случаях. Римские солдаты даже не стали ломать Ему ног, потому что Иисус был уже мертвым, как написано в Евангелие от Иоанна (19:32-33). Римляне-охранники и еврейская элита были принципиально заинтересованы в Его смерти. Поэтому они первыми убедились в гибели Иисуса.

Одна статья в «Журнале Американской медицинской ассоциации» [13] вообще меня потрясла. Применив современный медицинский анализ фактов, коллеги-врачи подтвердили, что Иисус не мог выжить после распятия. Аргументы коллег относительно смерти Иисуса на кресте оказались целиком и полностью обоснованными. Это был первый факт, который я выяснил и поставил точку: Иисус действительно умер.

Погребение

Во всех четырех биографиях Иисуса Христа – Евангелиях от Матфея, Марка, Луки и Иоанна – говорилось о том, что Иисуса похоронили в пещере, которая принадлежала «Иосифу из Аримафеи». Иосиф был влиятельным человеком, являлся членом Синедриона. (Синедрионом называли руководящий орган евреев, религиозно-политический «совет семидесяти», который выдвинул официальное обвинение против Иисуса во время допроса). По Евангелию от Луки, Иосиф из Аримафеи был тайным последователем Иисуса и не соглашался с решением Синедриона. Именно этот Иосиф пришел к Понтию Пилату и попросил, чтобы тот выдал ему тело Иисуса для погребения. Никодим, также влиятельная фигура среди тамошней иудейской элиты, помог Иосифу обернуть тело Иисуса погребальным саваном и намазать умершего специальными мазями. Сразу возник вопрос: зачем тратить столько времени, усилий и денег на покойника, которого никто не собирался хоронить? На месте погребения Иисуса очутилось два разных свидетеля, которые могли лично подтвердить, что Он действительно умер и находится в гробнице.

Было очевидно, что первые христиане не могли бы сфальсифицировать эту историю, если бы она на самом деле была другой. Два публичных деятеля, широко известные в тогдашнем еврейском обществе, которые собственноручно похоронили Иисуса, могли бы оказаться в центре скандала. Если бы Иисус не умер, то обоих свидетелей поймали бы на горячем и обнародовали их обман. Этого не случилось.

Библия отмечает еще одну интересную деталь. Снаружи гробницу охраняли римские воины, а вход в пещеру был перегорожен гигантской каменной глыбой. Во времена Иисуса так «опечатывали» гробницы. Прикатывали огромный валун весом от одной до трех тонн и фиксировали напротив входа. Это означает, что возле пещеры находилось больше свидетелей, как минимум двое, которые занимались опечатыванием гробницы. Это лишь прибавляет еще больше веса и исторической правды евангельскому повествованию. Если четырех очевидцев объединить с двумя женщинами и двумя учениками, которые пришли к гробнице позже, то мы увидим, что всего свидетелей погребения Иисуса было не меньше восьми. Если Иисус не был похоронен, то кто угодно мог бы опровергнуть заявление о Его смерти. Этого не сделал никто. Таким образом меня удовлетворили выводы о том, что Иисуса погребли, как и говорилось в Библии. А это уже факт номер два [14].

Пустая гробница

Следующее, что меня заинтересовало, — действительно ли гробница была пустой в воскресенье после погребения Иисуса? К большому удивлению, доказать это оказалось значительно проще, чем я думал. Существовал элементарный исторический факт, оспорить который было невозможно [15]. Ели бы гробница не была пустой, то христианство прекратило бы свое существование через несколько дней! Религиозные деятели, которые страшно боялись воскресения Христа, позаботились о всех возможных мерах предосторожности, чтобы тело Иисуса оставалось в пещере. Иначе им пришлось бы самостоятельно изготовить мумию Иисуса, чтобы уверить всех, что богохульник мертв, а про чудесное воскресение не может быть и речи.

Оказалось, что это еще не все. В Евангелиях сказано, что иудейские деятели подкупили римских солдат, чтобы те распространили слух о том, что тело подлым образом похитили. Зачем было религиозным авторитетам поднимать такую панику, если бы тело и так оставалось в гробнице? То, что в воскресенье утром тела в пещере не было, соответствовало простой логике.

Первыми свидетелями воскресения Иисуса Христа стали женщины. Сначала я не придал этому значения, но позже выяснил, что при еврейском патриархальном укладе того времени свидетельство женщины вообще не принимали во внимание, а показания женщины в суде не имели юридической силы [16]. Это окончательно подтверждало то, что у автора не было намерения прибегать к хитростям относительно событий, связанных с воскресением. Он описывал все так, как это было на самом деле.

Если бы женщины и ученики случайно пришли не к той гробнице, то тело Иисуса все еще должно было бы находиться в нужном месте. Оппоненты христиан быстро нашли бы умершего и, например, устроили бы торжественный марш по центральной улице Иерусалима, демонстрируя тело покойника и отсутствие воскресения, таким образом, обрубив идею христианства на корню. С неохотой я вынужден был признать, что сомнений в том, что гробница была пуста, не оставалось. Это был третий факт [17, 18].

Тело

Если гробница была пуста, то тело должно было где-то находиться. А исторические факты свидетельствовали о том, что после погребения, появление тела Иисуса нигде зафиксировано не было. Куда же оно делось?

Я видел три варианта. Первый: тело из пещеры могли забрать Его последователи. Второй: умершего могли украсть враги (например, иудейские религиозные деятели или римляне). Третий: Христос воскрес, вернул Себя к жизни.

Неужели ученики сговорились и похитили тело своего Учителя? Сначала эта мысль показалась интересной, поскольку я не раз видел по телевидению, как различные религиозные фанатики вытворяли вещи похуже. Позже, после моего знакомства с деталями, это предположение, как разбитое зеркало, рассыпалось на маленькие осколки [19].

Для того, чтобы выкрасть покойника, ученикам пришлось бы незаметно прокрасться мимо римских воинов, которые охраняли гробницу, отодвинуть камень весом в несколько тонн, да еще и убедиться, что никто не догадается об этой выходке! Известно, что за невыполнение приказа (в данном случае охрана умершего) римскому воину грозила смертная казнь [20]. Можно лишь представить, каким высоким был уровень надежности, организованный римской охраной. Кроме того, у учеников не было мотивации имитировать воскресение. Испуганные и убитые горем, они скорбели по умершему Учителю. Хотя Иисус и уверял, что «вернется», апостолы не понимали, о чем Он говорил, поэтому ничего особенного не ждали. Мысль об имитации воскресения путем хищения – полный абсурд для растерянных учеников. Я должен был признать, что гипотеза о «похищении» не выдерживала критики.

Какими бы заклятыми не были враги Иисуса, ни один из них не мог рассчитывать на помощь римских охранников в деле похищения покойного. В конце концов, в этом не было смыла. Наоборот, еврейская элита была заинтересована сберечь тело Иисуса. Забрать Его могли разве что с целью публичной демонстрации всему Иерусалиму, чтобы развеять любые иллюзии относительно воскресенья. Демонстрация тела человека, который пророчествовал, что на третий день воскреснет из мертвых, нанесла бы сокрушительный удар по христианству. Поэтому я признал, что тезис о хищении тела Иисуса недоброжелателями также не имеет смысла.

В Евангелиях значилось, что специальная ткань, которую использовали для пеленания и бальзамирования тела Иисуса, в переводе «покрывало», осталась внутри гробницы. Платок, которым обернули голову Христа, лежал отдельно, сложенный. Если кто-то в спешке выкрал тело, то зачем ему понадобилось тратить драгоценное время на то, чтобы снять с умершего пелены и аккуратно сложить рядом? Апостол Иоанн отмечал, что один из учеников увидел саван, что остался в гробнице, и сразу уверовал (Иоан. 20:8). Лука писал, что Петр удивился, когда заглянул внутрь (Лк. 24:12). Почему? И тот и другой, несомненно, увидели что-то особенное в платке и покрывалах и не могли объяснить увиденное. Даже при условии, что погребальный платок каким-то непонятным образом сам по себе спал с тела, он не мог лежать «сложенным отдельно от льняных полотен» (Иоан. 20:7)!

Вот какая мысль у меня возникла. Если Иисус воскрес, то Он мог оставить погребальный саван нерушимым, в таком виде, в каком он был на Его теле с самого начала. То есть «покрывало» осталось на месте, а внутри было пусто. В таком случае, каким образом злодеи вытащили покойного, не зацепив при этом покрывало, намотанное на него в несколько слоев? Возможно, именно это и было причиной огромного удивления учеников. Безусловно, римские воины вместе с иудейскими святошами тщательно обследовали гробницу, однако сказать им было нечего. Я был впечатлен. Размышления привели меня к последнему варианту: реальности воскресения. Дальше я должен был рассмотреть заявления о том, что воскресение таки произошло.

Явление Христа

Все четыре Евангелия документируют конкретные случаи того, как люди не только созерцали тело воскресшего Христа, но и прикасались к Нему руками. Существует несколько точек зрения касательно явления Христа, включая свидетельство Павла. Например, апостолы Павел, Иоанн и Лука утверждают, что Иисус явился ученикам. Иоанн и Матфей рассказывают о женщинах, которые первыми прибыли к гробнице. В Первом послании к коринфянам сказано, что Иисус явился более чем пятистам особам одновременно. Таким образом, множество свидетелей воскресения Иисуса Христа были еще живы на момент написания Посланий. Всего в Новом Завете приводятся пятнадцать разных случаев явления воскресшего Христа [21].

Я не обнаружил задокументированных опровержений явления Христа Его последователям. Не зафиксировано также ни одного опровержения воскресения со стороны иудеев или других враждебных ко Христу политико-религиозных направлений [22]. Молчание оппонентов шокировало. Почему воскресение немедленно не оспорили, если его не было?

Поэтому я рассмотрел вопрос явления Христа после воскресения и феномен мгновенного возникновения христианства. «Могли ли ученики нафантазировать себе, что видели Иисуса, вследствие галлюцинаций или богатого воображения?» — поинтересовался я. С медицинской точки зрения, наркозависимые или люди с различными заболеваниями мозга действительно могут страдать галлюцинациями. Но я быстро отбросил это предположение, так как оно не вписывалось в картину жизни апостолов. Гипотеза о галлюцинациях также не объясняла ситуацию с телом Иисуса и поведение учеников. Она не соответствовала типичным проявлениям галлюцинаций или самовнушения [23]. Свидетелей было слишком много. Сложно представить, чтобы все они одновременно страдали от пребывания в параллельной реальности. Анализ поведения учеников никоим образом не указывал на самовнушение или галлюцинации. У апостолов не было никаких причин придумывать подобное. Библия четко говорит: ученики видели, касались Иисуса и даже ели с воскресшим Христом физически и буквально. Результат галлюцинации или богатого воображения – духовное существо или привидение – не могут употреблять человеческую еду, тем более фантазию невозможно ощутить тактильно.

Если воскресение не было следствием галлюцинаций или самовнушения, тогда могли ли последователи Христа, которые стремились продолжить Его служение, умышленно придумать небылицу про оживление своего Учителя? Был ли Иисус мифом или легендой?

Если бы тело исчезло сразу же после смерти, то предположение о похищении имело бы смысл, ведь прежде чем объявить о воскресении своего Наставника, ученики должны были избавиться от Его тела. Однако не было никаких доказательств того, что тело похитили. Не существовало даже доказательств такой возможности. Зачем было апостолам ссылаться на показания женщин, мнение которых не учитывалось на судебных разбирательствах? Несмотря на то, что последовательницы Христа первыми обнаружили, что гробница пуста, никто из оппонентов не брал во внимание их свидетельства. Если бы сговор имел место, то ученики сделали бы все возможное, чтобы подтасовать карты в свою пользу, вместо того, чтобы цитировать неуместные свидетельства женщин, главных свидетелей. Какие еще мотивы могли возникнуть? Если Иисус умер и никогда не оживал, то служение апостолов не имело бы силы и не убеждало бы людей. На самом деле случилось противоположное.

В таком случае, могла ли история о жизни и воскресении Иисуса постепенно обрасти легендами, а с годами и вовсе стать мифом? Вообще-то, это имело смысл, ведь многие именно так и воспринимают библейский текст. Однако это не объясняет того, что гробница оказалась пуста, а христианство стремительно распространилось после распятия Христа. Если бы Евангелие складывалось из преданий, и каждый добавлял к ним, что хотел, то текст непременно попал бы к недоброжелательным очевидцам. Они бы легко продемонстрировали, что распятие и воскресение – это вымысел или сказка. Слишком многими деталями могли бы воспользоваться религиозные оппоненты Иисуса, чтобы доказать фальсификацию. Но ни одной зацепки не нашлось. Вместо этого апостол Лука заявляет, что детально расспросил очевидцев, после чего записал их свидетельства в Евангелии и книге Деяний. При этом и он, и свидетели были еще при жизни. Любой современник мог опровергнуть его записи, но никто этого не сделал.

Так я обдумывал возможные сценарии развития событий, но ни один из них не выдержал тест логики и фактов. Что-то все-таки вынудило христианство перерасти в огонь, который не гас, несмотря на невероятное сопротивление. Это вызывало немало вопросов. Евреи-ортодоксы предвкушали фиаско последователей Иисуса Христа. Единственным, кто мог стоять за христианством, был разве что Сам Бог: «Встав же в синедрионе, некто фарисей, именем Гамалиил, законоучитель, уважаемый всем народом, приказал вывести Апостолов на короткое время, а им сказал: мужи Израильские! Подумайте сами с собою о людях сих, что вам с ними делать. Ибо незадолго перед сим явился Февда, выдавая себя за кого-то великого, и к нему пристало около четырехсот человек; но он был убит, и все, которые слушались его, рассеялись и исчезли. После него во время переписи явился Иуда Галилеянин и увлек за собою довольно народа; но он погиб, и все, которые слушались его, рассыпались. И ныне, говорю вам, отстаньте от людей сих и оставьте их; ибо если это предприятие и это дело – от человеков, то оно разрушится, а если от Бога, то вы не можете разрушить его; берегитесь, чтобы вам не оказаться и богопротивниками» (Деян. 5:34-39).

Кроме этого внимание привлекала одна интересная деталь в поведении учеников. Они видели воскресшего Иисуса. Несмотря на это, их пришлось убеждать в том, что Христос ожил. Апостолы сами сначала не поверили! Они не успели еще морально отойти от потери близкого человека. Растерянные и даже испуганные, они не ожидали увидеть своего Господа живым и здоровым. Ученики Иисуса считали, что их лидер умер, и поэтому чувствовали себя угнетенно. Их мечты погибли вместе с распятым Иисусом. Но вдруг…

Не те ожидания

Почему ученики не ожидали, что Иисус воскреснет? Заглянув в историю еврейского народа, я узнал, что евреи ждали военно-политического руководителя, который должен был появиться в Израиле, чтобы вызволить его от римского ига. Звали израильтяне такого лидера Мессией, то есть Спасителем. Я также выяснил, что некоторые религиозные авторитеты не верили в такое явление, как воскресение. Были и те, кто учил, что воскресение случится только в конце света. Ученики совсем не ожидали, что Сын Божий умрет за грехи человечества, кульминацией чего станет Его воскресение. Иисус не вписывался в их концепцию Мессии, а Его воскресение находилось за гранью тогдашних религиозных убеждений. Даже между собой апостолы спорили о том, кто какую роль будет играть в Царстве, что вот-вот придет.

Радикальные перемены в жизни

После того как Иисус воскрес из мертвых, жизнь Его последователей радикально изменилась [24]. Перед распятием, во время ареста, Петр трижды отрекся от Него, а остальные ученики разбрелись, словно заблудшие овцы. Но неожиданно из депрессивных и дезориентированных верующих они преобразились в смелых и радостных благовестников жизни вечной. В Деяниях апостолов ясно видно, как смело они провозглашали воскресение Христа, несмотря на угрозу ареста, заключения в темницу, смерти или избиения. Последователей Христа ожидала судьба изгоев из тогдашнего еврейского общества. Зачем становиться мучеником ради лично придуманной небылицы? Я бы не смог найти объяснения внезапной перемене в поведении учеников, если бы ее корнем являлась нееврейская, беспрецедентная и неправдоподобная история.

Готовность умереть

Еще один грандиозный факт: десятеро из апостолов Иисуса, включая Павла, умерли мученической смертью, терпя пытки из-за веры в божественную природу Христа и Его воскресение [25]. Если бы Иисус не восстал из могилы, то эти люди попрощались бы со своей жизнью, зная, что умирают ради выдумки [26]. Это задело меня. Ни один из апостолов не отрекся от своей веры, несмотря на жестокие пытки, издевательства, боль, смерть [27]. Я не мог представить, что хоть кто-нибудь из них не отрекся бы, если бы знал, что все это не более чем мошенничество. Нерушимость первых благовестников впечатляла.

Сегодня никого не удивит тот факт, что люди умирают за ложь. Но обыкновенные жертвы пропаганды не осознают, что их идеология – обман [28]. В ситуации с апостолами все было иначе. Если бы они выдумали историю о воскресении, то четко понимали бы, что умирают благодаря собственной глупости. «И кто бы отважился на такое?» – спрашивал я себя. Все надежды на установление царства, которое сбросит с них римское ярмо, а также на высокий политический статус для себя в такой державе умерли на кресте вместе с Учителем. Поэтому все обещания Иисуса о вечной жизни, грядущем Царстве Божием, прощении грехов равнялись бы нулю, если бы Он остался лежать мертвым в гробнице. Фальсифицировать историю о воскресении плотника не имело для них никакого смысла. Я не мог найти объяснения той высокой цене, которую заплатили апостолы за свое убеждение в воскресении Христа, чтобы подтвердить теорию о «выдумке».

Выводы

Исторические факты свидетельствуют о том, что Иисус умер, а похоронили Его в гробнице, которая через три дня опустела. При этом не существовало ни единого объяснения того, куда исчезло тело. Многие люди собственными глазами видели Христа после воскресения. Люди общались с ожившим Иисусом, вследствие чего возникло христианство. Новое учение распространяли ученики Христа, хотя оно противоречило их предыдущим иудейским убеждениям и представлениям о Мессии.

Единственным логическим объяснением всему этому было воскресение. Именно воскресение наилучшим образом объясняло все существующие факты. В таком случае, произошло самое большое чудо на свете. При своем научном складе ума я никак не мог этого принять, хотя других объяснений не имел. Сердце было готово выпрыгнуть из груди, но разум упрямо дышал скептицизмом. Между ними словно развернулась война. Изнутри меня буквально разрывало на кусочки. Я чувствовал разочарование, поскольку не нашел другого объяснения. Когда обдумывал разные сценарии, понял, что не учел один важный исследовательский инструмент, которым пользовался годами на протяжении моей медицинской практики.

Глава V

ТРЕТИЙ ЭТАП ИССЛЕДОВАНИЯ

Иудейское Писание

СТАРОЕВРЕЙСКОЕ ПИСАНИЕ И ХРИСТИАНСКИЙ ВЕТХИЙ ЗАВЕТ

— Немедленно сделайте ЭКГ и дайте показатели энзимов! У пациента симптомы сердечного приступа!

— Слушаюсь, доктор Виман. Вызову коллег. Через секунду вернусь с монитором и бригадой.

Дополнительные анализы подтвердили диагноз: сердечный приступ. Как профессионал я редко доверяю только одному показателю при постановке диагноза. В свое время я проходил практику в кардиологии. Чтобы убедиться, что действительно случился сердечный приступ, мы сверяли результаты нескольких независимых тестов. Прежде всего делали электрокардиограмму (ЭКГ) и брали несколько анализов крови. ЭКГ отображала динамику импульсов сердца, анализы крови показывали уровень повреждения клеток сердца. Когда оба исследования давали позитивный результат, в большинстве случаев это подтверждало диагноз сердечного приступа.

Вспоминая этот эпизод, я подумал, что могла существовать целая цепочка доказательств воскресения и других аспектов жизни Иисуса Христа, не связанных с четырьмя Евангелиями и записями очевидцев, с которыми я недавно ознакомился. Если бы существовали независимые данные, которые можно исследовать, то вероятность воскресения как исторического факта существенно бы возросла.

Поэтому я решил основательно исследовать детали, чтобы докопаться до истины. Возможно, это самое масштабное исследование моей жизни. Но, если на карту поставлена вечность, это стоит затраченных усилий. Бывало, я возвращался с работы очень уставшим и хотел просто расслабиться и не нагружать лишним голову. Раньше в это же время я анализировал ситуацию на биржах и изучал инвестиционные возможности. Но мог ли я остановиться на полпути сейчас, когда у меня был шанс доказать или опровергнуть существование абсолютной истины и самого Бога?

Мессия

Апостолы считали воскресение доказательством того, что Господь – Спаситель мира. Интересно, что это не единственный их аргумент. Они также ссылались на древние иудейские пророчества, которые исполнились в личности Иисуса и подтверждали Его божественную природу.

Большинство ровесников Иисуса не имело возможности увидеть Его воскресение, но каждый мог самостоятельно прочитать Писание и проверить, действительно ли Его личность и жизнь соответствовали описанному в древних пророчествах.

Апостолы смело цитировали пророчества о рождении, жизни, распятии, погребении и воскресении Иисуса, как зафиксировано в Новом Завете. Уверяли в том, что Иисус исполнил предвидения древних. Собственно, это и был самый мощный аргумент, который убеждал евреев и язычников обратиться в христианство. Почему? Это мне предстояло выяснить.

«Что же это за пророчества?» – спрашивал я себя. После изучения данного вопроса выяснил несколько ключевых моментов. Иудейское Писание состояло из древних книг, написанных многими авторами на протяжении почти тысячи лет. Иудеи верили, что эти книги были Словом Божьим. Другими словами, Бог непосредственно вдохновил определенных людей записать Его слова. Писание считалось сакральным. Его тщательно берегли на протяжении тысячелетий. Существовала целая каста учителей, которые посвятили всю свою жизнь переписыванию и сохранению Святого Писания для грядущих поколений. В текстах содержалась история Израиля, генеалогия, законы и обряды, религиозная практика, также там были пророчества, песни, древняя поэзия. Самый последний сборник книг Святого Писания написан за 400 лет до н. э.

Одну вещь я не учел в начале своего исследования. Еврейский народ действительно ждал Мессию, Спасителя. Евреи верили в Его приход, поскольку древние тексты подробно рассказывали о разных сторонах жизни Христа и давали характеристику Его личности. Вера в Мессию относилась к культуре и истории евреев, формировала их мировоззрение. Это касалось и учеников Иисуса. Они представляли, что Мессия будет сильной фигурой на политической арене и в один прекрасный день вызволит еврейский народ от римского ига.

Впервые читая Новый Завет, я обратил внимание на многочисленные ссылки на древние пророчества. Раньше я игнорировал их, но теперь вспомнил, что царь Ирод созывал совещание авторитетных исследователей священных текстов. Когда мудрецы с Востока специально пришли в Иерусалим в поисках «новорожденного Царя Иудейского», учителя Закона подтвердили, что, согласно пророчествам, Мессия действительно должен был родиться в Вифлееме. В Евангелии от Матфея 2:6 сказано, что они процитировали один из староазаветных отрывков — пророка Михея 5:2, обосновывая перед царем Иродом свою веру в Мессию. Авторы Нового Завета постоянно настаивали на том, что в Иисусе Христе исполнились пророчества, записанные за сотни и даже тысячи лет до Его прихода.

Иисус также провозгласил, что исполнил пророчества: «Не думайте, что Я пришел нарушить закон или пророков: не нарушить пришел Я, но исполнить» (Мф. 5:17). А еще Он отметил, что в старых иудейских книгах речь также шла о Нем: «Исследуйте Писания, ибо вы думаете чрез них иметь жизнь вечную; а они свидетельствуют о Мне» (Иоан. 5:39). Кроме того, Иисус безапелляционно заявил о своем мессианстве: «Женщина говорит Ему: "Знаю, что придет Мессия, то есть Христос; когда Он придет, то возвестит нам все". Иисус говорит ей: "Это Я, Который говорю с тобою"» (Иоан. 4:25-26).

Один момент меня удивил. Сборник книг, который христиане называли Ветхим Заветом, был Святым Писанием иудеев. Оказывается, они пользовались теми же текстами, только расположенными в другой последовательности. При этом некоторые книги были объединены в одну, хотя содержание оставалось практически неизменным! Для меня это было настоящим открытием.

Понятное дело, христианство и иудаизм — это отдельные религии в современном мире. Большинство евреев и раввинов не верит в Иисуса Христа. Именно поэтому я совершенно не ожидал увидеть что-либо, связанное с Иисусом, в еврейском Писании, особенно учитывая то, что формирование Ветхого Завета было завершено за четыреста лет до рождения Иисуса Христа. То есть, апостолы никоим образом не могли подделать древние тексты, добавив в них упоминание о Мессии или отдельные фрагменты, точно описывающие жизнь Христа.

Теперь я понял, почему христианство не претендовало на статус «новой» религии. Оно и было воплощением древнего иудаизма. Другими словами, христиане верили всему, что было написано в иудейском Писании и считали его своим Словом Божьим. Верили в единственного и истинного Бога, как и иудеи. Уверенно утверждали, что Иисус — это Мессия, приход Которого был предсказан в Библии. Удивило и то, что первыми христианами были в основном евреи. Это касалось апостолов и Павла. За исключением Евангелия от Луки и книги Деяний, весь Новый Завет также был написан евреями.

Пророчества играли очень важную роль в определении позиции «за» или «против» Иисуса. Если они действительно указывали на Господа, то Ветхий Завет был основательной почвой для веры в спасение человечества через Иисуса Христа, согласно Божьему замыслу.

Невозможно четко и безошибочно описать подробности будущего. Разве что должен существовать сверхъестественный фактор. Исполнение пророчеств только подтверждало богодухновенность Писания и объясняло почтительное отношение к нему иудеев, которые тщательно переписывали и лелеяли каждую букву.

Согласно древним пророчествам, доктрина об Иисусе Христе и спасении души времен ранней Церкви не была чем-то новым. Ученикам Христа не пришлось изобретать «новую религию», как это ошибочно преподносят в некоторых учебниках. Произошло нечто другое. На глазах апостолов сбылись долгожданные надежды всего иудейского народа. Вот почему некорректно считать, что Иисус — легенда или миф. Ведь Его реальное существование подробно описано пророками в Святом Писании еще за несколько столетий до Его прихода.

Иудеи претендовали на веру в единого живого Бога и ждали прихода Мессии. Это трудно было назвать «стечением обстоятельств», особенно, когда на исторической арене появилась личность, которая открыто объявила себя Богом и Спасителем. Одного лишь я не мог понять: почему большинство евреев не хотели в это верить?

Итак, я должен выяснить, что именно говорили древние иудейские пророчества о Мессии. Какие аспекты раскрывали, сколько именно было предсказаний и все ли они сбылись? А может ни одно из них не свершилось? Если пророчества от Бога, а Иисус Его воплощение, то Он должен был исполнить все.

Не менее интересный вопрос: почему евреи отвергли Христа как Мессию? Если Господь, предположим, исполнил их же Святое Писание, как они могли не принять Его?

Прежде чем делать выводы, я должен был выяснить суть пророчеств. Они отображали события будущего. Предсказания записывали и провозглашали люди, которых называли пророками. Они не только предсказывали будущее, но и исполняли волю Божью. Действительно ли тексты Святого Писания, созданные за много столетий до появления Иисуса Христа, детально описывали Его жизнь? Хотелось выяснить правду, прежде всего для себя.

На страницах всего Ветхого Завета есть множество прототипов Иисуса. Употребляя слово «прототип», я имею в виду будущее событие, о котором упоминается в прошедшем времени так, словно оно уже произошло. Также используют слово «предвидение», которое зачастую изображает будущее событие наглядно, образно, как будто художник рисует картину. Предвидение напоминает тень изображения, всматриваясь в которое, мы понимаем, что за ним кроется настоящий объект.

Сначала я рассмотрел пророчества, ведь считалось, что они непосредственно указывали на Мессию. На страницах Ветхого Завета пророчества были повсюду, их писали многие авторы в разные периоды истории Израиля. Пророки изображали рождение, жизнь, смерть и даже воскресение Мессии. Приложения, таблицы и комментарии в моей Библии я воспринимал по принципу «номинальной ценности» – сначала определял их значение для христианской традиции, а потом проверял противоположные точки зрения.

Пророчества о Мессии

Я начал с пророчества, которое раскрывало рождение Мессии. Написал его пророк Михей еще за 700 лет до н. э.: «И ты, Вифлеем-Ефрафа, мал ли ты между тысячами Иудиными? Из тебя произойдет Мне Тот, Который должен быть Владыкою в Израиле и Которого происхождение из начала, от дней вечных» (Мих. 5:2).

Таким образом, Мессия должен был родиться в Вифлееме и одновременно быть «от дней вечных» (существовать и во время написания пророчества, и во время его исполнения). Оказалось, Господь действительно родился в Вифлееме, а христиане считали Его «Богом предвечным».

Апостол Иоанн в первых строках Евангелия назвал Иисуса «Словом». Вот как звучит этот отрывок: «В начале было Слово, и Слово было у Бога, и Слово было Бог. [...] И Слово стало плотию, и обитало с нами, полное благодати и истины; и мы видели славу Его, славу, как Единородного от Отца» (Иоан. 1:1, 14). Иисус – Слово, которое было Богом и в то же время «плотью», человеком. Сущность Иисуса Христа отвечала обоим пророчествам, хотя на этом этапе я не совсем четко понимал их значение.

О рождении Мессии писал и пророк Исайя около 700 лет до н. э.: «Итак Сам Господь даст вам знамение: се, Дева во чреве приимет и родит Сына, и нарекут имя Ему: Эммануил» (Ис. 7:14).

Этот отрывок вызвал еще больший интерес, чем предыдущий. Христос должен был родиться от «девы» и получить имя «Эммануил», которое означало «Бог с нами». Я откинулся на спинку кресла и сделал глубокий вдох, чтобы осмыслить прочитанное. Ведь в Евангелиях именно об этом и сказано: Иисус родился от девы Марии. Пришедши в этот мир, Он буквально стал тем самым «Эммануилом», «Богом с нами».

Пророчество меня так взволновало, что я дальше стал обдумывать его значение. Ветхий Завет написан на древнееврейском языке, я же читал в переводе на английский. Действительно ли автор употребил слово «дева»? Вопрос был ключевым для этого отрывка. Ведь автор, пророк Исайя, мог написать что-нибудь другое, например, «молодая девушка». Еще за несколько сотен лет до прихода Христа иудейские книжники перевели свое Писание на древнегреческий, сейчас этот перевод известен как Септуагинта.

Так вот, в стародавнем греческом тексте употреблялось конкретно слово «дева». Какой же смысл вкладывали в это слово иудейские писари за несколько сотен лет до рождества Мессии?

Дело в том, что сначала я считал, что христиане вставили в Ветхий Завет слово, которое отвечало их догматике. К большому удивлению, Септуагинта засвидетельствовала противоположное: совершенно непредвзятое отношение переводчиков. Только одно греческое слово могло означать «дева», и они выбрали именно его, ничего не подозревая о будущей христианской догматике. Это впечатляло, но я осторожничал и не спешил принимать на веру непорочное зачатие.

Следующий аспект: Мессия должен был походить из рода Давида, легендарного царя, который правил Израилем примерно за тысячу лет до прихода Христа. Это еврейский народ четко знал, благодаря Святому Писанию, которое постоянно читали в синагогах. Теперь я понял, почему Лука и Матфей решили добавить к евангельским рассказам родословные Иисуса. Матфей проводит линию от Иосифа, земного отца Христа, а Лука очерчивает генеалогию Марии. И Иосиф, и Мария происходили из рода царя Давида! Вот почему для обоих авторов родословная Иисуса играла необычайно важную роль. Генеалогия четко демонстрировала, что Иисус и есть долгожданный Мессия, о котором вещали пророки.

Я чуть не потерял дар речи, когда прочитал строки, написанные за тысячелетие до рождества Христового:

«Ибо псы окружили меня, скопище злых обступило меня, пронзили руки мои и ноги мои. Можно было бы перечесть все кости мои; а они смотрят и делают из меня зрелище; делят ризы мои между собою и об одежде моей бросают жребий» (Пс. 21:17-19). Автор изобразил картину распятия задолго до того, как римляне изобрели этот инструмент казни! Мистическим образом пророк увидел пробитые руки и ноги, хотя в его исторической реальности таких способов смертной казни не существовало.

Итак, пророки упоминали о распятии Иисуса Христа задолго до Его появления. Как такое могло быть? Единственное, с чем ассоциируются слова «пронзенные руки и ноги», — это распятие. Мозг кипел от осознания мистической способности пророков записать то, чего даже не существовало в их времена!

Очевидно, что в псалме речь шла не только о распятии, но и о том, что одежды Мессии разделят, предварительно бросив жребий. Я был вынужден признать тот факт, что это произошло с Иисусом через тысячу лет после написания пророчества. Христос не мог искусственно организовать данные события: «Воины же, когда распяли Иисуса, взяли одежды Его и разделили на четыре части, каждому воину по части, и хитон; хитон же был не сшитый, а весь тканый сверху. Итак сказали друг другу: не станем раздирать его, а бросим о нем жребий, чей будет, – да сбудется реченное в Писании: разделили ризы Мои между собою и об одежде Моей бросали жребий. Так поступили воины» (Иоан. 19:23-24).

Иоанн цитирует иудейское Писание и настаивает на том, что эти события – исполнение пророчества. В процессе исследования Нового Завета я наткнулся на множество подобных цитат из иудейского Писания. Это восхищало, но скептицизм меня все еще не оставлял. Хотелось чего-то большего, такого, что задело бы за живое, заставило прочувствовать всем естеством.

Таким пророчеством оказались слова Исайи. Я затаил дыхание: «Но Он взял на Себя наши немощи и понес наши болезни; а мы думали, что Он был поражаем, наказуем и уничижен Богом. Но Он изъязвлен был за грехи наши и мучим за беззакония наши; наказание мира нашего было на Нем, и ранами Его мы исцелились. Все мы блуждали, как овцы, совратились каждый на свою дорогу: и Господь возложил на Него грехи всех нас» (Ис. 53:4-6).

Итак, Мессия понесет наказание за грехи «всех нас». Его будут бить плетью, на Его теле останутся шрамы. Слова, записанные за сотни лет, читались, словно текст ранней Церкви. Параллель, проведенная между словами пророка и евангельским повествованием, казалась мне слишком очевидной. Однако сфальсифицировать текст, написанный за семьсот лет до прихода Христа, было невозможно.

Я подытожил. Согласно пророчествам, Мессия родится в городе Вифлееме от девы и будет потомком царя Давида. Его руки и ноги будут «пронзены», Он возьмет на Себя грех всех людей, будет наказан вместо них. Существование Мессии – вечно, Его назовут «Бог с нами». Евангельская характеристика Иисуса Христа четко отвечала каждому из этих пророчеств. Неужели существуют еще какие-либо предвидения об Иисусе?

Следующее пророчество, которое рассмотрел, я нашел в книге Даниила. В ней обнаружил расчеты, указывающие точную дату прибытия Мессии в Иерусалим. «Это уже совсем интересно», – заметил я. Исследовав отрывок, я очутился в ступоре. Дело в том, что расчеты пророка Даниила четко указывали день Вербного воскресенья, когда Иисус въехал в Иерусалим. Именно тогда Господь явил Себя людям как Мессию! [29] Цифры оказались настолько точными, что это было похоже на мистерию, однако ничего фантастического в самом отрывке не было.

Кроме того пророк Даниил предвидел, что Мессия погибнет: «И по истечении шестидесяти двух седмин предан будет смерти Христос, и не будет» (Дан. 9:26). Это важный нюанс, поскольку, по логике, я не ожидал, что Спаситель умрет. Евреи, которые надеялись на приход политического освободителя, тем более не ждали такого поворота событий. Однако, пожалуйста – пророчество в их же Святом Писании!

Интересно, что пророк четко отметил, что Мессия погибнет не за Себя. Меня переполнили странные чувства, когда снова перечитал слова Даниила. Каким образом Даниил предвидел дату явления Христа миру? Откуда он знал, что Мессия должен погибнуть, причем не ради Себя? Кто еще из исторических персонажей отвечал таким характеристикам? Я был взволнован.

Каждый раз, когда находил одно пророчество о Христе, хотелось тут же увидеть следующее. Иисус всегда и во всем соответствовал описанному Мессии! Я мог снова и снова твердить про «стечение обстоятельств», но количество пророчеств, которые исполнились в особе Христа, невероятно впечатляло. Разум в который раз сопротивлялся отговорками типа: «Да это просто невозможно. Всего-навсего простое стечение обстоятельств. Вряд ли эти пророчества касаются Иисуса». И вместе с тем меня до глубины сердца потрясало количество прямых и непрямых древних ссылок на Мессию, которые четко указывали на Иисуса Христа, хотя и были написаны за сотни лет до Его прихода.

Со временем я прекратил охоту на пророчества. Их оказалось более трехсот. Шестьдесят одно из них исследователи считали главными [30]. Иисус исполнил каждое. Вероятность существования другой личности, которая могла бы претендовать на воплощение хотя бы восьми основных пророчеств, была практически нулевой. По подсчетам Джоша Мак-Дауэлла, она составляла бы 1 из 10^{17}, или 1 из 100.000.000.000.000.000!!! [31] Вот его слова: «Теперь отмечу следующее. Пророчества о Мессии – либо результат вдохновения Божьего, либо самодеятельность предсказателей. В таком случае пророки имели бы один из 10^{17} шансов исполнения своих предвидений в лице другого человека. Однако все они сбылись со стопроцентной точностью в лице Иисуса Христа. Это означает, что исполнение хотя бы восьми главных предвидений доказывает, что сам Бог вдохновил авторов указать на будущего Мессию, и этой четкости может недоставать разве что одного шанса из 10^{17} для того, чтобы быть абсолютной» [32-33].

Итак, Мак-Дауэлл уверял, что за пророчествами мог стоять только Бог, если бы исполнилось хотя бы восемь основных пророчеств, но Иисус исполнил все триста! Я не знал, что и подумать. Оставалось лишь согласиться, что только Бог, если Он существует, мог невероятным образом объявить пророкам столько подробностей о жизни Того, Кто еще не появился на свет.

На этом этапе я решил отдохнуть. Моя фантазия иссякла для поисков объяснений. От пророчеств веяло чем-то сверхъестественным, и это пугало. А ведь Библия была переполнена ими! Между делом подумалось: а мог ли Иисус постараться и собственными силами исполнить пророчества? Внимательно перечитав Евангелие, я понял, что большинство обстоятельств находилось за пределами Его компетенции; Он исполнил «волю Отца». Ох и тяжело же было мне «проглотить» такое количество пророчеств о Мессии, да еще настолько точных. Я видел правду, но никак не хотел ее признавать.

Ознакомившись с другими точками зрения в Интернете, наткнулся на шквал критики и опровержений. Кое-кто заявлял, что пророчества толкуют вне контекста, другие утверждали, что отдельные предвидения вообще не являлись пророчествами, так как авторы изначально не имели намерения писать о будущем. Немало аргументов имело смысл и с горем пополам их можно было считать убедительными. На одни и те же пророчества были полярные точки зрения, и это удивляло больше всего.

Я толком не знал, какие делать выводы, поэтому решил пока не ставить точку в этом вопросе, а пойти дальше и подробнее ознакомиться с прототипами Иисуса в Ветхом Завете.

Прототипы Мессии

Речь идет о праведнике будущего. На протяжении истории возникало множество прообразов Иисуса, описанных в Ветхом Завете. Их можно сравнить с картиной, все величие которой поймут лишь грядущие поколения. Например, на страницах иудейского Писания часто говорится о жертве и жертвоприношениях. Они указывали на Христа, Который должен был стать жертвой за грехи всего человечества в будущем. Наличие ярких образов в старинных текстах, которые точно описывали обстоятельства жизни Христа, свидетельствовало о том, что пророки черпали вдохновение от Бога. Чтобы убедиться в этом, достаточно провести параллели между Старым и Новым Заветами.

Иудейская система жертвоприношений

Наиболее очевидным прототипом Христа была иудейская система жертвоприношений, подробно описанная в Божьих заповедях. Смерть и кровь невинных животных имели глубокое символическое значение для евреев. В их религиозной культуре фигурировала идея «замещения» — вместо человека умирало животное, которое искупало грех.

До сих пор помню удивительные слова, которые услышал на острове Марко: «Невинный и безгрешный Иисус умер вместо тебя. Его кровь очистит тебя от грехов, если уверуешь в Него, покаешься перед Ним и доверишь Ему свою жизнь». Наконец-то я стал прозревать и понимать, что именно имели в виду христиане. Жертвоприношения животных символически указывали на Христа как на последнюю жертву, которая раз и навсегда удовлетворила справедливость Божью. Собственно, в этом состояла одна из ключевых доктрин Нового Завета. По крайней мере, идея жертвы за грех была не новой. Иудеев не удивляло такое явление, как «заместительная смерть» или кровь животных, которая проливается для уплаты цены за грех человека. «Сила образов и параллели между обоими религиями, иудейством и христианством, грандиозные», – подумал я.

Пасха

Название «Пасха» походит от еврейского «песах» – миновать, проходить мимо.

Этот иудейский религиозный обряд имеет немаловажное символическое значение касательно Иисуса Христа. Некоторые друзья моего детства целую неделю ели мацу вместо обычного хлеба. Собственно, это все, что я знал о Пасхе. Естественно, такие познания сложно назвать исчерпывающими. Поэтому я углубился в этот вопрос и рассмотрел двенадцатую главу книги Исход.

Пасха – самый важный праздник для евреев, который празднуют и поныне. Все начиналось с выхода народа Моисея из Египта. Только со временем его людей начали называть евреями. Моисей должен был привести их в «землю обетованную». Четыреста лет они гнули спину в Египте. Бог поставил пророка, который сказал судьбоносную фразу: «Отпусти народ». Фараон отказал. Тогда Бог послал девять казней на землю египетскую. Правитель и после этого не отпускал невольников на свободу. В конце концов Бог предупредил Моисея о последнем проклятии. Ночью все первенцы египетского края погибнут. Кара распространялась и на евреев. Но Господь дал Моисею четкие инструкции. Тот, кто поверит и исполнит Его наказ, не пострадает. Каждая верующая семья должна была принести в жертву агнца мужского пола, без изъянов и смазать его кровью откосы (боковые и верхние балки дверной коробки). Исполнители обряда должны были верить, что кровь агнца их защитит. Той ночью явится ангел смерти и «минет» (отсюда «песах», Пасха) жилища, откосы которых смазаны спасительной кровью. Только таким образом старшие сыновья смогут избежать гибели.

Я задумался. Кровь совершенного ягненка, невинной жертвы спасала людей от суда Божьего. Невозможно было проигнорировать очевидную параллель с кровью Иисуса Христа. Он также был невинный, также не имел греха. Верующий в спасительную силу Его крови избегал суда Господнего. Это одна из фундаментальных доктрин христианства. Вспомнил слова Предтечи, который воскликнул: «Вот Агнец Божий, Который берет на Себя грех мира!» (Иоан. 1:29). Иоанн Креститель указал, что Иисус был тем «агнцем», о котором говорилось в старозаветной книге. Только Этот Агнец понес наказание за грехи всего человечества. Я был вынужден признать, что Господь воплотил образ пасхального агнца. Когда узнал, что Иисуса распяли на праздник Пасхи, мороз пробежал по коже. Совершенно не верилось в «стечение обстоятельств».

Критики полемизировали, действительно ли пасхальный агнец искупал грехи человека. Некоторые настаивали на том, что только животные без изъяна годились для жертвоприношения, согласно Святому Писанию. Однако тело Иисуса было несовершенно из-за ран и пыток. «Разве отвечал Христос требованиям, описанным в книге Исход?» – бросали вызов буквоеды.

Я понимал, к чему они клонят, однако не мог согласиться с таким примитивным толкованием. В Новом Завете говорилось, что Иисус был без греха. Как невинный пасхальный агнец перед закланием, так и Он был без изъянов. Способ смерти не влиял на сущность личности на протяжении земной жизни. Очевидно, параллель между Иисусом и пасхальным агнцем отрицали только критики, которые всегда говорили «нет». Я не сомневался, что побои и шрамы на теле Иисуса не отменяли Его связи с ветхозаветными образами. Согласно верованиям христиан, кровь Христа, пролитая на кресте, искупала грехи людей и спасала их от суда Божьего.

Кое-что меня ошеломило. В Божьих инструкциях прослеживалась определенная методика. Кровь ягненка выливали в специальную емкость около входа. Эту емкость помещали в углубление, выкопанное в земле для стока дождевой воды. Специальную щетку (наподобие вехоти), которой красили или разрисовывали внешние стены и двери дома, нужно было изготовить из стеблей иссопа – одного из видов зверобоя. Последовательность действий была четко очерчена. Иудей должен был обмокнуть вехоть в кровь, которая находилась в емкости. После этого пометить сначала верхний брус дверной рамы, потом – оба боковых бруса.

Я был сам не свой, когда осознал, что такая последовательность движения указывала на… крест! Кровью невинного агнца иудеи рисовали на входах в свои жилища образ креста! Кровь ягненка, принесенного в жертву, спасала их от суда Божьего! «Это какой-то сюрреализм», – думал я. Каким образом этот символ вошел в традицию еврейского народа? Пасху ведь исполняли свыше тысячи лет, задолго до рождения Иисуса… Я был потрясен. «Сколько же еще подобных символов в Ветхом Завете? Это не укладывается в голове!» – воскликнул вслух, сидя в своем кабинете после рабочего дня.

Авраам и Исаак

Ошеломило еще одно открытие. Книга Бытия, 2-я глава, рассказывает о человеке по имени Авраам, которому Бог повелел взять своего единственного сына Исаака и отвести на гору, чтобы принести в жертву. Сын поднимался на вершину и самостоятельно нес хворост и дрова, исполняя волю отца. Название горы – Мория. Три дня Авраам смотрел на своего сына, как на живого мертвеца. К счастью, в последний момент Бог заступился за юношу, указав на другую жертву: «овен запутался в терновнике рогами своими». Таким образом, овен заменил Исаака на жертвеннике.

Литературные источники свидетельствовали, что это произошло на месте, где позже был распят Иисус, – на Голгофе. Исаак нес на спине хворост, а Иисус – деревянный крест. Из-за того, что тело Господа было полностью истощено после пыток, крест приказали нести другому. Христос взошел на Голгофу, как единственный Сын Божий. Он точно также исполнял волю Отца, как и Исаак – волю своего отца Авраама. Бог заступился за людей и вместо того чтобы наказать их принес в жертву «Сына Своего Единородного», как написано в Евангелии: «Ибо так возлюбил Бог мир, что отдал Сына Своего Единородного, дабы всякий верующий в Него не погиб, но имел жизнь вечную. Ибо не послал Бог Сына Своего в мир, чтобы судить мир, но чтобы мир спасен был чрез Него» (Иоан. 3:16-17).

Авраам и Исаак жили почти за тысячу четыреста лет до Рождества Христового. Уже тогда случай на горе Мория отображал Божий замысел спасения, который свершился в местности, указанной в Новом Завете.

Кто-то скажет, что рассказ об отце и сыне не совсем похож на евангельские события, ведь Исаак не погиб. Однако обратим внимание на то, что ключевая мысль в истории восхождения Авраама и Исаака на гору заключается в идее заступничества. Бог не допустил смерти юноши, Он предусмотрел другую жертву, которая будет принесена вместо Исаака. Погиб агнец, как позже погиб Иисус, – вместо людей.

Это лишь несколько аналогий на страницах иудейского Писания. Как оказалось, подобных параллелей намного больше. Стародавние прообразы, словно тень, указывали на реальную картину, отображенную в Новом Завете. Я надеялся, что в процессе исследования сумею ослабить впечатления от прочитанного. Мои надежды не оправдались. Я сам себя загнал в глухой угол.

Библейские пророчества и образы были яркими, понятными, точными. Прямым и непрямым образом они совпадали с деталями жизни Иисуса Христа. Было бессмысленно с моей стороны подозревать пророков в тайных мотивах или фабрикации текстов. Ведь большинство предвидений о Мессии вошли в иудейские каноны задолго до Его рождения. Археологические раскопки лишь подтверждали этот факт. К тому же, предположение об искажении содержания священных книг, дабы обесценить мессианскую сущность Христа, тоже не выдерживало критики, поскольку на протяжении столетий иудеи самым тщательным образом переписывали и берегли каждую «букву закона», что только подтверждало авторитетность древних пророчеств.

Гипотеза о сговоре также не имела под собой основания. Зачем Аврааму и Исааку разыгрывать восхождение на гору? Откуда они могли знать, что Иисус появится в той же местности через тысячу с лишним лет?

Итак, мессианские пророчества и образы существовали задолго до появления Иисуса. Большинство авторов не знали друг друга, поскольку книги добавлялись к Святому Писанию на протяжении тысячелетнего периода истории иудейского народа. Иисус не мог повлиять ни на прорицателей, ни на Марию (например, приказав ей рожать в хлеву, а не в царском дворце).

Отторжение Мессии

Я спросил себя: если доказательства мессианства Иисуса, поданные на страницах Писания, были такими очевидными, почему евреи отреклись от Мессии? Размышляя над этим вопросом, я признал, что отреклись не все.

Яростнее всего против Иисуса выступали религиозно-политические деятели. А обездоленная толпа ждала правителя, который отстоит независимость евреев и избавит их от гнета Рима.

Невооруженным глазом видно, что оба слоя общества неверно понимали пророчества. Местные руководители держались за власть руками и ногами. Не удивительно, что проповеди Иисуса представляли серьезную угрозу их статусу и подрывали самые основы коррумпированной системы управления тех времен.

С другой стороны, в Новом Завете задокументирован тот факт, что немало иудеев все-таки поверило в мессианство Иисуса. Среди Его последователей были авторитетные общественно-религиозные фигуры. Например, Иосиф из Аримафеи, который похоронил Иисуса, принадлежал к элитным религиозным кругам тогдашнего иудейского общества. Еще одним влиятельным деятелем был Никодим, уверовавший после ночного разговора с Христом. Кроме того, ранняя христианская Церковь состояла в основном из евреев, хотя достаточно быстро вера в Иисуса распространилась «во все концы земли». Таким образом, в начале своего развития христианство имело много общего с иудаизмом.

Выводы

В Ветхом Завете было столько доказательств мессианства Иисуса, что я уже не мог оставаться равнодушным. Иисус не только воплотил прототип Мессии, отображенный в пророчествах. Его распятие отражало символы и образы обрядовой практики иудеев.

Решил проверить, не допустил ли я случайно ошибки в понимании пророчеств. Не вкладывал ли я в них смысл, которого на самом деле не было? Правдивы ли утверждения о том, что христиане самовольно внесли коррективы в старые иудейские тексты, чтобы обосновать Новый Завет? Внимательно проанализировав материал, я, хочешь не хочешь, признал отрицательный ответ на оба вопроса.

Заинтересовал один факт. Почему так много отрывков иудейского Писания указывали на жизнь Иисуса Христа? Любой внимательный читатель не только заметит параллель между Ветхим и Новым Заветами, а и признает одну простую истину: объять глубину написанного пророками возможно только при сопоставлении их предсказаний с жизнью Иисуса Христа.

Я должен был найти выход из глухого угла, в котором очутился. Ощущал себя, как в кино. Странные чувства наполняли мою душу, когда натыкался на свидетельства существования Бога, которые не мог опровергнуть. Они крылись в Книге, написанной людьми более тысячи лет. Раньше я не придавал ей никакого значения. Мало кто из моего окружения читал ее.

Так правда это все или неправда? По логике вещей, я вынужден был согласиться с фактами. Но что-то во мне упрямо не хотело идти до конца и выяснять, что означают мои открытия лично для меня, семьи и окружения.

Я не ожидал такого результата исследования, ведь с самого начала был настроен на противоположное – опровергнуть религиозные убеждения соседей-христиан… Теперь и Новый Завет, и Старый шли нога об ногу, еще и дышали мне в спину. Как бы там ни было, но я не мог допустить слепой веры. Меня интересовало, существует ли более сильная основа, на которой христиане могли твердо стоять. Я продолжил поиски.

Глава VI

ЧЕТВЕРТЫЙ ЭТАП ИССЛЕДОВАНИЯ

Исторические доказательства Нового Завета

ПРОФЕССОРА

Существуют ли доказательства историчности Нового Завета? Чтобы выяснить этот вопрос, необходимо непредвзято и тщательно рассмотреть Библию как исторический документ. Надежны ли записи двухтысячелетней давности? Отображает ли современная Библия реальные тексты, написанные Матфеем, Марком, Лукой и Иоанном в I столетии? Может, писали вовсе не они, а кто-нибудь другой?

По иронии судьбы, в тот же день пришло приглашение прослушать модульный курс аудиолекций от двух авторитетных американских университетов. Удивило то, что в списке тем был раздел по библеистике, в том числе курс «Обзор Нового Завета», который больше всего меня заинтересовал. «Сама судьба стучится ко мне в двери, – подумал я. – Что мешает мне послушать аудиолекции?» Учебную программу разработали деканы, имевшие научную степень и написавшие немало статей по своей специализации. Академический мир мне близок, и я всегда охотно общался с его представителями. Вот и в этот раз надеялся, что специалисты, посвятившие себя исследованию Библии, безупречно владеют предметом и озвучат убедительные факты.

С первых лекций выяснилось, что ни один профессор не верит в то, что Новый Завет отображает реальные исторические события. Чем больше я слушал, тем больше падал духом. Сердце теряло надежду на то, что когда-нибудь я решу проблему внутренней пустоты человека, которую этот мир не может заполнить. «По крайней мере, умственная деятельность активизировалась», – утешал себя я. Парадоксально, но одна часть моего сознания была убита горем, а другая ликовала! Во мне разворачивалась невидимая схватка, которую я уже не мог остановить.

Мозг не хотел брать на себя ответственность, которой требовала вера в Творца, в то время как сердце жаждало ответов, непременно существовавших где-то. В глубине своей сущности я стремился к вечному, но разум упрямо держался за эгоцентризм. На его стороне был козырь – страх. Пугала абсолютная истина, на которую претендовала Библия, поскольку современная культура не признавала «абсолютного».

Профессор заявил, что доказательств существования Иисуса недостаточно. Ни одно из Евангелий (от Матфея, Марка, Луки или Иоанна) написал очевидец. Их написали люди, которые жили позже. Они придумали и немного приукрасили свой рассказ, чтобы обратить людей в христианство. Лектор отметил, что в документах-оригиналах отсутствуют имена авторов. Главный аргумент: заглавий, таких как «Святое Евангелие от Матфея», в ранних текстах не существовало, их добавили позже. В измененном виде они вошли в Библию и дошли до наших дней.

Я внимательно слушал аргументы лектора, который тем временем перечислял несоответствия между Евангелиями, прежде всего в вопросе смерти и воскресения Иисуса Христа. Лука, например, рассказывал о женщинах, которые пришли к пустой гробнице и увидели двух мужчин, в то время как Матфей упоминал лишь об одном свидетеле. Профессор, словно бульдозером, проехал по десятку несоответствий. Каждый пункт гремел, как выстрел в висок из револьвера «Магнум» триста пятьдесят седьмого калибра.

Лектор заметил, что историки признают лишь факты, которые действительно случились в прошлом. Поскольку концепция «чуда» не вписывалась в научный метод, они не имели права исследовать сверхъестественные явления прошлого. «Чудеса» Библии указывали на Бога. «А что историки могут знать о Боге?» – рассуждал профессор.

Теперь я чувствовал себя, словно боксер. Только не как победитель, которому вручили пояс чемпиона, а как неудачник, которого отправили в нокаут. Казалось, преподаватель одним движением опроверг историчность Нового Завета. Его метод оказался действенным. Внимание слушателя акцентировалось на «противоречиях», а понятие «сверхъестественного» вообще вычеркнули из исторического процесса.

После первых аудиолекций на душе заскребли кошки. Ведь я хотел получить ответы на злободневные вопросы жизни, смерти, теории эволюции, однако разум сопротивлялся моим душевным порывам, ища оправдание: «Профессора знают истину. Они же имеют научную степень, публикации, многолетний опыт. Разве могут они ошибаться относительно Иисуса Христа и Святого Писания? Казалось, авторы Библии искренне верили в свои слова, но означало ли это, что написанное действительно произошло?».

Я решил послушать, что скажет другой профессор (это была женщина). Она ознакомила слушателей с главными действующими лицами Нового Завета как с литературными героями. Звучало странно. Казалось, в центре Библии — вымышленные персонажи, взаимодействующие между собой в чудесных сюжетах, придуманных по заказу духовенства. Некоторые события опирались на факты, а некоторые со временем обросли мифами. Таким образом, по мнению лектора, библейский текст постепенно трансформировался. Звучало мило и прекрасно, но что-то в глубине сердца говорило мне о завуалированной ошибочности такого мнения. Неожиданно возник вопрос: интересно, а откуда эта женщина знает, какие именно события «опирались на факты», а какие «обросли мифами»? Разочаровывала однобокость и слабенькая аргументация профессорши, поэтому я прекратил ее слушать.

После знакомства с концепцией «литературных героев» и «мифологизации» я вернулся к первому лектору и продолжил слушать с того места, на котором остановился. Чем больше он говорил, тем больше позволял себе саркастические комментарии и насмешки над христианством. Сарказм выдавали его интонации и формирование некоторых тезисов. Чувствовалось, что лектор гнет свою линию. Но проблема заключалась в другом. Я не мог понять, зачем ему это нужно? Иногда нотки иронии были почти незаметны, но я все равно чувствовал их. С какой целью профессор иронизирует? Складывалось впечатление, что у него имелись на то свои мотивы. Предвзятость была очевидна. Вряд ли преподаватель осознавал, что его будет слушать доктор медицинских наук, которого не устроит примитивное эмоциональное накручивание. История должна разносторонне освещать факты, а не подстраиваться под пропаганду отдельной особы или партии.

Основная мысль лектора заключалась в том, что Иисус никогда не заявлял о Своей божественной сущности. «Зачем профессор делает ложные заявления? Зачем манипулирует сознанием слушателя?» – Я не мог смириться с неадекватным утверждением. Светофор показал красный свет. Казалось, мой «боксер» начал выходить из нокаута. «Это же неправда! Профессор, ты несешь чушь и сам хорошо это понимаешь!» Я готов был употребить крепкое словцо в адрес надменного лектора. Он кривил душой, так как не мог игнорировать очевидного. Неожиданно я вспомнил отрывок: «Отец Мой, Который дал Мне их, больше всех; и никто не может похитить их из руки Отца Моего. Я и Отец – одно. Тут опять Иудеи схватили каменья, чтобы побить Его. Иисус отвечал им: много добрых дел показал Я вам от Отца Моего; за которое из них хотите побить Меня камнями? Иудеи сказали Ему в ответ: не за доброе дело хотим побить Тебя камнями, но за богохульство и за то, что Ты, будучи человек, делаешь Себя Богом» (Иоан. 10:29-33).

Личные религиозные убеждения – это одно, а распространение ложной информации – совсем другое. Зачем убеждать в заведомой лжи о том, что «Иисус никогда не считал Себя Богом»? Почему бы не ознакомить слушателей с настоящими библейскими цитатами? Пускай бы самостоятельно сделали выводы.

Манипуляции со стороны преподавателя сыграли решающую роль в моем восприятии материала. Что-то лукавое было в тех аудиолекциях. Оба профессора продвигали собственные идеи, допуская очевидные ошибки и пренебрегая другими точками зрения. Этого было недостаточно для объективного освещения темы, поэтому я привлек дополнительные источники. Благодаря аудиокурсам, я выяснил, какие именно вопросы оппоненты христианства вуалируют. Именно они заинтересовали меня больше всего. Прежде чем идти дальше, я должен был собрать достаточное количество независимых данных.

НОВЫЕ БЕССПОРНЫЕ ДОКАЗАТЕЛЬСТВА

В книге Джоша Мак-Дауэлла «Новые неопровержимые доказательства» (The New Evidence That Demands a Verdict) я нашел важную информацию о распятии Иисуса Христа. Аудиолекции меня разочаровали, поэтому хотелось выяснить, о каких именно доказательствах говорил автор. Интересовали простые факты и трезвый исторический анализ.

В Интернете я нашел множество альтернативных источников библейской тематики со ссылками, обоснованиями и выводами. «Очевидно, доказательства Мак-Дауэлла не такие уж и неопровержимые», – подумал я. Например, существовал целый сайт, посвященный опровержению буквально всего, о чем он утверждал в своей работе. Удивляло другое: почему оппоненты выставляли свои контраргументы так робко? Их критика была совершенно неубедительной. Я решил дочитать книгу до конца и одновременно изучить противоположные взгляды.

Если Новый Завет – историческая книга, то критерии оценки его историчности должны быть такими же, какие предъявляются и к другим античным произведениям. Итак, для проверки точности и надежности исторических документов применялось три метода: библиографический, текстологический и метод других источников.

БИБЛИОГРАФИЧЕСКИЙ МЕТОД [34]

Рукописей Нового Завета не сохранилось. Современность имеет лишь «копии копий». Библиографический метод отвечает на вопрос: «Насколько надежны эти копии?». Ответ опирается на два критерии: 1) общее количество сохранившихся копий; 2) интервал времени между оригиналом и копиями.

Допустим, Евангелие от Матфея написано в 60 году н. э., а самая старая копия, дошедшая до наших дней, датируется 200 годом. Тогда интервал между оригиналом и копией составляет сто сорок лет. Чем больше копий и чем меньше временной промежуток между оригиналом и копией, тем надежнее документ. Наличие большого количества копий позволяет провести качественный сравнительный анализ, выделить фрагменты, претерпевшие изменения, а также определить уровень точности текста, дошедшего до наших дней. Чем меньший промежуток времени между оригиналом и копией, тем меньше шансов на искажение содержания или на ошибки, возникающие в процессе переписывания.

Удивило то, что Новый Завет, как оказалось, самая корректная книга, по сравнению с другими произведениями античности, особенно по критерию наличия неточностей и потерянных отрывков.

Библия имеет не только значительную часть сохраненных доныне манускриптов, но и намного более короткий интервал времени между оригиналом и копиями, по сравнению с другими историческими произведениями.

Существует более 20000 копий манускриптов Нового Завета. Я не мог поверить – двадцать тысяч! [35] Например, еще один шедевр античной литературы «Илиада» насчитывает лишь 643 копии [36].

Большинство старинных произведений, историчность которых признана наукой, не составляет и сотни копий! К тому же, копии многих античных трудов созданы на тысячу лет позже тех событий, о которых шла речь. А вот временной промежуток между написанием Нового Завета и историческими событиями, которые описаны в первых манускриптах, составляет всего-навсего 60 лет [37].

Теперь у меня возникло недоверие к идеологам современного общества. «Почему об этих фактах умалчивается? Почему о них никогда не рассказывают в учебных заведениях?!» – возмутился я вслух, сидя за столом в офисе. Сравнение фактов оказывало глубокое влияние на формирование мировоззрения, поэтому умышленность игнорирования этих данных была очевидна.

Оказывается, содержание текстов Святого Писания (и Ветхого, и Нового Заветов) сохранилось на 99,5% [38-39]. Действительно, существовали некоторые копии с ошибками и умышленными изменениями, внесенными во время переписывания, но они никоим образом не повлияли на содержание всей Библии.

Мне понравился критический подход Джоша Мак-Дауэлла, который честно отметил, что так называемых «оригиналов» или «авторских рукописей» действительно не существует в наших архивах. Хоть авторство Евангелий и закреплено формально, среди ученных на эту тему до сих пор идут дебаты. Между первыми манускриптами, дошедшими до наших дней, и периодом написания Евангелий существовал почти трехсотлетний разрыв во времени. Несмотря на это, большинство исследователей считало, что неточности слишком незначительные и второстепенные, чтобы влиять на историческую достоверность всей Книги. Также не хватало независимых взаимодополняющих свидетельств, поскольку немало копий лишь отображали содержание предыдущих образцов. Объективный анализ Мак-Дауэлла указывал на его непредвзятость и вызывал большее доверие, чем однобокость заангажированных преподавателей.

Таким образом, существовали объективные факты, не зависящие от преференций ученых. Я вынужден был признать, что Библия стояла на голову выше других произведений античности. Если к ним придраться так же, как к Библии, то большинство курсов по античной истории отменили бы из-за недостатка доказательств их «историчности».

ТЕКСТОЛОГИЧЕСКИЙ МЕТОД [40]

Библиографический метод показал, что сохранившиеся копии отвечают изначальному содержанию Нового Завета. Тексты надежно сохранились, несмотря на почти двухтысячелетнюю давность. Теперь я с глубоким уважением относился к современной Библии, ведь ее содержание совпадало с древними манускриптами.

Если Новый Завет отображал написанное в древности, то насколько надежной с исторической точки зрения была информация в нем? Для того чтобы определить подлинность исторических документов, ученые применяют текстологический метод. Если содержание книги неточное и не вызывает доверия, то уже неважно, насколько надежно сохранялись копии и сколько из них украшают теперь архивные полки.

Прежде всего изучают личность автора, его склонность к правде или неправде, а также проверяют сам текст на наличие ошибок, несоответствий или неточных фактов. Аристотель считал, что сомнение — это начало премудрости. Такой подход древнегреческого философа был близок мне. Поэтому я понимал, что прежде чем сомневаться в комментариях и отзывах, необходимо поставить под сомнение оригинал [41].

1. Ошибки, текстовые трансформации и несоответствия

Благодаря библиографическому методу я выяснил, что Новый Завет надежно сохранился, хоть и с определенными трансформациями. Большинство изменений были несущественными и не повлияли на главные доктрины христианства. Вокруг текстовых трансформаций шло много споров. Некоторые авторитетные источники утверждали, что в процессе переписывания симпатизирующие лица умышленно добавили целые строки с целью обожествить Христа. Однако, проанализировав, я не смог согласиться с претензиями критиков. Ведь все случайные добавления, замены или изъятия отдельных строк не влияли на главный смысл Нового Завета. Фундаментальные отрывки остались нетронутыми.

Как же тогда быть с неточностями? Скептически настроенный преподаватель настаивал на несоответствиях в четырех Евангелиях – каждый автор по-разному изображал одни и те же события. Если бы «неточности» были существенные, повторялись неоднократно и не подлежали опровержению, то Новый Завет не выдержал бы жерновов текстологии, а Аристотель «стал бы нашим другом».

Поэтому я рассмотрел отдельно каждое несоответствие, о котором упомянул профессор в своей лекции. Прежде чем делать выводы, воспользовался авторитетными комментариями на эту тему [42]. Оказалось, большинство «неточностей» имело простое объяснение. Когда четыре человека рассказывают об одном и том же событии, то естественным образом описывают его по-разному и самостоятельно решают, какие нюансы проигнорировать, а на каких акцентировать внимание.

Матфей, например, рассказывает о женщинах, которые пришли к пустой гробнице и увидели одного ангела. Лука обращает внимание на то, что они заметили двух мужей в «сияющих одеждах». Так кого же встретили женщины – двух мужей или ангела? Нетрудно догадаться, кого именно они лицезрели. Возле пустой пещеры находились два ангела в сияющих одеждах. Лука не употребил термин «ангелы», его внимание привлекли яркие одежды. Матфея же интересовали слова, которые промолвил один из ангелов, а не сияние одежд или количество присутствующих. Поэтому он и не уточнял, сколько именно ангелов находилось возле гробницы, обращая внимание читателей на смысл.

Язык не поворачивался назвать разнообразие изложенного материала «несоответствиями» или «расхождениями». Мелкие детали не влияли на главную мысль, которую хотели донести апостолы до читателей. Тогда как предвзятый лектор навязывал слушателям только свою точку зрения. Фактически он знакомил их с индивидуальной спецификой изложения материала, не меняющей сути Евангелия. Проблема заключалась в другом: профессор вводил студентов в заблуждение, не предоставляя обоснованных объяснений и альтернативного мнения. Он воспользовался библейской лексикой для того, чтобы дискредитировать все Евангелие. Преподаватель умышленно выискивал зацепки, чтобы отвергнуть Новый Завет. «Зачем ему это?» – я не переставал удивляться. Слушатели, которые не прилагали усилий для самостоятельного исследования или проверки на прочность мнения лектора, скорее всего, слепо верили ему на слово.

Саймон Гринлиф, профессор Гарвардского юридического университета, исследовал корректность четырех Евангелий с юридической точки зрения. После проверки данных в четырех биографиях Иисуса он сказал следующее: «Несоответствия в описаниях доказывают, что между авторами не существовало предварительной договоренности. Мы видим достаточно целостное повествование. Это указывает на то, что каждый из «подозреваемых» отдельно свидетельствовал про детали дела» [43]. Так называемые «несоответствия» лишь усиливали факт непредвзятости авторов. Проблем с объяснением разностороннего освещения событий не возникало. Гринлиф отметил: «Если бы четыре текста одинаково изображали все детали, то у нас были бы весомые причины для подозрения авторов в сговоре или работе «под копирку».

Теперь заявления лектора о том, что отличия четырех Евангелий давали повод сомневаться в их авторстве и аутентичности, не выдерживали критики. Я не мог, глядя правде в глаза, согласиться с его позицией, так как опирался на текстологический анализ.

Следующий аспект оценивания был сосредоточен на авторах, их надежности и вероятности фальсификации данных.

2. Авторы четырех Евангелий

Очень важной составляющей исследования исторических документов является проверка авторов текстов. Можно ли им верить? Каким образом события, о которых они писали, касаются их лично? Самыми надежными считаются свидетельства очевидца. Ведь непосредственное участие автора – самый лучший способ зафиксировать точные данные и реальные впечатления, а записи свидетелей претендуют на легитимность.

Вот следующий критический вопрос, на который нужно было ответить: действительно ли все четыре Евангелия написаны очевидцами? Ведь считалось, что Новый Завет написали авторы, которые непосредственно взаимодействовали с Христом, участвовали в жизни ранней Церкви или (например, Лука) собирали свидетельства многих очевидцев. Хотя университетский лектор бросал вызов позиции Церкви относительно авторства Евангелий. Также я должен был дать ответы еще на два вопроса: было ли предвзятое отношение у авторов Нового Завета, прежде чем они начали его писать, и была ли сфальсифицирована биография Иисуса, чтобы основать новую религию и привлечь последователей? Если их записи – выдумки религиозных фанатиков, то уже неважно, сколько копий существовало, в каком состоянии сохранились манускрипты и целостно ли их содержание.

Я поставил вопрос ребром. Ведь речь шла о Боге, вечности и моей душе. Были ли основания доверять Матфею, Марку, Луке и Иоанну? Профессор заявил, что ни в одном из четырех Евангелий не упоминались их имена, а заголовки добавили позже. В таком случае, какие доказательства были «против», а какие «за»?

Свидетельства ранней Церкви

В процессе исследования я узнал, что ранняя Церковь тщательно проверяла тексты Святого Писания и со временем утвердила авторство Евангелий [44]. Этой информации мне было мало, но таковой была официальная позиция. Отцы, упоминающие авторов Нового Завета в своих произведениях, были христианами, поэтому, на первый взгляд, их свидетельства были априори предвзятыми.

Интересно, что первые христиане не спешили признавать любое послание богодухновенным и включать его в канон, даже если автором этого текста был кто-то из апостолов Иисуса Христа. Церковь опровергла и отклонила из-за недостаточной надежности великое множество трактатов, авторство которых приписывали апостолам или утверждали, что их имена фигурировали в текстах [45].

Парадокс заключался в том, что Церковь признала все четыре Евангелия, написанные Матфеем, Марком, Лукой и Иоанном, несмотря на достаточно слабую доказательную базу, и вместе с тем отбросила те «Евангелия», в которых прямо указывались имена авторов. Это говорило о том, что духовенство первых столетий крайне осторожно и проникновенно относилось к вопросу авторства. Поэтому подозрения в предвзятости не имели под собой твердой почвы.

Оказывается, не существует исторических записей о спорах тех лет вокруг авторства четырех Евангелий. В раннехристианский период никто не сомневался в том, кто именно их написал. Заметим, что Церковь постоянно подвергалась опасности и жестокому сопротивлению, а богословские дебаты длились беспрерывно. Мне показалось странным, что в таких благоприятных для оппонентов обстоятельствах у них не нашлось существенных доказательств для опровержения авторства или легитимности четырех Евангелий.

Если бы описание событий, сделанное Матфеем, Марком, Лукой и Иоанном, не было достоверным, то противники одним движением разгромили бы и сами Евангелия, и претензии этих людей на авторство. Народ ненавидел сборщиков податей, к которым принадлежал Матфей. Люди относились с презрением к этой профессии, даже если налоговиком был их друг. Марк вообще учился у апостола Петра, поэтому писал биографию Иисуса со слов своего наставника. О Луке во времена Христа никто и не упоминал, к тому же он был язычником. Почему же последователи Иисуса не приписали авторство, скажем, Петру, чье имя было намного более авторитетное? Если парни придумали байку, то почему не воспользоваться именем авторитетного апостола? Для этого достаточно вписать его в текст. Однако таких фальсификаций ни в одном из четырех Евангелий не наблюдалось.

Свидетельства очевидцев

Я еще не нашел весомой причины, которая могла бы опровергнуть авторство апостолов. История четко задокументировала, что именно эти четверо написали Евангелия. Контраргументов не было. Апостолы никак не тянули на мошенников. В Евангелиях от Луки и Иоанна отмечалось, что авторы сами видели то, о чем писали. Кроме того они учли свидетельства очевидцев. Например, автор Евангелия от Иоанна скромно называет себя «учеником», который своими глазами видел жизнь Иисуса: «Много сотворил Иисус пред учениками Своими и других чудес, о которых не писано в книге сей. Сие же написано, дабы вы уверовали, что Иисус есть Христос, Сын Божий, и, веруя, имели жизнь во имя Его. […] Сей ученик и свидетельствует о сем, и написал сие; и знаем, что истинно свидетельство его» (Іоан. 20:30-31; 21:24).

Иоанн повторил это и в одном из своих посланий, которое вошло в Новый Завет. «О том, что было от начала, что мы слышали, что видели своими очами, что рассматривали и что осязали руки наши, о Слове жизни, – ибо жизнь явилась, и мы видели и свидетельствуем, и возвещаем вам сию вечную жизнь, которая была у Отца и явилась нам, – о том, что мы видели и слышали, возвещаем вам, чтобы и вы имели общение с нами: а наше общение – с Отцем и Сыном Его, Иисусом Христом. И сие пишем вам, чтобы радость ваша была совершенна». (1Иоан. 1:1-4).

Автор Евангелия от Луки сообщает в первых предложениях, что собрал свидетельства очевидцев, которые проверил лично: «Как уже многие начали составлять повествования о совершенно известных между нами событиях, как передали нам то бывшие с самого начала очевидцами и служителями Слова, то рассудилось и мне, по тщательном исследовании всего сначала, по порядку описать тебе, достопочтенный Феофил, чтобы ты узнал твердое основание того учения, в котором был наставлен» (Лк. 1:1-4).

В этих строках не упомянуто имя автора. Поэтому оппоненты Евангелия могли легко воспользоваться этим, чтобы поставить под сомнение надежность новозаветных текстов. Иисус все чудеса сотворил в Израиле, как отмечено в Новом Завете. Соответственно, существовало множество людей, которых Он вылечил и которые могли подтвердить или опровергнуть Его чудотворную силу. Приход Христа вообще был самым грандиозным событием в истории человечества.

Если бы рассказы о чудесах Господних сфабриковали его последователи, то заявление Луки было бы полнейшей чушью и не выдержало бы никакой критики еще во времена ранней Церкви, особенно, учитывая постоянное давление враждебных к христианству сил. Врач Лука часто сопровождал Павла и имел достаточно возможностей путешествовать по Израилю, исследовать факты, общаться с местным населением, подробно расспрашивать о впечатлениях от встреч с Иисусом. Лука отмечает, что многие старались рассказать о событиях из жизни Спасителя. Это означает, что он собрал большое количество материалов от очевидцев – учеников Христа и обычных людей. Если Иисус все-таки творил чудеса и имел божественную силу, то логично, что множество людей желало это задокументировать. Было несложно представить себя на месте очевидцев и ощутить, насколько естественным было такое желание.

Медицинская терминология Луки

Если третье Евангелие и Книгу Деяний написал Лука (как традиционно считают христиане), то никого не удивит определенная терминология в его индивидуальном стиле. Ведь мы, врачи, любим употреблять термины даже в повседневной жизни, потому что они конкретные и содержательные.

В 1882 году исследователь по имени Уильям Кирк Хобарт (William Kirk Hobart) написал труд на тему «Медицинская лексика святого Луки» [46]. Он продемонстрировал, что обе книги наполнены типовой терминологией, которая отсутствует в других книгах Нового Завета.

В 1-й главе 2-м стихе, например, употреблено греческое слово «автоптис», которое означает «очевидец». Автоптис – медицинский термин, означающий наблюдение с самого начала. Современный термин «автопсия» (вскрытие тела) происходит именно от этого древнегреческого термина. В Евангелиях от Луки и книге Деяний используются и другие подобные слова, не встречающиеся в остальных книгах Нового Завета.

Это еще не доказывало, что именно Лука написал обе книги, однако свидетельствовало, что, вероятно, их автором был один и тот же человек, врач по профессии. Вероятность стечения обстоятельств была мизерной. Специфика индивидуальной речи – важный аспект доказательства Нового Завета с точки зрения текстологии. Мошенник, который попытался бы подтасовать факты или придумать басню, опираясь на собственные религиозные мотивы, прибег бы к иному стилю.

3. Иисус – легенда?

Я не мог найти убедительные аргументы, которые опровергли бы авторство Матфея, Марка, Луки и Иоанна. Наоборот, факты и исторический контекст свидетельствовали в их пользу.

Последним объектом моего исследования было содержание четырех Евангелий. Придумали ли их авторы доктрину воскресения и христианство вообще? Иисус – миф? Действительно ли евангельские повествования – это сборник легенд, которые передавались из уст в уста, как утверждала преподаватель аудиокурсов?

Этот этап играл решающую роль. Свидетельства очевидцев не означали, что Евангелия не потерпят поражение, если текстологический анализ выявит, что авторы подделали текст.

Во то время, когда создавались Евангелия от Матфея, Марка и Луки, все свидетели описанных в них событий были живы. К тому же среди очевидцев были и враждебно настроенные люди, которые стремились уничтожить христианство. Поэтому, как считал Мак-Дауэлл и немало других авторов, с трудом верилось, чтобы то общество спустило авторам фальшивку с рук. Оппоненты последователей Иисуса непременно воспользовались бы возможностью опровергнуть и дискредитировать Евангелие. Слишком много людей в Израиле собственными глазами видели чудеса и собственными ушами слышали проповеди Иисуса. Они имели право лично проверить и раскритиковать написанное.

Я ожидал найти серьезные доказательства со стороны оппонентов христианства, которые поставили бы под сомнение заявления апостолов, однако не нашел ни одного! Существовало ноль доказательств того, что в авторстве или содержании четырех Евангелий в то время сомневался хоть кто-нибудь. История об этом умалчивала. Это меня удивляло, ведь во всех четырех Евангелиях речь шла о сверхъестественном – воскресении Иисуса Христа. Оживление мертвого, а тем более самого себя – явление в корне аномальное как для нашего мира, так и для истории. Совершенно ожидаемо, что кто-то должен был поставить под сомнение или попробовать опротестовать подобные заявления.

Апостолы шли дальше — говорили правду в глаза своим противникам, которые прекрасно понимали контекст и могли возразить в любой момент: «Мужи Израильские! Выслушайте слова сии: Иисуса Назорея, Мужа, засвидетельствованного вам от Бога силами и чудесами и знамениями, которые Бог сотворил через Него среди вас, как и сами знаете...» (Деян. 2:22).

По другим отрывкам Нового Завета я заметил, что враждебно настроенное иудейское духовенство неоднократно выступало прямым свидетелем чудес, которые сотворил Иисус. Фарисеи не могли смириться с исцеляющей силой Христа, поэтому делали все, чтобы убедиться, действительно ли случилось чудо. Например, после того как Иисус исцелил мужчину, который был слеп от рождения, духовные лица устроили несчастному настоящий допрос! На этом фарисеи не успокоились и допросили родителей исцеленного, чтобы те подтвердили, что их сын действительно родился незрячим [47]. В Евангелии от Иоанна отмечено, что первосвященники задумали убить Лазаря после того, как Иисус воскресил его из мертвых, так как именно из-за оживления этого человека немало иудеев поверило в Иисуса Христа [48]. В книге Деяний также есть рассказ о хромом, которого исцелили в Храме апостолы Петр и Иоанн [49]. Представители духовенства посадили их в тюрьму и обдумывали, как быть дальше: «Видя смелость Петра и Иоанна и приметив, что они люди некнижные и простые, они удивлялись, между тем узнавали их, что они были с Иисусом; видя же исцеленного человека, стоящего с ними, ничего не могли сказать вопреки. И, приказав им выйти вон из синедриона, рассуждали между собою, говоря: что нам делать с этими людьми? Ибо всем, живущим в Иерусалиме, известно, что ими сделано явное чудо, и мы не можем отвергнуть сего...» (Деян. 4:13-16). Если бы Лука придумал эти слова, саддукеи и другие официальные лица, которые были свидетелями слов апостолов, непременно разгромили бы его писанину сразу же после обнародования. Они так же опровергли бы «чудо», если бы его не случилось на самом деле. Однако никто из них не осмелился пойти на такое. Наоборот, религиозные лидеры словно в рот воды набрали. Не нужно быть гением, чтобы понять: их молчание свидетельствовало о том, что чудо действительно имело место – апостолы исцелили «хромого от чрева матери его» силою воскресшего Иисуса Христа.

Я не рассматривал эти библейские события под таким углом, пока не наткнулся на размышления Джоша Мак-Дауэлла. Он обратил внимание на реакцию религиозных лиц на сверхъестественные события. Бессилие оппонентов перед чудесами, которые случились у них на глазах, отбрасывало гипотезу о недостоверных или преувеличенных евангельских рассказах.

Также не клеилось тенденциозное заявление о том, что доктрину воскресения придумали сами христиане в значительно более поздний период истории. Возникал вопрос: зачем? Дело в том, что с самого начала существования Церкви воскресение было неотъемлемой составляющей веры. Например, апостол Павел считал: если Иисус не воскрес из мертвых, то христианство – это, что называется, ноль без палочки: «Если нет воскресения мертвых, то и Христос не воскрес; а если Христос не воскрес, то и проповедь наша тщетна, тщетна и вера ваша. Притом мы оказались бы и лжесвидетелями о Боге, потому что свидетельствовали бы о Боге, что Он воскресил Христа, Которого Он не воскрешал, если, то есть, мертвые не воскресают; ибо если мертвые не воскресают, то и Христос не воскрес. А если Христос не воскрес, то вера ваша тщетна: вы еще во грехах ваших. Поэтому и умершие во Христе погибли. И если мы в этой только жизни надеемся на Христа, то мы несчастнее всех человеков. Но Христос воскрес из мертвых, первенец из умерших» (1Кор. 15:13-20).

Заметим, что апостол Павел не обратился в христианство благодаря проповедям других верующих или наивной вере в воскресение Иисуса. Он заявил, что лично видел воскресшего Христа, сам на сам. Я не мог ничего поделать со своими мыслями. Зачем Павлу притворяться, что он верит в воскресение Иисуса, а потом говорить, что христианства без воскресения не существует? Писать так, как писал Павел, мог только человек, не сомневающийся в воскресении.

Я подумал вот о чем. Во времена ранней Церкви не существовало Нового Завета в том виде, в котором читаем его сегодня мы.

Он сформировался позже, в процессе распространения христианства. Сначала «Библией» христиан было иудейское Писание. Из Нового Завета понятно, что многие поверили в Христа через иудейские пророчества, которые сбылись. Другими словами, многие люди стали христианами, не видев Евангелия и не имея возможности его читать, изучать и анализировать. Когда апостолы проповедовали об Иисусе, то цитировали иудейское Писание. Я уже убедился в уникальности пророчеств о Мессии, которые сбылись вопреки ожиданиям противников христианства. Они не зависели от новозаветных книг, поскольку были записаны на много столетий раньше. Это перечеркивало заявления обоих профессоров о том, что воскресение и другие детали жизни Христа отображаются лишь в мифах и легендах, сформировавшихся значительно позже евангельских событий.

Если ключевые доктрины христианства разработали религиозные манипуляторы «значительно позже», то каким образом эти доктрины попали на страницы древнееврейского Писания и откуда о них узнали пророки? Все было бы иначе, если бы учение о том, что Бог пришел на землю в личности Христа, умер за грехи людей, а потом еще и воскрес из мертвых, не имело под собой почвы. Я бы настороженно отнесся к такой «новости». Вместо этого христианство тесно переплеталось с Торой, пророческими и другими священными книгами иудеев. Иисус идеально отвечал описанию Мессии в иудейском Писании, в котором неоднократно упоминалась жертва за грех.

Доктрины Нового Завета в значительной степени проистекали из пророчеств и прообразов иудейского Писания. Невероятным образом Бог открывал пророкам события будущего, которые произойдут через несколько сотен лет. Теперь я лично выяснил содержание пророчеств и прообразов, удостоверился в их правдивости и адекватности, убедился, что они уникальным образом воплотились в Иисусе Христе. Таким образом, теория мифа об обрастании легендами «в течение длительного времени» теряла свою силу. Заявления о том, что христианство — это искусственно созданная религия, которая постепенно развивалась, в то время как сущность его главных доктрин была предсказана и задокументирована за сотни лет до возникновения, не имели оснований.

Очевидно, что профессора чувствовали бы себя неудобно, если бы взялись непредвзято обсуждать эти вопросы, поэтому они просто проигнорировали альтернативное мнение. Им было намного комфортнее пропагандировать необоснованную версию заговора апостолов, которые якобы разработали свои ключевые доктрины позже, после смерти Иисуса.

Подробно проанализировав факты, я сделал вывод, что Новый Завет невозможно рассматривать отдельно от иудейского Писания (Ветхого Завета), поскольку в Евангелии сказано, что об Иисусе писали «законы и пророки». Итак, оба профессора проигнорировали текстологию иудейского Писания.

Вспомним хотя бы слова Павла: «Ибо я первоначально преподал вам, что и сам принял, то есть, что Христос умер за грехи наши, по Писанию, и что Он погребен был, и что воскрес в третий день, по Писанию» (1Кор. 15:3-4). Как видим, первые христиане постоянно провозглашали, что смерть и воскресение Христа сбылись «по Писанию». Апостол Павел всегда апеллировал к древнееврейскому Писанию, когда свидетельствовал об Иисусе. Некоторые богословы считают Послание Павла к римлянам самой важной книгой Нового Завета, ведь в ней речь идет о важнейших доктринах Библии. Семьдесят два раза апостол цитирует иудейское Писание, и это в одном только послании! В целом, в Новом Завете как минимум триста сорок три прямые цитаты из иудейского Писания и две тысячи триста девять ссылок на них. Каким образом тогда два преподавателя посчитали, что христианство – результат легенд и придуманных историй? [50] Цитировать Писание еще не означает предоставлять доказательства, но даже невооруженным глазом видно, что доктрина апостолов тесно связана Ветхим Заветом.

Меня ошеломили практически все пророчества про Мессию. Я также не смог утверждать, что христиане исказили содержание. Пророчества и образы слишком точно отображали подробности жизни Иисуса. Как бы там ни было, но заявления о том, что учение апостолов – результат мифов или легенд, не соответствовали здравому смыслу.

Из одного заявления Иисуса четко видно, что Он считал Себя Богом, о Котором написано в иудейском Писании: «На это сказали Ему Иудеи: Тебе нет еще пятидесяти лет, — и Ты видел Авраама? Иисус сказал им: истинно, истинно говорю вам: прежде нежели был Авраам, Я есмь. Тогда взяли каменья, чтобы бросить на Него; но Иисус скрылся и вышел из храма, пройдя посреди них, и пошел далее» (Іоан. 8:57-59). Согласно комментариям, «Я есть» — имя Бога, которое Он объявил Моисею. Вот как написано об этом в Ветхом Завете: «И сказал Моисей Богу: вот, я приду к сынам Израилевым и скажу им: Бог отцов ваших послал меня к вам. А они скажут мне: как Ему имя? Что сказать мне им? Бог сказал Моисею: Я есмь Сущий. И сказал: так скажи сынам Израилевым: Сущий Иегова послал меня к вам. И сказал еще Бог Моисею: так скажи сынам Израилевым: Господь, Бог отцов ваших, Бог Авраама, Бог Исаака и Бог Иакова послал меня к вам. Вот имя Мое на веки, и памятование о Мне из рода в род» (Исх. 3:13-15).

Итак, учитель из Назарета заявил иудеям, что Он является «Тем, что есть», — Сущим. Именно в такого Бога они верили испокон веков. Не удивительно, что за эти слова Иисуса хотели забить до смерти камнями! Вряд ли скептики мгновенно уверуют, ознакомившись с Его претензионным заявлением, однако я не мог не заметить тесную связь, существующую между Новым Заветом и иудейским Писанием. Он, без сомнения, опроверг мысль о том, что Новый Завет — это сборник сказок, придуманный религиозными деятелями в раннем средневековье.

Я не собирался становиться религиозным фанатиком, поэтому не хотел руководствоваться эмоциями и игнорировать факты, однако предвзятые профессора меня откровенно разозлили. Они решили преподавать предмет, затрагивающий глубинные вопросы души и вечности, но при этом не удосужились ознакомить слушателя с многогранными доказательствами и фактами! Если уж взялись затрагивать фундаментальные вопросы бытия, то почему не упомянуть альтернативные точки зрения на эту проблему? Естественно, в таком случае им пришлось бы иметь дело с критикой и всевозможными комментариями, соответственно, подготовить свои контраргументы. Очевидно, что не нужен диплом теолога, чтобы найти ключевые факты и услышать альтернативную точку зрения, которую специально замалчивали горе-преподаватели.

Я пришел к выводу, что Новый Завет выдержал тест на текстологию. Меня переполнили неоднозначные чувства, поскольку, чем глубже я копал, тем убедительнее становилась евангельская Весть. Мой разум не был готов к этому. На начальном этапе исследования Новый Завет казался мне, как и многим скептикам, религиозной сказочкой, но я сделал большое открытие, когда выяснил, что на самом деле он стоял на крепкой исторической основе. Ошибки и изменения были так незначительны, что язык не поворачивался назвать их «несоответствиями». Пророчества и образы продемонстрировали, что существовала невероятная гармония между иудейским Писанием и Новым Заветом.

Я не нашел адекватных доказательств, способных опровергнуть авторство четырех Евангелий. С другой стороны, не существовало прямых доказательств того, что их написали Матфей, Марк, Лука и Иоанн, однако аргументы в пользу этого были убедительными. Версия про подделку евангельских текстов в угоду религиозным убеждениям не выдержала критики, хотя сначала казалась естественной. Анализ текста свидетельствовал о недостаточной мотивации для фальсификаций, а наличие свидетелей, которые молчали даже тогда, когда представлялся идеальный шанс расправиться с Иисусом, только подтверждало абсурдность таких заявлений. Все четыре биографии Иисуса включали много таких деталей, которые предвзятые писатели с удовольствием избегают (например, упоминание о женщинах, засвидетельствовавших, что гробница пуста).

Теория создания мифов, пропагандируемая профессорами, разбилась, как стекло, о результаты текстологического метода. Речь шла не только об Иисусе, Который соответствовал всем описаниям Мессии, сделанным за несколько сотен лет до Его прихода, но и о доктринах Нового Завета, четко прослеживаемых в Старом. Мне было непросто признать истину, но я вынужден был согласиться. Остался последний тест.

ДРУГИЕ ИСТОЧНИКИ [51]

Для того чтобы окончательно убедиться в корректности или ошибочности Евангелия, необходимо рассмотреть и другие источники, которые могут опровергнуть правдивость событий, описанных в нем. Какие альтернативные источники комментируют аутентичность и точность объекта нашего исследования с исторической точки зрения? Упоминается ли имя Иисуса в других книгах античности, кроме Нового Завета? Подтверждены ли имена людей или географические названия, которые упоминаются в Библии, археологическими находками и другими историческими документами? Эти вопросы мне нравились.

1. Археология

Я начал с археологии. Удивило то, что существовали целые тома археологических исследований, которые подтверждали бесконечное количество фактов, имен, географических названий, упоминаемых в Библии [52-53]. Заинтриговал тот факт, что ни одна археологическая находка не доказала, что библейское повествование неправдиво [54].

Археологических находок в пользу Библии существовало огромное количество! Я уже отметил, что Лука был медиком, но в то же время и чудесным историком. Считалось, что именно он написал Евангелие и пятую книгу Нового Завета – Деяния апостолов. Лука упоминает множество географических названий, дат, имен правителей. Археология подтвердила правдивость его материала [55].

Сэр Уильям Рамзай захотел дискредитировать труды Луки, поэтому лично занялся археологией и проверкой всех географических названий, упоминаемых в Евангелии. Закончилось все тем, что ученый переосмыслил собственное мировоззрение и даже сделал несколько новых открытий, которые подтверждали историческую подлинность трудов Луки. Апостол указывал немало точных деталей, свидетельствовавших о том, что он был участником событий, о которых писал [56].

Среди историков велись споры касательно Луки, ведь некоторые из них считали его работу ненадежной лишь по той причине, что не доверяли фактам, которые сложно было подтвердить в их время. Однако современные археологические открытия оправдали Луку и заставили историков изменить свое мнение. Множество других фактов, описанных в Библии, также подтвердила археология.

Интересно, что до недавнего времени многие исследователи не верили, что Понтий Пилат действительно существовал как историческая фигура и что приговорил Иисуса к смертной казни через распятие. Однако в 1961 году археологи нашли камень, датированный I столетием. На нем было четко высечено имя и должность Пилата, что только подтвердило его существование как реальной исторической личности времен Иисуса [57].

Меня удовлетворили археологические находки, которые доказывали подлинность географических и других названий, встречающихся в Библии. Археологические раскопки не подтверждали истинность доктрин, зато демонстрировали, что Писание было точным и надежным документом и что личности, географические названия и даты, указанные в нем, соответствуют действительности.

2. Другие источники античности

Я обратился к другим источникам старины. Сначала изучил произведения христианских авторов. Естественно, они отстаивали свою веру. Несколько документов II столетия подтверждали авторство Матфея, Марка, Луки и Иоанна.

Святой Папий, епископ Иерапольский (из города Иераполь, расположенного на территории современной Турции), писал свои произведения примерно в 130 году н. э. Согласно его показаниям, Марк записал информацию из уст апостола Петра, а Матфей действительно написал одно из Евангелий [58].

Ириней Леонский (наставником которого был Поликарп, ученик апостола Иоанна) сделал несколько уверенных заявлений относительно авторства четырех Евангелий, таких как: «Основа, на которой покоятся четыре Евангелия, настолько крепка, что с ней считаются даже еретики» [59]. Ни один из отцов ранней Церкви не доказал авторство апостолов стопроцентно. Однако, судя по их текстам, в то время ни один из них не сомневался в аутентичности Евангелий.

Иисуса Христа упоминали и в нехристианских античных произведениях. Например, в своде иудейских текстов Талмуде Иисус обвиняется в колдовстве. Это лишь подтверждает Его экстраординарные способности [60]. Речь там идет и о распятии Иисуса на праздник Пасхи, и о желании религиозных правителей убить Его. Эти слова были убедительными, ведь их писали авторы, не признающие Христа Мессией.

Римский историк Тацит подтвердил тот факт, что распятие Иисуса произошло во времена Понтия Пилата. В том числе он писал, что последователи Иисуса страдали «пагубным суеверием», связанным с распятием [61]. Известный историк Иосиф Флавий в I столетии написал много трудов, подтверждающих исторические детали, упомянутые в Библии [62]. Древнеримский политический деятель и писатель Плиний Младший, проживающий на территории Малой Азии (современной Турции), в том же столетии вспоминал в своих произведениях христиан, поклоняющихся Богу [63]. А во II столетии древнегреческий писатель-сатирик Лукиан высмеивал христиан за то, что они претендуют на «бессмертие», в то время как их лидера распяли и отправили на тот свет [64].

Критики Джоша Мак-Дауэлла пытались поставить под сомнение надежность материалов, на которые он ссылается. Однако их аргументы были слишком размыты и предвзяты. Казалось, что оппоненты искали хотя бы соломинку, чтобы ухватиться за нее и дискредитировать исследователя. Хоть альтернативные взгляды и были бедноваты, я удовлетворил свое любопытство, ознакомившись с разными точками зрения.

Таким образом, я пришел к выводу, что Новый Завет выдержал последнее испытание по трем фундаментальным критериям оценивания. Существовали археологические и нехристианские источники, подтверждающие надежность Нового Завета и информацию об Иисусе Христе в ранних христианских трудах. Яркий контраст между таким количеством доступной сегодня научно-аналитической информации, касающейся христианства, и полным отсутствием освещения этих фактов в повседневной жизни разочаровал меня. Давать знания о них должны были хотя бы в учебных программах соответствующих уровней. Это несоответствие было алогичным. Если факты, найденные аматором, далеким от христианства, впечатляли, то почему верующие не спешили освещать их в обществе? Они сами хоть догадываются, на каком прочном фундаменте стоит их вера?

ОТВЕТЫ ПРОФЕССОРОВ

Итак, Новый Завет не только удовлетворял придирчивые требования к исторической надежности, но даже превзошел по этому критерию другие документы древности. Интересно, что записей о жизни Иисуса Христа оказалось значительно больше, чем о деятельности других героев античности. Казалось, что попытки оппонентов дискредитировать Святое Писание постоянно терпели фиаско.

Следующее, что я решил сделать, это связаться по электронной почте с преподавателями Нового Завета, чьи аудиолекции имел честь слушать. Они, хоть и преподавали этот предмет, сами не верили в историческую реальность Нового Завета. Я собрал факты и хотел посмотреть на реакцию профессоров, потому и спросил их в своем письме: «Почему вы не верите, что тексты Нового Завета соответствуют действительности?».

Первой любезно ответила женщина. Она уверяла, что авторы Нового Завета необъективно освещали события, так как уже имели сформированные религиозные убеждения, повлиявшие на их мировоззрение и восприятие исторической действительности. Такое утверждение меня удивило, поскольку, проанализировав текст, внимательный читатель выяснит, что ученики Иисуса вообще не понимали, что имел в виду Учитель, когда говорил о смерти и воскресении. Наоборот, их «религиозные убеждения» улетучились после распятия Иисуса. Ведь апостолы по-своему представляли сущность Мессии. Все ждали Военачальника, который избавит Израиль от римского гнета. Никто и подумать не мог, что Христос принесет Себя в жертву ради спасения человечества. Учеников не волновала проблема греха или потустороннего мира. Скорее их волновали собственные должности в царстве этого мира, который в ближайшее время должен был, по их мнению, установить Учитель. Вот о каких «религиозных убеждениях» шла речь. И эти «убеждения» очень скоро претерпели крах. Кстати, в то время проповедовать о том, что Иисус — Бог, считалось невиданным богохульством и шло в разрез со всей иудейской религиозной системой. Поэтому ответ ученой дамы не соответствовал действительности.

Любопытства ради я спросил: «А во что верите Вы?» Лектор ответила, что сама не знает, поскольку, например, не присутствовала при событиях, описанных в Евангелии. Почему же тогда она читала предмет «Новый Завет» совсем не так, будто «ничего не знает»? В своих лекциях профессор не предоставила объективных фактов. Очевидно, позиция «не могу знать» — типичная отговорка агностиков. Они верят, что Бога невозможно познать. Это показалось мне странным. Если известно, что Новый Завет лучше всех других произведений античности соответствует историческим фактам, то почему образованный человек отказывается принять хотя бы признанные факты? Если ученые, которые проверяли достоверность исторических событий, использовали те же стандарты и методы и для Нового Завета, то подтвержденные факты должны были воспринимать прежде всего специалисты, претендующие на роль экспертов в библеистике. Ведь большинство данных о Древней Греции или Риме, которые принято считать фактами, имеет довольно бедную доказательственную базу в сравнении с Новым Заветом. Однако в светской среде историчность Евангелий почему-то ставят под сомнение.

Например, «Записки про Гаальскую войну», написанные Юлием Цезарем, дошли до нас всего в десяти копиях, и самая древняя из них сделана через 900 лет после событий, о которых говорится в произведении [65]. Брюс Мэцгер, исследователь Нового Завета отметил: «Труды нескольких античных авторов висят на тоненькой ниточке, связывающей описываемые события и само произведение. В то время как текстология Нового Завета обличает критиков богатством подтвержденных фактов» [66].

Совершенно очевидно, что существовала умышленная подмена понятий и стандартов, которую применяли для оценивания Библии. Почему? Потому что в ней описан Сам Бог, сверхъестественные явления и многое другое, во что не желают верить скептики? Это настораживало все больше.

Итак, имело ли смысл заявление профессора о том, что без нашего присутствия на месте событий узнать истину невозможно? Рассмотрим этот вопрос на примере текста. Скажем: как умер Юлий Цезарь? Варианты ответа:

А. Повесился.
Б. В постели от сердечного приступа.
В. От удара стилетом во время заседания в римском сенате.
Г. В аварии колесницы.

Правильный ответ «В». Варианты А, Б, Г — ошибочны. Правильный ответ исключает другие варианты. Ученики не имеют права сказать экзаменатору: «Не существует единственно правильного ответа», а экзаменатор студентам: «Это не беда, что вы верите в вариант «А», я в вариант «Б», а ваш сосед по парте в «Г». Как прекрасно! У каждого свое мнение». Правда исключает ложь. Такова ее сущность. Профессор разочаровала меня в очередной раз. Вопрос стоял четко: Иисус либо воскрес из мертвых, либо нет. Случилось либо одно историческое событие, либо другое.

Профессора, которых я прослушал, необъективно освещали материал. Они полностью проигнорировали тему историчности Библии. Один из преподавателей вообще приписывал ей собственные измышления. (Заявил, что Иисус никогда не считал Себя Богом, хотя это заявление опровергали результаты текстологической проверки). Стандарты, которыми руководствовались оппоненты христианства для оценки античной истории, резко и подозрительно менялись в зависимости от того, заходила ли в их докладах речь о Новом Завете. Самым большим камнем преткновения для них были чудеса и сверхъестественные явления. Что-то мне подсказывало, что такой подход ошибочен, вот только я не до конца понимал, в чем заключалась ошибка. Казалось, сотрудники светского учебного заведения умышленно отрицали очевидные факты, о существовании которых хорошо знали. Может, они поддерживали «дух академизма» ради научных степеней и денег? Ведь на исследования, базирующиеся на дарвинизме, выделяют гранты на большие суммы. Я ощущал наличие сговора, но не мог понять, зачем это нужно преподавателям.

Последний пункт заставил меня улыбнуться. Оппоненты так настойчиво настаивали на «несоответствии» Писания, что не заметили собственных ошибок. Один из них утверждал, что историки не могут знать что-либо о Боге или сверхъестественных явлениях, поскольку доказать ни то, ни другое невозможно. На первый взгляд, его рассуждения звучали логично. Проблема Заключалась в другом. Считалось, что Иисус воскрес из мертвых силой Божьей. Если профессор «не мог ничего знать о Боге», то как он мог утверждать, что этого не случилось? Сложно ему сиделось на двух стульях одновременно.

Я не считал себя верующим в Иисуса Христа, но понимал: если Бог существует, то сверхъестественные явления, как бы их ни называли люди, имеют место в истории. Ведь для Бога нет ничего невозможного. Это люди ограничены временем и пространством. Личными убеждениями и громкими заявлениями профессор сам сводил на нет свою позицию! Казалось, меня обвели вокруг пальца, как младенца. Что если воскресение Иисуса действительно было? Из-за пропаганды и личной неприязни к вере профессора чуть не уничтожили мое стремление найти истину! Меня разозлила фальшивая легитимность заявлений этих деятелей.

Не прикрывали ли они свое тайное желание опротестовать божественную природу Иисуса Христа псевдонаучностью и попытками завуалировать факты, свидетельствовавшие об обратном? Убедив себя в том, что Иисус никогда не считал Себя Богом, они спокойно отбросили Его. Я догадывался о ходе их мысли, так как сам постоянно стоял перед выбором: принимать односторонние заявления оппонентов христианства или искать объективную истину. Что-то внутри сопротивлялось Христу. Его присутствие в истории создавало дискомфорт в моей душе, которая вынуждена была как-то реагировать. Я хотел убежать от столкновения с реальностью Иисуса. Должен признаться, что мысленно осуждал двух профессоров за то, что те отбрасывали Новый Завет как историческую книгу, о чем свидетельствовал целый пласт информации, подтвержденной наукой, хотя сам не спешил допускать Христа к своему сердцу. Почему? Что меня удерживало? Я колебался.

Пытались ли профессора быть корректными? Возможно, преподавателям университета было стыдно открыто признавать божественную природу Иисуса Христа? Тем более, в эпоху, когда на скамье подсудимых можно очутиться за рождественский вертеп. Возникла мысль: «Кто посвящает свою жизнь карьере с целью опровергнуть основы веры?». Я не припоминал ни одной профессии в мире, которая соответствовала бы такому критерию. Кто получает диплом по специальности, в которую сам не верит? Как можно получить научную степень в отрасли, которая имеет мощное документальное подтверждение в античной истории, но при этом заявлять о личном непризнании и некорректности собственной темы исследования?

Нутром чуял подвох. Как-то не верилось, что таким манипулированием фактов занимаются в современных университетах. Преподаватели не предоставили достаточно доказательств и отняли у слушателей возможность сделать собственные выводы на основе всестороннего изучения проблемы. Чудом уже было то, что я самостоятельно и непредвзято исследовал основные факты христианства и Библии, хотя начинал с крайне скептическим отношением. Поразмыслив, я догадался, что же происходило на самом деле.

Доказательства ошеломляли, ведь они указывали на точность и правдивость Нового Завета с исторической точки зрения. Факты из самых разных источников, с которыми я имел честь ознакомиться, лишь подтверждали то, что Иисус на самом деле находился на этой земле, после распятия ожил, а гробница опустела. Я не ожидал, что приду к таким выводам. Если это истина, то какое отношение имеет она к современному миру и его культуре? Пока что видно, как общество делает все для того, чтобы атаковать и ложно освещать Новый Завет. Если Он правдив, то мир глубоко ошибается. Возникает вопрос: если нас отнесло так далеко от истины, то повлияло ли это на нас таким образом, что мы прибегаем к любым хитростям, только бы скрыть данный факт? Это пугало, и я все еще не знал, верить в Бога или нет.

Пока что я не спешил принимать результаты своего исследования за истину, несмотря на то, что и ощущения, и факты подсказывали, что должен был бы. Я все еще отталкивал Иисуса и чувствовал дискомфорт из-за Его претензии на божественность, а особенно потому, что Он пошел на Голгофу ради моего спасения.

Что-то внутри склоняло меня к тому, чтобы поверить профессорам, принять их взгляды и таким образом найти выход, сбежав от мук совести. С другой стороны, я соглашался, что именно из-за таких претензий ко Христу, Библия заслуживала самого тщательного и критического исследования. До тех пор, пока я не готов был расставить все точки над «i», я продолжал ее читать.

АРГУМЕНТЫ В ПОЛЬЗУ ХРИСТА

Меня заинтересовало мнение экспертов, которые могли предоставить непредвзятые, объективные доказательства. Тут пригодилась книга «Аргументы в пользу Христа», написанная Ли Стробэлом (Lee Strobel). Этот труд и расставил все точки над «i» [67]. С первых страниц меня поразил ход мысли этого автора. Ли не имел никакого отношения к христианству, когда приступал к своему исследованию. «Кого-то это мне напоминает», — улыбнулся я. Стробэл работал журналистом. Однажды он решил выяснить, какие существуют аргументы в пользу Христа.

Дело в том, что его жена приняла христианство, и Ли испугался, что с этого момента его жизнь станет нудной и неинтересной. «Первое, что меня напугало, это лишение сексуальной жизни из-за желания жены стать невестой Христа, — признался он. — Новоиспеченная "монахиня", не дай Бог, променяет успешную и динамичную жизнь на всенощные молитвы и посты, запишется волонтером на благотворительную службу в церковной кухне и будет подавать бесплатный суп бездомным!» [68].

Ли Стробэл не был христианином, однако решил исследовать самые сложные аспекты христианства, принципиально придерживаясь непредвзятого подхода. Как профессиональный журналист, он взял интервью у тринадцати ученых самого высокого ранга, которые специализировались на разных аспектах христианства. Каждый из них предоставлял соответствующие доказательства в пользу Иисуса Христа и отвечал на неудобные вопросы. Выводы из книги Стробэла поданы ниже.

Виды доказательств	Вопросы	Эксперты, ответившие на эти вопросы
1. Доказательства очевидцев	Можно ли доверять биографиям Иисуса Христа? Выдержат ли они современную критику?	Грэг Л. Блумберг (Craig L. Bloomberg), доктор наук
2. Документальные доказательства	Сохранились ли надлежащим образом биографии Иисуса Христа до наших дней?	Брюс М. Мэцгер (Bruce M. Metzger), доктор наук
3. Доказательства других источников	Существуют ли надежные доказательства в пользу Иисуса Христа, кроме Его биографий?	Эдвин М. Ямаучи (Edwin M. Yamauchi), доктор наук
4. Научные доказательства	Подтверждают ли археологические находки информацию в биографиях Иисуса или противоречат ей?	Джон Мак-Рэй (John McRay), доктор наук
5. Доказательства соответствия	Отображен ли Иисус в истории так же, как и христианстве?	Грэгори А. Бойд (Gregory A. Boyd), доктор наук
6. Доказательства идентичности	Действительно ли Иисус был убежден в том, что является Сыном Божьим?	Бэн Витэрингтон III (Ben Witherington III), доктор наук
7. Психологические доказательства	Являлся ли Иисус душевно больным, считая Себя Сыном Божьим?	Гэри Р. Коллинс (Gary R. Collins), доктор наук
8. Доказательства характеристики личности	Отвечал ли Иисус характеристикам личности Бога?	Дональд А. Карсон (Donald A. Carson), доктор наук
9. Доказательства уникальности	Был ли Иисус единственным, кто соответствовал идентичности Мессии?	Льюис С. Лэпидэз (Louis S. Lapides), священнослужитель, магистр теологии
10. Медицинские доказательства	Была ли смерть Иисуса фальшивой, а воскресение – мошенничеством?	Александр Мэтэрэл (Alexander Metherell), священнослужитель, доктор наук
11. Доказательства отсутствия тела	Действительно ли тело Иисуса отсутствовало в гробнице?	Уильям Лэйн Крэг, (William Lane Craig), доктор наук, доктор теологии
12. Доказательства явления Христа	Видели ли Иисуса живым после смерти на кресте?	Гари Габэрмас (Gary Habermas), доктор наук
13. Доказательства обстоятельств	Существуют ли факты, подтверждающие воскресение?	Джэймс П. Морэлэнд (J. P. Moreland), доктор наук

Меня поразила аргументация, доказательства и конкретные вопросы, многие из которых ранее я не учитывал. Выводы ученых были весомыми и логичными и превзошли мои критические ожидания. Оказывается, в Иисуса Христа верят авторитетные представители академической среды!

Прочтя книгу Стробэла, я получил ответы на все свои вопросы и возражения. С моих плеч свалился огромный камень, я чувствовал себя свободно и восторженно, но в то же время и тревожно. Не успел сказать себе: наконец-то можно ставить точку! — как с новой силой началась мозговая буря из бесконечных вопросов: «Готов ли принять Христа? Как это происходит? Теперь придется ходить от двери к двери с Библией в руках? Как смотреть в глаза сотруднице, которая читала Библию? Теперь придется каждый день становиться на колени и молиться? Обязательно ли ходить в церковь? А что делать со спиртным, вечеринками и плохими словами? Жизнь станет нудной? Люди будут считать меня чудаком? Я теперь буду напоминать соседей, от которых самого раньше тошнило? Чем вообще теперь заниматься в жизни?». Моментальных ответов у меня не было, но я понял одно: пришло время принимать Решение.

Глава VII

РЕШЕНИЕ

— Дорогой, что с тобой? Ты все время работаешь на компьютере и читаешь. И уже не первую неделю. Можешь, наконец, отложить все дела и поговорить с женой? — Руфь в отчаянии воззвала ко мне из спальни на втором этаже.

— Могу. Сейчас приду.

Поднимаясь по лестнице вверх, я почувствовал такое психологическое давление, что, казалось, мозг вот-вот взорвется от излишка информации. Вспомнились студенческие годы в университете, когда каждую неделю приходилось заучивать сотни новых фактов и концепций.

Когда я зашел в комнату, жена сидела на кровати, а дети играли на полу и смотрели телевизор.

— Свершилось! — объявил я.

— Неужели! Чем же ты занимался все это время? — спросила Руфь.

— Читал.

— Что именно?

— Книгу, которую ты порекомендовала. О доказательствах христианства. Ее написал скептик, который в процессе исследования стал верующим, — пробормотал я.

Руфь равнодушно листала какой-то журнал и разговаривала, опустив голову, пока не услышала мой последний ответ. От неожиданности она посмотрела мне прямо в глаза. Большинство книг я сохранял в электронном формате прямо на компьютере, а печатные издания обычно читал поздно вечером, поэтому жена не подозревала, куда на самом деле меня занесло.

— И что? — поинтересовалась Руфь. Выражение ее лица свидетельствовало о глубоком удивлении. Я чувствовал себя неуютно.

— Есть о чем подумать, — ответил.

На несколько секунд воцарилась тишина. Возможно, жена ждала, что ее муж начнет оживленно рассказывать, но я молчал. «Почему она так странно смотрит?» — думал я.

— У тебя странное выражение лица. В последнее время ты молчишь как рыба. С тобой все в порядке? — не успокаивалась Руфь.

— Да. Просто немного устал и хочу отдохнуть.

Я действительно перегрузил себя информацией за последние несколько недель, так что не удивительно, что жена это заметила. Материалы моего исследования настолько контрастировали с реальностью, в которой я вырос, что не могли не быть очень значимыми. Я пошел спать, оставив жену без объяснений, и очень скоро заснул.

Следующий день был субботним, я хорошо выспался. Разбудил рев игрушечных тракторов: «Р-р-р…Р-р-р…Е-е-е..». — Оба мальчика грохотали на весь дом. Близился день рождения, на который были приглашены наши дети, поэтому их радости не было предела. А я радовался другой возможности: остаться дома в одиночестве и покое. Они выехали около одиннадцати утра. Я спустился вниз, включил газовый камин.

Не терпелось все обдумать в благоприятных условиях. Меня не оставляло странное чувство, которое влияло на все вокруг. Я чувствовал, что что-то изменилось, только не мог понять, что именно. Кто-то словно все время находился рядом. Объяснил себе это тем, что ощущения у человека бывают разные. Глядя на языки пламени, танцующие в камине, я погрузился в раздумья.

Этап чтения и исследования завершился. Наступило время решений. Я должен был все подытожить. Что делать с Иисусом? Я оказался в ситуации, которую недавно и вообразить не мог. Ведь все началось с моей неприязни к верующим соседям, которых считал лицемерами. Разозленный, я хотел доказать им неадекватность христианства, опираясь на их же Библию, но в конце своего путешествия очутился на распутье: принимать или не принимать результаты исследования, которые указывали на то, что Иисус — Бог.

Новый Завет увлек меня неожиданно. Я не думал, что наткнусь на такое четкое послание о Божьем приходе на землю ради моего спасения. Сначала эта избитая идея казалась мне слишком примитивной, но чем глубже я погружался, тем больше убеждался, что эта фундаментальная доктрина стоит доверия. Записи очевидцев выдержали самую жесткую критику. Древние пророчества описали личность Спасителя. Без сомнений, Иисус абсолютно соответствовал описанию Мессии.

Сначала рассказ о воскресении казался мне фантазией или грезами религиозных людей, но позже заинтриговал меня и вызвал много вопросов. Парадоксально, но самым адекватным объяснением всех обстоятельств вокруг проблемы воскресения было то, что Иисус действительно ожил. Я не мог подкопаться под это удивительное событие в истории человечества. Воскресение преобразило жизнь многих, а враги прикусили языки и не находили логичного объяснения, кроме устрашающего для них вывода, что Иисус действительно воскрес. Теперь меня возмущали университетские аудиолекторы, которые сознательно перекручивали факты. Я непредвзято и обстоятельно изучил доказательства и пришел к выводу, что воскресение – реальный факт.

Не хотелось признавать сверхъестественное. Разум пытался держаться за соломинку приземленной логики, чтобы дискредитировать воскресение, однако результаты поиска только усиливали внутреннее убеждение в подлинности этого факта. Чем сильнее я пытался оспорить воскресение, тем больше убеждался в его истинности.

Библия оказалась самым надежным документом во всей истории античности. Она выдержала экзамен на достоверность, хорошо сохранилась до наших дней, отбила удары критики, включая вопросы, волновавшие меня. Я постоянно спрашивал себя: если доказательства столь надежны и убедительны, почему все люди на земле не стали христианами? Все, что я прочел и выяснил, потрясало и разум, и сердце. Душа жаждала, чтобы все прочитанное оказалось правдой, но разум настаивал на том, что нужно найти любой возможный путь, чтобы скрыться от Бога. Как только я нащупывал черный выход, его двери моментально захлопывались.

Я терзался из-за выводов, логики и фактов. Ведь все указывало на то, что я вынужден поверить в Бога и принять истинность христианства. Казалось, во мне осталась какая-то упрямая частичка скептицизма. Она нашептывала свое, заставляя меня удивляться, почему я не услышал об Иисусе Христе и христианстве в непринужденной обстановке (за исключением пары случаев) за все тридцать шесть лет своей жизни. «Разве может мир игнорировать жизненно важные вопросы, ответы на которые доступны каждому?» – спрашивал себя. Слов нет. «А эволюция? А другие религии? Мне придется составить компанию фанатикам, которые катались когда-то со мной на лыжах? Ну не могу же я вот так, на ровном месте, стать христианином! Люди меня на смех поднимут!» – Я весь покрылся испариной.

Меня больше волновали последствия, которые повлияют на репутацию, чем волевое решение. Я не хотел, чтобы на меня смотрели, как на еще одного добренького верующего с дырявыми карманами, – ведь именно так я и представлял себе христиан. Не было желания отвечать на бессмысленные вопросы прихожан. Разве нельзя спокойно жить на свете и веселиться? Как сознаться в том, что теперь верю в Бога? А не подумают ли, что я стал чудаком, слабаком или беглецом из-за какой-то неудачи в жизни?

Ход моих мыслей напоминал качели, которые то поднимались, то опускались. Как только мирился с одними аргументами, меня сразу отбрасывало в сторону, потому что они не клеились с другими. Я не мог примирить научные доказательства, Писание и простые аргументы в пользу христианства с современной средой. Либо Иисус никогда не был Богом, либо мир съехал с катушек. Меня глубоко беспокоила радикальная разница между двумя мирами.

Сердце и разум пребывали в состоянии тяжелой войны из-за Нового Завета. Как относиться к чудесам? С трудом верилось в чудеса Иисуса. Казалось, их просто не могло быть в Писании без того, чтобы евангельские сюжеты не переходили в область фантастики. Тяжело было признавать реальность сверхъестественного в то время как мир, в котором я вырос и сформировался, стоял целиком и полностью на натуралистической основе. Фактор чуда не лучшим образом объяснял воскресение и внезапность возникновения христианства, а я не спешил бросаться в крайности.

Но вдруг я понял, что игнорировал в своих размышлениях фактор Бога! Я анализировал Библию так, словно Его не существовало или словно Он не вмешивался в реальный ход истории и в мою повседневную жизнь. Ведь современное мировоззрение и собственный жизненный опыт способствовали мнению, что Бог равнодушен ко всему происходящему и познать Его невозможно. Если Он все же существует, а Иисус — Его воплощение, то нет ничего удивительного в чуде. Если все, написанное в Библии, — истина, то Бог действительно мог сотворить вселенную Своим словом. Вряд ли всемогущему Богу сложно сотворить что-либо. Невозможное для человека возможно для Бога.

Если учесть фактор реальности Бога, то исчезает целый ряд вопросов, ответы на которые наука не дает. Алогично оценивать книгу о Боге, не признавая Его существования. Таким образом, я проще отнесся к теме чудес в Святом Писании. Возникла другая проблема. Если Бог действительно есть, почему люди Его игнорируют, спорят о Нем, в конце концов, выдвигают целый ряд гипотез о Его сущности?

Я устал и был разочарован, поскольку до сих пор имел открытые вопросы. Сам себе удивлялся, что провел столько времени, читая об Иисусе Христе и воскресении. Никто из моих знакомых не упоминал Библию или Иисуса в обыденных разговорах, а я тем временем тратил свой досуг, погружаясь в религиозную тематику. Каждый раз, когда откладывал решение приблизиться к Богу, оно преследовало меня. Моя нерешительность сделать последний шаг означала, что я все еще отвергаю Иисуса, поскольку отсутствие решения — тоже решение. Я не мог не думать обо всем, что прочитал и исследовал. Снова и снова осознавал, что наступило время решать, какой дорогой идти. Я не собирался совершать интеллектуальное самоубийство или принимать веру вслепую, не имея основы. Количество информации, фактов и доказательств в пользу Библии потрясало. Без них я давно попрощался бы с христианством, как с очередной из многих религий мира. Однако сейчас, решись я принять Христа, чувствовал бы себя комфортно, поскольку имел бы достаточно оснований для своей веры.

Потом что-то внутри как бы говорило: «Это всего лишь интеллектуальная зарядка. Разве так уж важно решиться поверить в Христа и ходить в церковь? Разве результатов исследования достаточно, чтобы на них опираться? Все твои находки никоим образом не касаются повседневной жизни. Ты зря копаешься в ветхой античной истории и далеких от реальности доктринах о Боге». Душевный конфликт назревал все больше.

— Грэг? Грэг? Мы дома, — позвала Руфь, открывая гараж. Я не сказал ей, что все еще пребываю в раздумьях. Она увидела меня сидящим на диване и спросила:

— Как ты? Почему не отзываешься?

— Извини, задумался. А вы как? Хорошо повеселились?

Дом наполнился топотом маленьких ножек, бегущих из гаража в комнату. Мальчики вернулись с призами, которые выиграли на празднике. Они сразу разложили пакеты на кухонном столе и, словно голодные медведи, принялись активно разбирать их содержимое.

— Дети погуляли на славу. А ты чем занимался?

— Сидел на диване и думал.

— У тебя странный вид. Ты какой-то тихий. Такое впечатление, что никак не можешь расслабиться, — заметила Руфь.

Я не хотел говорить о своих размышлениях даже с женой. Не был готов вдаваться в подробности.

— Не обращай внимания. Просто в голове куча мыслей. Позже присоединюсь к вам.

— Хорошо. Я пройдусь с Ким по магазинам. Присмотри за детьми.

Я пошел к мальчикам, и мы прекрасно провели время. Возможность переключиться на что-то другое радовала меня.

В тот вечер мне нужно было в аэропорт. Прилетала сестра моей жены. Было шесть вечера, я сидел в своем «бункере» и читал Библию на компьютере. Один отрывок из Евангелия от Иоанна не давал покоя. Я перечитывал его снова и снова: «Фома же, один из двенадцати, называемый Близнец, не был тут с ними, когда приходил Иисус. Другие ученики сказали ему: мы видели Господа. Но он сказал им: если не увижу на руках Его ран от гвоздей, и не вложу перста моего в раны от гвоздей, и не вложу руки моей в ребра Его, не поверю. После восьми дней опять были в доме ученики Его, и Фома с ними. Пришел Иисус, когда двери были заперты, стал посреди них и сказал: мир вам! Потом говорит Фоме: подай перст твой сюда и посмотри руки Мои; подай руку твою и вложи в ребра Мои; и не будь неверующим, но верующим. Фома сказал Ему в ответ: Господь мой и Бог мой! Иисус говорит ему: ты поверил, потому что увидел Меня; блаженны невидевшие и уверовавшие. Много сотворил Иисус пред учениками Своими и других чудес, о которых не писано в книге сей. Сие же написано, дабы вы уверовали, что Иисус есть Христос, Сын Божий, и, веруя, имели жизнь во имя Его» (Иоан. 20:24-31).

Если эти строки правдивы, то апостол Иоанн видел Бога своими глазами и сопровождал Его. Он написал Евангелие, чтобы люди во всем мире знали о том, что случилось. Возможно, со временем Иоанн сам поразился, насколько важные слова вышли из-под его пера.

Я же чувствовал себя, словно тот Фома неверующий, который, прежде чем поверить, должен был все увидеть своими глазами. Потом мое внимание переключилось на слова Иисуса. Казалось, Он обращался лично ко мне. «Хоть и не видел Христа своими глазами, но верю Ему», – признался себе.

Наконец Решение созрело. «Хорошо, я впускаю веру в свою жизнь. Сознательно соглашаюсь с христианством. Могу даже пойти в церковь. Не убьют же меня там, в конце концов. Что я теряю?» Я немного нервничал, когда решался на шаг примирения с Богом. Мое сердце колотилось, я был встревожен, обдумывая свое решение.

– Грэг? Грэг! Пора ехать в аэропорт. Скоро прилетит сестра, – напомнила Руфь из-за двери.

– Иду.

Я выехал на дорогу, не улице стемнело, в салоне – тишина. Обычно я сразу включал радио. Но не в этот раз. Я захотел вслух сказать: «Верую!» – хотя вокруг не было ни души. В сердце кипели самые сильные в моей жизни переживания. Я заколебался и ничего не сказал, но мысленно утвердился в своей позиции.

Наконец, когда доехал до перекрестка и оказался на главной дороге, я твердо проговорил: «Верую. Верую, что Иисус умер на кресте за мои грехи и что воскрес из мертвых». Как только я сказал это, на душе стало удивительно спокойно и легко. Теперь я стал религиозным человеком? По дороге в аэропорт раздумывал, как отныне изменится моя жизнь.

Я решил, что пойду в церковь: оденусь соответственно, возьму блокнот, чтобы конспектировать проповедь, и попробую быть любезным. Бог заметит, что я изменился, подобрел, и пустит меня в рай, когда предстану перед Ним. Он же видел, сколько усилий я прилагал, чтобы стать христианином. Поэтому, понятное дело, останется доволен моим поведением. Почему нет? От таких мыслей мне стало легче. Да, я нашел в себе силы запустить механизм христианской веры в моей жизни! Я не знал тогда, что христианство предполагает нечто другое. В ту минуту думал о том, что библейские события охватывают настолько долгий период мировой истории, что я могу изучать их до самой смерти. Поэтому понимал, что без веры никак. Я должен был просто принять результаты своего исследования и прислушаться к голосу интуиции. Наконец меня переполнила радость. Прежде всего из-за того, что все закончилось… Но все ли? Я даже не представлял, что это всего лишь начало.

Глава VIII

ПРОБУЖДЕНИЕ

Было утро понедельника, я торопился на работу. Светофор показывал зеленый, но машина впереди продолжала стоять на месте. «Идиот! Зеленый – трогай! Жми на газ!» – крикнул я водителю. И вот «черепаха» двинулась с места, никуда не спеша. Раздраженный, я ехал за ней на минимальной дистанции, пока не освободилось место на соседней полосе. Наконец! Я рванул влево и обогнал медленного водителя. «Вот так!» – выкрикнул ему, демонстрируя, как нужно ездить.

Добрался до следующего светофора. Справа оказался другой соперник. Я уставился на красный свет, параллельно поглядывая на светофор с другой стороны перекрестка. Так я просчитывал, когда загорится зеленый, чтобы моментально рвануть вперед. Вот светофор переключился на желтый, а я приготовился нажать на педаль газа. Как только загорелся зеленый, пулей помчался вперед. Глянул в зеркало и увидел как очередная черепаха только-только выезжает из дымовой завесы. Теперь я спокойно занял правый ряд, растянувшись в улыбке победителя.

СВЯТОЙ ДУХ?

Я приехал на работу и сразу же помчался в лабораторию, чтобы добраться до компа. Тэмми, человек-Библия, уже была на месте и читала. Она встала, не спеша подошла ко мне и спросила: «Как ваши успехи?» Нетрудно было догадаться, что именно ее интересует. Пока Тэмми приближалась, я успел придумать экспресс-ответ. Еще не пришло время огорошить всех новостью о том, что я решил стать христианином, а вечерами читаю Библию.

Ответ был лаконичен:

– Нормально. Перечитал несколько источников. Теперь анализирую информацию.

Сотрудница отреагировала как-то странно. Я заметил, как она слегка приподняла брови. Вдруг заявила:

– Я молюсь о том, чтобы Дух Святой явил вам Себя. – И ушла.

Тэмми намекала на то, что со мной вот-вот должно было что-то случиться. Я не понимал, что она имела в виду, но расспрашивать было неудобно. Размышляя над ее словами, я обратил внимание, что словосочетание «Святой Дух» крутится в моей голове целый день. «Что имела в виду коллега?»

В тот вечер я заработался в своем домашнем «бункере» до поздней ночи, все давно спали. Слова Тэмми не оставляли меня в покое. «Молюсь, чтобы Святой Дух явил Себя...» Я испугался. Какой еще Святой Дух? Ощущение присутствия кого-то или чего-то вокруг меня не покидало, и реальность сверхъестественного только усилилась после слов Тэмми о Духе Святом. Я был взволнован: «Что должно произойти? Кто-то должен появиться? Может, я просто схожу с ума?».

Я развернулся в кресле, чтобы убедиться, что за моей спиной никого нет. «Фух! Все чисто», — вздохнул с облегчением. Через несколько секунд глянул на потолок — вдруг там ненароком увижу кого-то. Я не знал, чего ждать, поэтому вел себя, мягко говоря, странно. «Да возьми ты себя в руки!» — сказал сам себе. Я не мог вспомнить ничего конкретного о Духе Святом ни из Библии, ни из горнолыжной поездки, ни с острова Марко.

Каждый вечер, когда работал в одиночестве у себя в кабинете, я раздумывал над фразой Тэмми. Чувствовал, что должно случиться что-то, но не знал, что именно.

ПАЦИЕНТ

На следующей неделе в клинику явился незнакомец, от которого у меня вскипел мозг. Назовем его просто: пациент. Понедельник. Утро. Клинику наполняет обычный рабочий гул посетителей и медсестер. Одна из них сообщила мне:

— Сегодня особый случай.

Я посмотрел на расписание и заметил имя, добавленное к списку, распечатанному на принтере. Имя написали синими чернилами. Как правило, посетителей обслуживают в порядке очереди, согласно с предварительной записью. Я закончил основной прием и отправился в палату номер четыре, где меня ждал «особый случай».

Это был высокий подтянутый мужчина лет пятидесяти с коротко стриженными каштановыми волосами с проседью. Он сидел на кушетке и болтал длинными ногами, опираясь ладонями на колени. Мужчина смотрел прямо на меня. В его глазах горел загадочный огонек. Это сразу привлекло мое внимание. Когда я присмотрелся к нему повнимательнее, что-то екнуло внутри, потому что выражение его глаз напомнило мне тех студентов-христиан, с которыми я катался на лыжах. Его взгляд пронизывал насквозь и вызывал некий дискомфорт, хотя открытая улыбка согревала теплотой.

Я заглянул в его медицинскую карту. У пациента был рак кожи, а это значило, что он обратился по адресу. Я ознакомился с базовыми данными, медицинскими выводами и историей болезни. Оказалось, он служил в церкви. Это тоже привлекло мое внимание, ведь я сам недавно решил стать христианином.

— Так вы служите в церкви? — уточнил я.

— Да, сэр, — ответил он.

Мужчина держался просто и открыто. Прямой проникновенный взгляд его светлых глаз словно пронизывал меня насквозь, из-за чего было немного не по себе.

Во время обследования пациент спокойно лежал на кушетке и смотрел в потолок. Меня удивило его глубокое умиротворение, которое передавалось и мне. Его не очень волновал или интересовал рак: это удивляло. Большинство пациентов нервничает, их съедает нетерпение, масса вопросов и тревог.

— У вас есть жалобы на самочувствие или вопросы ко мне?

— Нет, сэр. Со мной все будет в порядке, — ответил мужчина, глядя в потолок.

В нем было что-то необычное. Медсестра, стоящая сзади (он ее не видел), пожала плечами. Выражение ее лица говорило: «Сама не понимаю, почему он такой спокойный».

Медсестра начала подготовку к первой фазе операции. Рак поразил небольшой участок кожи около виска, его и следовало прооперировать. Пациент спокойно лежал и умиротворенно смотрел вверх. Его окутывало неземное спокойствие. Мужчина слегка улыбался, и весь его вид говорил о том, что никакое обстоятельство этой жизни не выведет его из равновесия. Он медленно повернулся и посмотрел мне в глаза, когда я стал накрывать его лицо марлей. Пациент ничего не говорил, только странно смотрел. Его глаза излучали искреннее сочувствие.

«Почему он смотрит на меня с такой любовью?» – удивлялся я. Вспомнилась теплота, с которой относилась ко мне моя бабушка, и то, с каким удовольствием она общалась со мной. Разум немедленно заблокировал поток этих мыслей, и мне захотелось избавиться от этого чудака. Когда я накладывал повязку на небольшую зону возле лба, медсестра, очевидно, заметила мое состояние. Она встревоженно глянула на меня. «Что за странный пациент… Почему он так влияет на мое эмоциональное состояние?» – спросил себя.

Я удалил раковое образование первой стадии и вышел из операционной. Как правило, после перевязки я возвращался к пациенту, чтобы спросить о самочувствии. На сей раз я этого не сделал. Образец раковой ткани, взятый с его кожи, сразу же передали в лабораторию для проверки на патологию. Через тридцать минут мне принесли образец для анализа под микроскопом. К счастью, пораженный участок кожи был полностью удален, в последующих этапах оперирования пациент не нуждался. «Нужно как можно скорее выписать этого лунатика», – подумал я. Обратился к медсестре:

– Подготовьте пациента к выписке. Рана настолько незначительная, что заживет самостоятельно. Накладывать швы нет необходимости.

Пришло время отпустить человека, я должен был вернуться в кабинет. Пациент сидел в кресле и ждал. Аккуратная белая повязка закрывала левую часть его лба. Я сообщил ему хорошие новости, а он не сводил с меня глаз. Сложно описать странное ощущение от его присутствия. Чудак ничего не говорил, ничего не просил. Вдруг он пристально посмотрел на меня и спросил: «Вы приняли Иисуса Христа как своего Господа Спасителя?».

Я потерял дар речи. Казалось, душа ушла в пятки. Я словно падал в пропасть с самой высокой точки американских горок. Кровь отлила от моего лица. Я побледнел, как стена, ощущая внутреннее давление, нарастающее ежесекундно. Все случилось неожиданно. «Зачем он об этом спрашивает?» – я не мог вымолвить ни слова.

Мужчина смотрел на меня так, словно прочитал все, над чем я ломал голову последние несколько месяцев. Я взглянул на медсестру, стоящую за его спиной. Та подняла брови и, открыв рот, таращилась на пациента. Она тоже не знала, что сказать. За десять лет практики у меня ни разу не было пациента, который произнес бы что-либо подобное в такой неожиданный момент.

— Гммм… Е-е-е… Я должен зайти в… хммм, вернуться в гммм… лабораторию, — сказал я запинаясь.

Затем пулей вылетел из операционной и помчался на кухню. Упал в кресло. Почувствовал, что покрылся холодным потом, сердце бешено колотилось. Я налил себе воды и быстро осушил стакан. Снова ощутил вокруг себя присутствие какой-то дивной силы. Ситуация выбила меня из колеи, но, поскольку я был на рабочем месте, заставил себя собраться с мыслями.

— О чем это он? — спросила медсестра, когда пришла на офисную кухню, держа в руках медицинскую карточку «особенного» пациента.

— Он уже ушел? — не выдержал я.

— Да. Я только что провела его до дверей.

— Прекрасно. Вернемся к работе, — сказал я и встал.

Я не собирался обсуждать эту тему с медсестрой, поэтому воспользовался предлогом плотного графика, чтобы избежать лишних разговоров. К счастью, день выдался насыщенным, и это помогло освободить голову от лишних мыслей. Однако постоянное чувство присутствия чего-то потустороннего все еще преследовало меня.

Вечером, когда я вернулся домой, Руфь догадалась, что со мной что-то произошло.

— Что случилось? Ты какой-то не такой, — обеспокоилась она.

Скорее всего, жену насторожило мое молчание. Ведь, как правило, я много говорил, когда возвращался домой с работы. В этот раз я ничего не ответил и оставил ее в недоумении. Потом вышел на террасу, чтобы переварить все происшедшее. Думал над словами коллеги, которая надеялась, что на меня «сойдет Дух Святой». Что означали эти слова? Что она имела в виду? «Может она и сама не понимала, о чем говорит?» — пробормотал я, пытаясь успокоить себя.

Казалось, что кто-то находится рядом, особенно, когда я оставался наедине. Вокруг меня образовалась удивительная аура; я не мог объяснить ее – лишь ощущать и осознавать. Эта аура была мирной и теплой, но вместе с тем тревожила, поскольку я не понимал, что это и откуда оно взялось. Я никому не говорил о своих переживаниях, особенно Руфи. Даже она могла подумать, что я сошел с ума. К счастью, моя жена мудрая женщина. Она не надоедала мне лишними вопросами, хотя я знал, что ей крайне интересно было знать, что же на самом деле творится у меня в душе.

Обычно после работы мне хотелось тишины и спокойствия, но тем вечером я был очень рад своим маленьким энерджайзерам, носящимся по дому, сломя голову. Мы с Руфью рано легли спать. Я не признался ей, что захотел лечь пораньше потому, что боялся оставаться в своем домашнем кабинете один. Меня пугало присутствие неведомого.

СОСЕД

На следующий день я хозяйничал во дворе. Зашел сосед. Мы перекинулись несколькими словами, и он пригласил меня в церковь в ближайшее воскресенье. – Советую зайти к нам в церковь. Там все просто. Люди изучают Библию и прославляют Бога, – сказал сосед. Его приглашение меня удивило, ведь мы никогда не разговаривали о Боге. Он и не подозревал, сколько литературы я перелопатил за последнее время.

— Не знаю, что и ответить, – сказал я растерянно.

— Тебе не нужно одевать костюм. Приходи в обычной одежде: в джинсах и рубашке или как тебе удобно.

Его энтузиазм рос. Наверное, сосед заметил мое облегчение после слов о том, что не нужно одевать костюм. Это действительно усилило мой интерес. Сосед продолжал:

— У нас даже свое кафе есть с настоящей кофемашиной!

Последние слова меня обрадовали. Церковь и кофе? Я любил кофе и не любил костюмов. В конце концов, я и сам уже созрел, чтобы пойти в какую-нибудь церковь. Просто неловко было идти одному. А также не хотелось идти к незнакомым людям и отвечать на вопросы типа: «А кто вы такой? Как вы к нам попали?». Я вообще не хотел, чтобы кто-то знал о том, что я исследую Библию и христианство.

— Ладно, пойду, — согласился я.

— Вот и хорошо. Можешь поехать со мной. Это недалеко, за поворотом.

— Тогда до встречи!

Я вошел в дом, обдумывая, как сказать Руфи о своем решении? Мне было стыдно и неудобно говорить ей, что я хочу пойти в церковь. Жена была с детьми на кухне.

— Дэвид пригласил меня в церковь в воскресенье. Не знаю, стоит идти или нет.

— Да ну! И что, ты пойдешь? — спросила жена. Она была приятно удивлена, о чем свидетельствовало ее сияющее лицо.

— А ты что скажешь? — спросил я, придерживаясь своей тактики: позволить ей думать, что я не спешу идти, оставляя последнее слово за ней.

— Идея прекрасная! Я — «за», — ответила Руфь.

— Хорошо, тогда скажу Дэвиду, что мы идем.

Я демонстративно вышел во двор, чтобы жена подумала, что я даю утвердительный ответ соседу. Что поделать, мне стыдно было признаться, что я уже сказал «да».

ЦЕРКОВЬ, В КОТОРУЮ ПРИГЛАСИЛ ДЭВИД

Наступило воскресенье. Я одел джинсы и рубашку поло. Руфь была в блузке и брюках. Я собрал всех, и мы устроились в машине. Дэвид уже ждал нас, когда я подъехал. Мы последовали за ним. Чувствовал я себя неважно, меня даже подташнивало. Это и не удивительно, ведь прежние попытки познакомиться с церковью никогда не заканчивались хорошо.

По словам соседа, храм был недалеко, в конце дороги. Когда Дэвид свернул на стоянку, мне показалось, что он поехал не туда.

— Дорогая, он едет в торговый центр, — заметил я.

Жена указала рукой:

— Да нет же. Вон, видишь вывеску: «Часовня на Голгофе» (Calvary Chapel). Это же церковь.

Как выяснилось, это действительно был храм. Только не такой, как я себе представлял. Я не увидел ни типичной башни со шпилем и витражами, ни больших парадных дверей белого цвета. Это было довольно большое длинное одноэтажное здание. Люди съезжались отовсюду и заходили в церковь через два входа. На стоянке негде яблоку было упасть. Машин приехало так много, что пришлось привлечь волонтеров, направляющих их на свободные парковочные места. «Не понимаю, неужели столько людей хотят попасть в церковь?» — Я не мог поверить своим глазам. Почти каждый имел при себе Библию. Зачем нести ее в церковь? Я был в храмах несколько раз в жизни, но ни разу не видел, чтобы прихожане приходили со своими Библиями.

Когда мы подошли ко входу, я почему-то почувствовал себя дома. «Не могу поверить. Исчезло чувство дискомфорта», — отметил про себя. Люди этой общины отличались от других религиозных особ, которые встречались мне в жизни. Возле двери нас встретила женщина с сияющей улыбкой.

— Добро пожаловать, — поприветствовала она нас и вручила буклет с расписанием работы церкви.

Я почувствовал приятный аромат свежемолотого кофе и направился туда, откуда он доносился, — в церковное кафе, расположенное слева от входа. Слухом и обонянием я учуял еспресо-машину, которая варила кофе с прекрасной молочной пенкой. «А вот и запахи благодати», — улыбнулся. Несмотря на то, что я не совсем вписывался в эту общину, мне казалось, что одной ногой я уже на небе.

Пока мне готовили лате, я наблюдал за людьми, входящими в церковь. Приветливые лица, дружественные объятия, приятное и теплое окружение. Когда я осознал, где очутился, мне стало завидно. «Почему эти люди такие счастливые? У меня ведь есть все, чего душа пожелает, а чувствую себя так, словно чего-то не хватает». Казалось, я сам загнал себя в угол. Решил попробовать проанализировать некоторых прихожан и раскритиковать их, чтобы мне полегчало.

«Вон тот мужик какой-то странный. О, глянь! Дева Мария во всей красе, платье до пят... Мама родная! А кто это у нас такой манерный? На вид мужчина, а столько телячьих нежностей, прям как у женщины!» — я мысленно ехидничал. Заволновался, смогу ли избавиться от очарования этой церкви. Я не был таким, как они.

Заиграла музыка. Звуки слышались откуда-то снизу, из-за дверей передо мной. Туда я и направился, открыл двери и вошел в зал вместе с Руфью и Дэвидом.

Я ощутил духовную приподнятость и радость. Казалось, каждый радовался и серьезно воспринимал все, что происходит в церкви. Во время «прославления» (так называли музыкальную часть богослужения) многие стояли с закрытыми глазами, вознеся руки вверх. Время от времени прихожане хлопали в ладони. Я видел, что они что-то чувствовали, но не знал, что именно и каким образом они достигали этого. Ощущения были непривычные, но интересные и в какой-то степени привлекательные. Вместе с тем, везде царил порядок. Прихожане показались очень благодарными Богу людьми, которые глубоко Его почитали. Я чувствовал, что их жизнь наполнена чем-то прекрасным, они были всем довольны, имели то, чего я никак не мог найти и чего сознательно или несознательно искал всю жизнь. «Как такое может быть?» — удивлялся я.

Снова вернулось чувство зависти. Женщина на сцене пела с закрытыми глазами, а парень, игравший на перкуссии, смотрел на потолок, расплывшись в улыбке. «У этих людей нет того, что есть у меня. У них нет такого образования, такой квалификации, профессиональных знаний, которыми я владею» — думал я. Музыка была интересной, но я не мог дождаться, когда она закончится.

Наконец появился пастор. Музыканты как раз закончили играть последнюю песню. Он провел занятие минут на сорок, прямо по Библии. Проповедник объяснял строка за строкой какой-то отрывок из Евангелия от Матфея. Все внимательно следили за проповедью, сверяя сказанное со своими Библиями. Теперь я понял, зачем каждому прихожанину они были нужны. Несмотря на то, что бывал в церкви всего пару раз в жизни, я заметил, что методика этого пастора отличалась от той, которую видел раньше. Как правило, проповедники много говорили. Здесь же пастор напоминал учителя, методично объяснявшего значение каждого предложения и помогавшего слушателям понять написанное в Святом Писании. Он не пытался впечатлить всех присутствующих нестандартными вариантами трактования отрывка, и мне это понравилось. Он просто хотел раскрыть то, о чем говорит сама Библия.

В конце проповеди пастор сказал несколько слов о том, что нужно «принять Христа». Он несколько раз употребил это странное словосочетание. Я не мог понять его значения. «Что этот проповедник имеет в виду? Иисус умер две тысячи лет назад и пребывает на небе. Что это за процедура Его «принятия»? – спрашивал сам себя. – Разве я не «принял Его», когда согласился, что Библия правдива и решил пойти в церковь?»

В целом, богослужение мне понравилось. Немного раздражала коллективная радость и душевный мир, но я не позволял мелким негативным эмоциям затмить то доброе, что увидел в церкви. Никто на меня не давил, никто не надоедал, не смотрел на меня как на новенького или «не такого». Естественно, понравилось церковное кафе и то, что я мог прийти в той одежде, в которой мне удобно. Хоть последние два фактора и играли второстепенную роль, я всегда видел определенное лицемерие в том, что люди наряжаются в церковь, как павлины, а потом возвращаются домой и выглядят простыми смертными.

Наконец я сказал жене:

– Вот сюда бы я приходил по воскресеньям. – Руфь обрадовалась, а Дэвид был на седьмом небе от счастья.

«Почему сосед радуется? Что в этом особенного? Ему-то что с того, что я буду ходить в церковь?» – удивлялся я.

ЛЕД ТРОНУЛСЯ

На следующий день случилось нечто странное. Я работал у себя в кабинете допоздна. Не мог сосредоточиться, поскольку все время думал об Иисусе Христе и Библии. Меня все еще пугала фраза о Духе Святом. Я, как и раньше, ощущал присутствие чего-то потустороннего, и это чувство усиливалось. Было странно и вместе с тем спокойно. Постоянно слышались отголоски слов пациента: «Вы приняли Иисуса Христа как своего Господа и Спасителя?». Разве не эти же слова говорил проповедник?

Неожиданно мне вспомнились случаи из прошлого, когда я неправильно вел себя с кем-то, когда обижал других плохими словами. Мои прегрешения словно ожили во всех подробностях, начиная с детства и заканчивая взрослой жизнью, они предстали перед моими глазами. Мне стало страшно и противно от самого себя. Я видел целые сцены, как по телевизору, хотел их выключить, но не мог. Они возникали одна за другой, как в кино, показывая на экране самые ужасные картины моей жизни.

«Слышь, ты, неудачник! Вырядился, как девчонка! — накинулся на новенького мальчика на площадке начальной школы. — Мы не хотим с тобой играть!». Мальчик ушел весь в слезах. «Что? Пошел плакаться мамочке?» — крикнул я вдогонку.

«Слушай, Даг! Давай прикольнемся над Крисом! Смоемся тихонько, пока он в туалете, а когда выйдет, не поймет, куда мы пропали!» — предложил товарищу, когда мы учились в четвертом классе.

«Ты уродина. Ни один нормальный парень не обратит на тебя внимания!» — насмехался в восьмом классе над одноклассницей. Лицо девушки исказилось, словно после выстрела в сердце. Она смотрела на меня, не веря своим глазам, сочувственно кивая головой. Я только улыбнулся в ответ, радуясь, что попал в цель.

«Не могу поверить, что ты меня обманул, — всхлипывая, сказала девушка, с которой я встречался в десятом классе. — Как ты мог так со мной поступить? Разве не понимаешь, что я тебя люблю?». Слезы текли по ее щекам. Она рыдала так, что еле переводила дыхание. Но мне было все равно. «Теперь мне нравится другая», — холодно ответил я.

«Я смогу организовать профессиональную работу в нашем клубе. А этот ваш ди-джей полный идиот! Возьмите меня, и я с первого раза покажу, как все должно работать!» — выпалил потенциальному работодателю, когда еще учился в университете. На каникулах я получил работу, а тот ди-джей — потерял.

«Пап, выйдешь со мной поиграть?» — попросил четырехлетний сын, держа мячик в руках. «Не сейчас! Ты разве не видишь, что я занят?» — крикнул я на него. Бедняга бросил мяч от испуга и убежал в слезах.

«Да что с тобой такое?» — не выдержала Руфь. «Все хорошо. А с тобой нет. Просто замолчи и уйди с моих глаз. Сколько можно капать мне на мозги? — парировал я. — Ты всегда какая-то накрученная и нетерпеливая!». — «А ты всегда огрызаешься», — заплакала жена. «Да прекрати ты киснуть. Закрой за собой дверь, я не собираюсь копаться в этом!..» «Вот и хорошо!» – крикнула она, хлопнув дверью. «Женщины – как прыщик на одном месте», – пробормотал я вдогонку.

«Вы, ненормальные! Что вы делаете? А ну быстро по своим комнатам, чтоб я вас тут не видел!» – гаркнул на сыновей, одному из которых было четыре года, другому – пять. Они побежали по лестнице вверх, плача и рыдая. «Мама! Мама! Папа снова на нас кричит». Я пытался собрать их игрушки, разбросанные по полу. Руфь сбежала по ступенькам вниз. «Да что с тобой такое? Ты постоянно кричишь на детей!» – «На работе был тяжелый день», – выкрутился я.

Эпизод за эпизодом прокручивались в моем сознании, словно на старой кинопленке. То был фильм ужасов. А я был кинозвездой, которая исполняла главную роль. Я начал прозревать, каким жестоким, недоброжелательным, завистливым и гордым был. Не умел прощать людей, не хотел проявлять к ним элементарную любовь. Я как будто увидел свою душу в зеркале. Положил локти на рабочий стол и обхватил голову руками. Потом заплакал, как ребенок, осознавая, каким чудовищем выглядел во многих ситуациях. Казалось, какая-то невидимая сила открыла мне глаза на то, кем я был на самом деле. И правда оказалась горькой.

Боль от осознания своей внутренней сущности пронизывала меня насквозь. Слезы посыпались градом, а всхлипывания перешли в рыдания, на душе было горько. Неожиданно, впервые в жизни, я почувствовал такое явное присутствие Бога, что не мог объяснить это словами. Всем своим естеством я понимал, что Он стоит передо мной, и это пугало. Я ужаснулся святости Бога, понимая собственную греховность, и задрожал от своей ничтожности.

Мигом я очутился возле кровати, которая была за спиной, и упал на колени. Я выплеснул наружу все, что собралось внутри, так громко, что удивлялся, как не разбудил весь дом. Я дрожал, переполненный страхом и сожалением. Время от времени сотрясался, всхлипывая, как маленький ребенок. «Боже! Прости меня. Я ошибался. Натворил столько зла. Мне стыдно за свое прошлое. Иисус, помоги мне!»

Я не успокаивался: «Не хочу больше так жить. Измени меня, о Боже, прошу, измени меня! Очисти и освяти мою душу. Верую, что Ты действительно умер на кресте за мои грехи. Я грешен пред Тобой, хотя раньше этого не понимал...» – Я плакал в душевных муках.

В таком состоянии я находился минут десять. Рыдал так сильно, что приходилось выдавливать из себя каждое слово. Я смирился перед Богом. Доверил всего себя милости Божьей и молил о прощении, как преступник умоляет о помиловании в суде. Невероятным образом я ощущал силу Божью, от чего рыдал еще больше. Я не планировал такого всплеска эмоций и не хотел этого, ведь всегда считал себя успешным профессионалом и зрелым человеком. Слова будто сами выходили из моих уст. Что-то словно накрыло меня и заставило покаяться, покориться и просить помилования. Лед моей души растаял. Эта молитва сыграла решающую роль в моей жизни.

Эмоции стихли. Я отпустил все рычаги контроля. Медленно собрался с мыслями. Чувства были непривычные. Мне даже стало стыдно за свои эмоции, хотя я был один. На цыпочках пошел в спальню, уверенный в том, что Руфь проснулась и ждет объяснений. Но жена мирно спала. Я лег в кровать, пытаясь настроиться на сон. Глубокое чувство мира и покоя заполнило душу. Это было непривычное состояние, доселе мне незнакомое. «Вот это да, – размышлял я. – Даже представить себе не мог, какое благотворное влияние имеют искренние слезы». Я заснул, не осознавая, что случилось нечто большее, чем проявление эмоций. Спал, как ребенок. Тогда не знал, что больше никогда не проснусь тем, кем был раньше.

Глава IX

ПРЕОБРАЖЕНИЕ

ПРОБУЖДЕНИЕ

На следующее утро я посмотрел на мир другими глазами. Никогда не найду достаточно слов, чтобы описать невероятное состояние, в котором я очутился. По силе влияния переживание святости Божьей можно сравнить разве что с впечатлением слепого от рождения человека, который вдруг прозрел. Казалось, я пробудился ото сна, который длился тридцать шесть лет.

Зазвенел будильник. На часах было пять тридцать шесть утра. Просыпался я нехотя, поскольку до сих пор находился в ошеломленном состоянии. Я медленно протянул руку и нажал на кнопку, чтобы выключить будильник. Сел на край кровати и неожиданно ощутил незнакомое, новое, неведомое до сих пор состояние. «В моем сердце невероятный мир. Исчезли тревога и стресс из-за суеты рабочих дней, как это было раньше. Больше нет внутреннего напряжения, с моих плеч упало тяжелое бремя, о существовании которого даже не подозревал», – обнаружил я.

На улице было еще темно. Я неторопливо пошел в душ. Теплая вода освежила голову и тело. «Что изменилось?» – не мог понять я, вспенивая шампунь на голове. Потом закрыл глаза и насладился этим мгновением. «Мой разум спокоен!» – подумал я. Суетливый поток хаотичных мыслей, которые обычно штурмовали голову, исчез!

В ту минуту я осознал, насколько мой мозг напрягал сознание разнообразными тревогами и волнениями, как только я просыпался: «Приближается дата погашения ипотечного кредита. Дети болеют. Акции, которые недавно приобрел, падают в цене. Нужно заехать в банк, сдать постель в прачечную, сходить в спортзал, подготовить презентацию, починить туалет, сменить масло в машине».

Не успевал я проснуться, как огромное количество разных мыслей тут же бомбили мой мозг, и это продолжалось годами. Сейчас же целый пласт постоянных тревог ушел прочь! Впервые, сколько себя помню, путаница, стресс, разочарование в погоне за чем-либо не забивали мне голову, и поэтому я чувствовал себя прекрасно! Если сравнивать мозговую бурю с заторами на дороге, то в это утро проезд был свободен. «Это необычно, но прекрасно!» – улыбнулся себе.

Я выдавил зубную пасту на щетку и с удовольствием начал чистить зубы. У меня была привычка чистить их в душе. Я водил щеткой вверх и вниз, а тепленькая водичка лилась мне на голову и спину. «Ох и прекрасно же я себя чувствую! – радовался. – Но откуда столько счастья без явной на то причины?» Ощущение умиротворенности, словно морские волны, снова и снова переполняло мое сердце, я не мог объяснить этого. «Всего лишь проснулся. Ничего не приобрел в магазине. Ничего такого не случилось, чтобы чувствовать себя счастливым. Откуда же это прекрасное состояние?»

Помню, я радовался, как ребенок, когда впервые сел за руль новенького BMW «М-3» с откидной крышей. Я завладел шедевром самых лучших автоинженеров мира и почувствовал прилив жизненных сил и энтузиазма. Эйфория была невероятная. Я хотел наслаждаться ею каждый день и с нетерпением ждал момента, когда выеду на своей красавице на улицу, а все вокруг будут падать от ее блестящего вида. Но проблема заключалась в том, что счастье длилось лишь несколько недель, после чего просто увядало.

«Ощущения схожи, вот только не пойму, в чем разница. Прошло несколько минут после пробуждения!» Как правило, я сползал с кровати, как черепаха, раздраженный, разочарованный жизнью, напряженный от одной лишь мысли, что впереди еще один рабочий день. Я хотел казаться бодрым, но бремена, накопившиеся с годами, естественным образом сформировали типичное внутреннее состояние.

Утреннюю процедуру завершало бритье. Я нанес пену на обе щеки и вставил лезвие в станок. Не переставал удивляться, как все изменилось. Да, состояние внутреннего удовлетворения было мне знакомо, но оно всегда касалось покупок, выигрышей, подарков, чего-то материального.

Я вспомнил радостное настроение на вечеринках. Чувствовал себя приподнято, когда выпивал пару бокалов вина (но только два первых)… Однако в этот раз – ни капли алкоголя, а на душе праздник! Тело расслабилось от искренней эйфории и радости, которую теперь ощущал. Это действительно напоминало состояние, в котором находишься после бокала хорошего вина. «Это ненормально. Я же просто принимаю душ!» Еще недавно снимал напряжение спиртным, чтобы освободиться от жизненных тревог, ощутить облегчение и радость. Казалось, алкоголь заполнял невидимую брешь в моей жизни, вот только эффект длился недолго. К тому же, частенько это счастливое состояние заканчивалось головной болью от похмелья на следующий день. Сегодняшнее утро было другим. По моему телу текла водичка, я стоял в душевой и чувствовал себя потрясающе без явной на то причины! Удивительно! Не выпил ни капли спиртного! Только проснулся. Впереди рабочая неделя, сегодня не пятница, не тот счастливый день, которого всегда ждал с понедельника. В гараже не было новой машины. На столе не лежала путевка на курорт. «Может, не хватает чашечки крепкого еспресо? – пытался найти объяснение я. – Может, кофеин нормализует мою психику, и я, наконец, пойму, в чем дело?»

Я вышел из ванной, оделся и спустился вниз по лестнице. Все ждал, когда мозг, наконец, начнет работать в привычном режиме. Приподнятость никуда не исчезала. Я быстренько приготовил и выпил порцию еспресо. На минуту замер, ожидая, что кофе окончательно разбудит меня и выведет из состояния приятной, но странной нирваны. Однако ничего не изменилось. Я смолол еще одну порцию кофе, быстро осушил чашку, собрал вещи и сел в машину. Мне казалось, что я отправился в долгожданное путешествие, хотя ехал на работу, а не в Лас-Вегас.

Несколько дней я чувствовал себя, как на каникулах. Меня переполняли счастье и радость, я дышал полной грудью. Начался новый, качественно совсем другой этап в жизни.

НОВЫЙ ПОНЕДЕЛЬНК

Итак, я сел в машину и поехал на работу. «Зачем спешить, обгонять всех подряд, доказывать водителям, что я первый?» – подумал. Пробки на дорогах больше не злили. Какой-то тип подрезал меня, но я не захотел сигналить ему или показывать жест, который не стоит показывать в присутствии детей. Мобильный телефон я забыл дома, но это уже не было для меня трагедией. Когда светофор загорался красным, я больше не сидел, как на иголках, в ожидании, кто первым нажмет на газ. «Странно», – сказал вслух. Неужели я променял великого автогонщика Марио Анретти в себе на мистера Роджерса, ведущего программы для самых маленьких?

Когда я прибыл на работу, ощущение радости усилилось, а неожиданные изменения в моем поведении бросились в глаза коллегам. График был плотный, но я не стал нервничать или обвинять во всем медсестер. Ко всему прочему, к нам пришла стервозная и требовательная дама, но запас моего терпения оказался предостаточным.

Это была первая пациентка в списке. Я открыл двери и увидел бабулю, сидевшую на кушетке и держащую в руках скомканный листок бумаги. Она грозно уставилась на меня, требуя немедленного внимания. Как только мадам увидела меня, сразу взяла бразды правления в свои руки.

– Доктор Виман, вот список вопросов, с которыми вы можете ознакомиться, – приказала она, размахивая листком в воздухе.

«Списки» – всегда плохой знак для врачей. Но вместо того, чтобы подумать «О, нет!», я ответил:

– Прекрасно. Чем могу быть полезен?

Эти слова слетели с моих уст не в силу профессиональной этики, а потому, что я искренне хотел помочь человеку. «Это уже совсем странно», – подумал я. Бабуля совершенно не злила и не раздражала. Меня переполнили глубокие чувства любви и заботы к пациентке, обратившейся за помощью. Казалось, я приобрел что-то, что давало мне силы для проявления доброжелательности к сложной и требовательной пациентке. Не было надобности прибегать к актерскому мастерству. Все было по-настоящему. Как правило, я прикидывался добреньким, когда это было возможно, а в мыслях было: «Когда же ты, наконец, исчезнешь с моих глаз?». Теперь отношение к людям в корне изменилось. «Почему эта странная женщина вызывает у меня симпатию?»

Медсестра заметила не свойственное мне поведение. Она удивленно посмотрела на меня: «Что с вами?». Хоть мое поведение и было необычным, я оставался собой. Было немного странно ощущать себя новым человеком в старом теле.

После работы я вернулся домой ошеломленный. Невидимый тяжелый рюкзак, ежедневно переполненный тревогами, разочарованиями, пустотой, нетерпением, горечью и эгоизмом, больше не висел на моих плечах. Огромное бремя исчезло. Я ощущал полноценность без видимой на то причины. В прошлом у меня была привычка всегда полагаться на что-то, на кого-то, на обстоятельства, которые подарят удовлетворение. Но сейчас мое сердце переполняли прекрасные эмоции, я радовался жизни без каких-либо особых причин. Я понял, что тяга к пустым занятиям, гонка за большим, лучшим, более весомым — все это ушло прочь. Разве возможно такое?

Я всегда выезжал на работу рано, поэтому не видел, как проснулись жена и дети. Когда приехал домой, увидел Руфь впервые, после того, как моя жизнь изменилась. Вошел внутрь через двери гаража. Она хозяйничала на кухне.

НОВЫЙ ВЕЧЕР

— Привет, дорогая, я дома, — поздоровался, как только переступил порог.

Руфь готовила ужин, дети играли на полу. Она повернулась ко мне, и я, словно впервые в жизни, увидел, какая она красивая. Появилось огромное желание проводить время вместе и общаться, а ведь раньше я не придавал этому значения. Почувствовал глубокое уважение к ней, и это тоже было чем-то новым. Когда-то я воспринимал все, что делает моя жена, как должное. Поток этих мыслей промчался в моем сознании за миг.

То же случилось, когда я увидел детей. «Папочка!» — воскликнули мальчики и побежали ко мне. Я обнял их и глубоко осознал, что являюсь отцом двоих таких удивительных детей! Вместо собственных эгоцентричных импульсов я хотел думать о них и о том, что их интересует и волнует.

Возникли глубокие, необычные, новые мысли. Мальчики вернулись к своей игре, а Руфь продолжала готовить. Я мирно сел на кухне и впитал в себя все прекрасные ощущения от пребывания в кругу самых близких и любимых людей. Я увидел свою семью и мою собственную роль в ней с новой перспективы. Казалось, кто-то показал, какой короткой и хрупкой была моя жизнь. Возникло желание наслаждаться каждым прожитым моментом, вместо того чтобы просто тратить время. Я очутился на месте Эмили Гиббс из спектакля «Наш городок» и повторил судьбу Скруджа из «Рождественской истории». Теперь я по-новому ценил жизнь, даже ежедневную рутину. «Мне скоро сорок, а жизнь пролетела, словно миг. Трудно поверить, что я так легкомысленно относился к ней, как и к своей семье. Все воспринимал, как должное». Сердце сжалось в груди. Никогда не думал о том, что на самом деле не ценил те неповторимые моменты, но сейчас мне открылась истина. Казалось, сердце растаяло. Я спокойно смотрел на свою семью и восхищался ею.

Когда мы ужинали, на меня вдруг напал страх. Чувство вины, стыда и сожаления наполнили сердце, когда наблюдал за Руфью и детьми за столом. Окружение самых родных людей на свете, которое можно легко не заметить в повседневной суете, показалось мне настоящим чудом. «Почему я так мыслю?» — удивлялся. Я внимательно рассматривал жену и детей, наслаждаясь каждой минутой их присутствия. Вспомнил прошлое, и в голове пролетел целый ряд эпизодов из жизни. В комнате было четверо, но, по всей видимости, только у меня перед глазами возникали картинки, которые обвиняли меня и мучили душу.

«Грэг, поехали с нами проведать бабушку в выходные», — предложила мама, когда я учился в колледже. «Я не еду. Останусь на ночь в доме Джей-Би», — ответил. «Тебе непременно стоит поехать. Она при смерти, возможно, это будет последняя встреча». — «Мне все равно. Не хочу никуда ехать. К тому же, там я умру от скуки».

«Грэг, бабушка умерла. Похороны в следующие выходные», — сообщила по телефону мать. Я жил тогда в городе Дарэм, штат Небраска, учился на стационаре по специальности «дерматология». «Не могу приехать, мама. Я очень занят, а это далеко», — мой ответ был коротким. «Грэг! Это же твоя родная бабушка!». Я бы поехал, но не хотел видеть еще одного умершего человека. Не хотел рассматривать ее опустевший дом, который остался в моей памяти. Я эгоистично спрятался от картины смерти и не поехал.

«Дорогой, заходи. Побудь немного со мной. Давай просто поговорим», — предложила Руфь на какой-то вечеринке. «В другой раз. Не видишь, я тусуюсь с мужиками? Иди в дом. Нам и тут классно», — огрызнулся я. Через несколько минут жена снова вернулась. «Елки-палки! Я что, не могу отдохнуть от семьи и расслабиться с друзьями?!» — я специально сказал громко, чтобы слышала вся компания, а потом осушил кружку пива. «Я давно говорил, что жена — это заноза в боку», — пошутил один парень из компании. Все засмеялись.

«Грэг, я забыла забрать вещи из прачечной, извини», — сказала Руфь робко. «Да что с тобой, черт возьми, такое?! Ты можешь хоть что-то нормально сделать для своего мужа? Ты же не стираешь своими руками!» — Я кипел от злости.

«Сколько хот-догов тебе сделать?» — поинтересовалась Руфь. Я сосредоточенно готовился к экзамену по дерматологии. «Мне все равно! Делай сколько хочешь. Я работаю», — возмутился. «Просто скажи, сколько именно хот-догов ты хочешь», — настаивала Руфь. «Да занят я! Мне до лампочки. Больше не спрашивай!» — отрезал я, скрипя зубами и сжимая в руках чашку. «Успокойся, Грэг. Все, что мне нужно, это знать, сколько именно ты съешь», — вежливо повторила просьбу жена. Я вскочил на ноги от злости. «Если ты еще раз спросишь меня про сосиски, я вылью эту чашку кофе на этот белый ковер!» Она и бровью не повела. «Так сколько тебе?» — тихо спросила. Я посмотрел ей прямо в глаза и вылил черный кофе на белый ковер. Словно черный водопад, кофе медленно растекался по ковру. «Я же сказал: оставь меня в покое!» — гаркнул что было сил.

«Папочка, мы можем поиграть с тобой тракторами сегодня вечером?» — спросил трехлетний сын. «Не сегодня, сын. Мы с мамой идем к друзьям в гости».

«Папочка, ты придешь к нам в песочницу?» — поинтересовались оба сына. «Не сейчас. Я готовлюсь к триатлону».

Картинки из прошлого постепенно растаяли, и я вдруг понял, что не голоден, хотя немного все-таки съел. Через несколько секунд осознал весь ужас того, каким равнодушным, грубым, эгоистичным и требовательным я был долгие годы. Мне стало стыдно, а на глаза накатились слезы. Я старался овладеть собой. Тихо встал из-за стола и отнес тарелку в раковину, чтобы никто не заметил. Остаток вечера я играл с детьми и общался с Руфью. От сердца отлегло.

Все пошли спать, а я сидел допоздна в кабинете, находясь под впечатлением от того, сколько всего случилось со мной за один день. Я пытался понять свое состояние. «Чувство, как после приема медпрепаратов. Кажется, что старое «я» сначала умерло, а потом вернулось в образе нового человека. Что со мной происходит?» Я устал от стольких переживаний и даже немного испугался, однако внутренняя радость не оставляла меня. «Семья еще молодая. Я в рассвете сил. Еще не поздно. Я еще смогу жить иначе», – пообещал себе я.

СЛЕДУЮЩИЕ ТРИ ДНЯ

Я спал, как младенец, уже вторую ночь подряд. Следующий день особо не отличался от предыдущего. Надо сказать, что я чувствовал себя комфортнее и приспособился к переменам. Наслаждался миром и покоем, хотя обычно всегда накручивал себя из-за всякой мелочи. До сих пор не верилось, что мое новое состояние – это не сон. Только реальность ощущений помогала понимать, что все это происходит со мной на самом деле. На третий день появилось чувство страха. Пугало то, что я снова могу вернуться к своему прежнему «я». Волновался, что не продержусь, какими бы прекрасными ни были новые обстоятельства моей жизни.

Снова зазвенел будильник, была половина седьмого утра. Я раскрыл один глаз, протянул руку и, нажав на кнопку, выключил пронзительный звук. «Интересно, это новое чувство блаженства уже выветрилось? Я все еще новый человек? – первое, о чем подумал, когда проснулся. – А вдруг эйфория исчезнет – что тогда? Я вернусь к своим старым привычкам?» – волновался я.

Затем встал с кровати, пошел в ванную, глянул в зеркало. Любимые трусы, оказывается, одел задом наперед. Судя по прическе, меня ждал не самый лучший день в жизни. Волосы навеивали мысли о панк-роке. Но ни одна из этих деталей не волновала меня. «В сердце мир, а суета профессиональной деятельности не вызывает тревоги. Это хороший знак», – я обрадовался, так как оставался сам собой в новой ипостаси. «Да! – голосом победителя крикнул я зеркалу. – Да!»

Каждое утро я ждал свое старое «я», которое терпеть не мог. Мое эго могло вернуться в любую минуту, и я радовался, что оно до сих пор не являлось.

НОВАЯ РЕЧЬ

На четвертый день я заметил и другие изменения. Первые три дня не обращал на них внимания, поскольку неожиданный поворот событий вызвал слишком бурные эмоции. На улице светало, я собирался на работу. По привычке смолол кофе, когда собирал вещи перед выездом в офис. «Кошелек! Где мой кошелек?» – отчаянно проговорил вслух. Быстро прошелся по дому, проверил в машине – не нашел! Проверил рюкзак, карманы в пиджаках и другой одежде, посмотрел на кухне, где иногда оставлял ключи с портмоне.

Я не раз устраивал «концерт», когда исчезали кошелек или ключи. Просто сходил с ума. Но на этот раз моя реакция была гораздо спокойней. Я не рвал на голове волосы, но важнее было другое: я не сказал ни одного бранного слова! Лексикон старого моряка куда-то исчез. Ругань, вместо того чтобы вылететь, словно ядро со старого пиратского судна, как это часто случалось в напряженных ситуациях, куда-то испарилась. Вдруг я оставил поиски кошелька и на минуту замер. Прокрутил в голове последние три дня и понял, что не проронил ни единого гнилого слова! Я сел в машину и спокойно поехал на работу.

Нецензурная лексика вошла в мой лексикон еще с пятого класса. Вспомнил один лагерь, который почему-то называли христианским. Там я выучил первые бранные слова.

– Слушай, Энди, передай [...] горошек, пожалуйста.

Мы ели в полупустой столовой за большими столами на восемь человек. Дети из каждой группы ели за своим столом.

– Пошел ты [...], Виман! Встань и насыпь себе сам! – был ответ.

– Ладно, заср...ец, – смирился я.

– Следи за базаром, Виман! Иначе получишь в глаз! – пригрозил вожатый.

Бранные слова слетали с моего языка в виде самых разных частей речи: существительных, прилагательных, даже наречий – постоянно, хоть я и не задумывался о смысле сказанного. Когда дела не клеились, из моего рта во все стороны летели проклятия. Я даже упоминал имя Господа, хотя и не верил в Бога. Не думая о значении этих слов, я стрелял ими, как из автомата Калашникова.

Наконец доехал до работы, сел за стол. Подвигал мышкой, чтобы разбудить монитор, однако ничего не произошло. Вы, наверное, догадываетесь, что сказал бы прежний Виман в таком случае? Да, бранное слово или словосочетание с именем Христа. Удивительно, но на этот раз я промолчал.

Заглянул под стол, чтобы выяснить, в чем проблема. Пока выяснял, ударился головой об острый край. Было такое впечатление, что кто-то хорошенько треснул меня по голове. От боли из глаз посыпались искры. Однако ни одного гнилого слова не сорвалось с моих уст! Вдруг понял, что не пытался сдерживать речь. Я не прикусывал себе язык, не сосредотачивался на словесном потоке. Бранные слова просто исчезли из моего словаря.

Я застыл, сидя на полу, потирая затылок, и поражался тому, что происходило. «Что случилось? Почему я не хочу сквернословить?» – спрашивал себя шепотом. Попробовал обдумать возможные причины изменений, которые почувствовал в себе за последние четыре дня. «Я ощущаю себя полноценным человеком, почему? Почему исчезли грязные слова? Почему я хорошо стал относиться к людям, которые меня раздражали? Откуда мир и покой?» Эти мысли буквально штурмовали мой мозг. Я просидел под столом минут пять, мысленно прокручивая вопросы и пытаясь дать на них ответы.

А вдруг новая природа моей личности – это плод воображения из-за недавнего всплеска эмоций? «Я ощутил душевное облегчение, поскольку избавился от внутренней грязи. Может, потому и лед растаял?» – подумал. Сильных потрясений в моей жизни практически не было, но даже в те редкие минуты, когда пускал слезу, ощущал эффект освобождения от психологического давления. Однако теперешние изменения и ощущения радикально отличались от предыдущего опыта.

Подумал о фармакологическом эффекте. «Возможно, вместо таблеток против мигрени, которые я употребляю время от времени, мне подсунули валиум?» – предположил я. Звучало довольно логично. Но разве мог профессиональный фармацевт перепутать такие разные лекарства? Валиум действительно успокаивает, дарит ощущение мира и легкой приподнятости. Я употреблял этот препарат раз в жизни, когда проводил одному пациенту лазерную терапию в зоне вокруг глаза. Валиум улучшил мое самочувствие и немного замедлил речь, но я не заметил изменений в своем поведении. Поэтому такое предположение не вполне объясняло мое теперешнее состояние. Я не мог представить, какое еще вещество могло иметь такое сильное влияние на поведение человека. Весь день я ломал голову над разными вариантами, но ничего разумного на ум не приходило.

Первое, что я сделал, когда вернулся домой с работы, – нашел рецепт от мигрени и проверил, не перепутал ли аптекарь таблетки. Пока что фармацевтическая гипотеза казалась мне самой вероятной из всех. Быстро проскочил в ванную, открыл шкафчик. Я нетерпеливо перебирал флакончик за флакончиком. Наконец нашел нужный и быстро его открыл. Поспешно высыпал все таблетки – несколько даже упало на пол. Я наклонился, чтобы внимательно рассмотреть надпись на пилюлях. Все-таки во флакончике был препарат именно от головной боли! Я был взволнован, поскольку не хотел, чтобы новая реальность оказалась результатом влияния препаратов, и проверка, похоже, удовлетворила мое желание. Я задержался в ванной на несколько минут. Предположение о влиянии таблеток на мое теперешнее состояние улетучилось как дым.

Теперь меня удивляло другое. Медик не мог поставить диагноз сам себе! Я стоял потрясенный. Разве не должен человек моего возраста хорошо знать себя? Знать настолько, чтобы объяснить драматические изменения в своем поведении.

Подумал о возможном влиянии Библии, но сразу признал, что такие радикальные изменения не под силу даже религии. Разве могут обряды и книги Святого Писания повлиять на человека так радикально? Несколько дней назад я обратился в молитве к Богу, признал Иисуса и пошел в церковь. Но это не объясняло мне, каким же образом в душе произошли такие колоссальные изменения. Если Бог существует, а Иисус умер ради спасения человечества, то как именно это повлияло на все мое естество? Какие именно события двухтысячелетней давности объясняли то, что я чувствовал всеми фибрами своей души сегодня?

ПРОВЕРКА: ПОЗОРНЫЙ МАТЧ

«Так, Грэг, соберись с мыслями, – приказал себе. – Как можно проверить, действительно ли жизнь изменилась?»

Я отложил пузырек с таблетками и, наконец, решил: нужно устроить себе испытание.

Спустился по лестнице в гостиную и включил американский футбол. Обычно я быстро увлекался любимой игрой, представлял себя на поле среди игроков, даже когда на экране показывали не очень известный клуб. Я привык швыряться бранными словами в экран, когда команда, за которую болел, играла паршиво или вообще проигрывала. На этот раз играл один из моих любимых клубов. Не успели ребята отыграть и четверти матча, как результат на табло засвидетельствовал, что они откровенно дуют. К огромному удивлению, мой рот был на замке. Защитники стояли, как столбы, вместо того, чтобы обороняться. Однако я не проронил ни звука! Когда на экране крупным планом появилось лицо квотэрбека, у меня почему-то не возникло желания осыпать его бранью.

Во второй четверти игры всю инициативу перехватил противник. Мне было ни холодно, ни жарко. Аномалия! Агрессивные импульсы, злость, нецензурная лексика – все исчезло неизвестно куда. Я попробовал напрячь память и вспомнить матерные слова в тему, но не смог. Они испарились из моего словаря. Такое впечатление, что матч я смотрел не один.

НЕПРИЯТНЫЙ СОСЕД

Следующих несколько дней прошли так же, как и предыдущие. Моя прежняя натура пока что не высовывалась на поверхность, а попытки объяснить кардинальные изменения в поведении давали слишком эфемерные результаты. Я пошел на прогулку и взял с собой нашу красавицу, лабрадора по имени Дэйзи.

— Вставай, девочка. Идем на прогулку. Ты же хочешь размять свои лапки? — окликнул я ушастую любимицу.

Собака лениво лежала на боку, словно тюлень, но, услышав слово «прогулка», мигом вскочила. А на слово «лапки» наклонила голову и радостно завиляла хвостом. Через мгновение она уже ждала меня около дверей.

— Вперед, Дэйзи! — Мы отправились гулять.

Осчастливить нашу собаку прогулкой было в моих интересах. Я хотел обдумать кардинальные изменения в моей душе. Неожиданно Дэйзи подбежала к соседу, которого я не воспринимал. Каждый раз при виде его физиономии я чувствовал отвращение и хотел избежать встречи с ним любой ценой. Я шагал по дорожке, погрузившись в раздумья о запутанном лабиринте жизни, как вдруг нежеланный тип вырос передо мной, словно гриб после дождя.

— Привет, Грэг! Как поживаешь? — спросил он, улыбаясь.

Я недоуменно уставился на собеседника. Не мог понять, почему не испытываю негатива, куда подевались моя надменность и обидные слова в его адрес, которые я мысленно комбинировал. Я оторопел, поскольку понял, что случилось нечто «худшее», чем мог себе представить. «О, нет! В почву моего сердца пускает корни чувство дружбы к этому человеку! Но для такой связи нет никаких оснований!» Я попытался вытащить на поверхность сознания гнев или агрессию, чтобы успокоить себя привычным эмоциональным состоянием, но на моем лице расплылась благодать Божья. «Какой-то фибр моей души симпатизирует этому соседу, — удивлялся я. — Но почему? Я всегда считал его противным. Он неприятен и не может мне нравиться!»

Мы душевно пообщались минут пятнадцать. Держа в руках собачий поводок, я пошел дальше, чувствуя себя пришельцем. «Я уже сумасшедший? Болтаю со всеми подряд о том о сем, как блаженный, еще и радуюсь общению с соседями!» В мои планы не входило рассказывать каждому встречному о том, что со мной происходит, поскольку все сразу догадались бы, в каком состоянии моя психика. Я даже испугался, что Ассоциация медицины лишит меня лицензии на профессиональную деятельность, обосновывая свое решение диагнозом какой-то шизофрении или типичными психическими расстройствами.

ПОКУПКИ ОНЛАЙН

На следующий день я заметил, что у меня пропало желание постоянно искать и покупать всякую дребедень. Мания обладать новыми вещами, которые присылают на домашний адрес в посылках, исчезла. Раньше я любил покупать онлайн, это приносило мне определенное удовлетворение. Я постоянно ждал бандероль, которую вот-вот доставят по моему адресу, и одновременно уже планировал следующую покупку. Что ж, придется проверить новоявленную духовность покупками через Интернет. Открыл сайт Polo.com, один из моих любимых.

О, новинка! Поступила голубая тенниска для игры в регби. «А мне фиолетово. Зачем мне еще одна футболка?» Распродажа коллекционных рубашек «Поло»? Неинтересно. Обувь со скидкой двадцать пять процентов? Нажал на кнопку, чтобы посмотреть, что за обувь. Однако искушение выгодно приобрести вещи совершенно мной не овладевало. «Сумасшествие! – Изменения пугали. – Ведь я всегда хотел купить себе хоть что-нибудь!»

Я знал себя лучше, чем кто-либо на этой планете, поэтому придумал последний тест. Если не подействует и он, придется идти к врачу. Должно же было существовать медицинское объяснение моему состоянию!

СУПЕРМАРКЕТ

Приближалось Рождество. Маркетологи словно с ума сошли, покупатели – тоже. Я сел в машину и отправился в местный супермаркет. В голове крутилась мелодия из фильма «Миссия невыполнима». Когда заехал на парковку, увидел, что машин тьма. Ближайшее свободное место – за милю от входа. Обычно в таких случаях я разворачивался и ехал домой, но на этот раз огромное скопление машин не раздражало меня. Я не злился, не разочаровывался, никого никуда не посылал. Какой-то зевака чуть не врезался в меня сзади, но я не обругал его. Мой средний палец, который обычно срабатывал в таких случаях, теперь знал свое место. Я припарковался возле «Тимбукту» и вошел внутрь.

Сканировал эмоции. Трение и напряжение исчезли. Кислое выражение лица – тоже. Не возникло даже желания войти и выйти побыстрее. Я спокойно шагал, обходя напористых рождественских шоперов. Мне было все равно. Я все ждал, когда же проснется одно из давних чувств, которое обычно давало о себе знать в подобных обстоятельствах, но было тихо.

Зашел в «Волмарт». Вокруг – хаос. Километровые очереди, скрип тележек, напряженные лица заполнили все пространство. Каждый, кто сунулся сюда в преддверии Рождества, был слегка не в себе. И снова внутренний голос зазвучал мелодией из «Миссия невыполнима». Так вот в чем дело! Это же самая надежная проверка! Я ненавидел очереди и толпы людей, страдал из-за своей нетерпеливости. Старое «я» никогда бы не выжило в такой обстановке без вспышек гнева, раздражения или возмущения. Вокруг царила идеальная атмосфера для проявления моей прошлой натуры. Суета напоминала психбольницу, наполненную колоритными фигурами, проявляющими творческие способности, чтобы урвать нужный товар.

Дети с дикими криками носились по торговому залу и едва не сбили меня с ног. Тележки со скидочным товаром скрипели во всех углах. В ушах звенело от страдальческих голосов, которые выказывали разочарование и стресс. Какая прекрасная среда для провокации! Но я уже не думал: «Слышь, ты, заср….!», «Уступи место страшим, болван!», «Сейчас сам в рожу получишь!».

Несколько минут я ждал. Эмоционального взрыва не случилось. Пришлось признать, что я справился с первой частью испытания, поэтому перешел ко второй. Схватил самое дешевое, что подвернулось под руку, – блок жевательной резинки. Очередь была такая длинная, что большинство не видело кассира, а последний покупатель болтался где-то в торговом зале. Толпа напоминала череду коров, пытающихся втиснуться в хлев. В обычной жизни у меня бы поднялось давление, но сейчас, очутившись в самом центре бесконечной очереди, я стоял спокойный, как удав!

Я не сжимал кулаки и челюсти. Зубы не скрежетали. Не ощущал ненависти к присутствующим, обжимавшим меня со всех сторон. От удивления я рассмеялся! Естественный смех перерос в почти истерический и это начало раздражать остальных. «Не обращайте внимания!» — сказал я, улыбаясь в ответ на гневные взгляды в мою сторону. Однако мужчина, стоявший неподалеку, внимание все-таки обратил. Он развернулся, нахмурил брови, сжал губы и впился в меня убийственным взглядом. Но с меня — как с гуся вода!

Постояв так в очереди с полчаса, я вышел со своей жевательной резинкой на улицу и сел в машину. Гармония в моей душе в который раз сбивала меня с толку, я все еще не понимал, что происходит. Раньше я вообще не контролировал себя, когда сталкивался с грубым поведением в различных мелких ситуациях. Теперь все изменилось. «Куда исчезли нетерпение и нехватка самоконтроля?»

Я ехал домой, пребывая в трансе, и обдумывал свои последние наблюдения. Несколько последних дней оказались самыми необычными в моей жизни. Разум искал медицинское объяснение такому поведению и анализировал каждую деталь. «Изменилась сама природа моего существования», — говорил я себе. Религия, чувства, эмоции, желания и даже самые глубокие стремления души не способны породить такие трансформации. Я во что бы то ни стало должен поставить себе точный Диагноз. Я ведь сам лечу других!

Глава X

ДИФФЕРЕНЦИРОВАННЫЙ ДИАГНОЗ

Наконец я вернулся домой. Руфь смотрела телевизор с детьми.

— Дорогой, где ты был? — спросила она.
— Ездил в «Волмарт».
— Что купил?

Я заколебался и ответил не сразу.

— Блок жвачек.
— Блок чего? — удивилась жена.
— Это долгая история.
— Грэг, ты на себя не похож. Что с тобой? В последнее время ты притих, стал приветливым, начал общаться со мной. Я заметила, что ты постоянно уединяешься. Не понимаю, в чем дело?
— Со мной все хорошо, Руфь. Просто о многом думаю сейчас. Я пойду в кабинет, еще немного поработаю.

Жена заметила изменения, но она и не догадывалась, что переживает ее муж. Я не готов был рассказать ей все. Наконец, хотел поставить себе точный диагноз и хорошо все обдумать наедине, прежде чем рассказывать подробности. Зашел в свой «бункер» и сел в кресло. Достал листок бумаги и ручку, положил на стол.

Во мне проснулся аналитик. Я взялся за дело, как брался за обследование пациентов, — чисто с медицинской точки зрения. В медицине выяснение диагноза начинается с подробного изучения истории болезни. Врач должен ознакомиться с признаками, симптомами и обстоятельствами заболевания. Следующий этап — комплексное медицинское обследование, цель которого — собрать дополнительные сведения, которые помогут установить общий диагноз. После изучения истории болезни и медицинского обследования формулируют точный дифференцированный диагноз — перечень возможных причин возникновения симптомов у пациента. Наконец назначают узкоспециализированный диагностический тест с целью установить как можно более точно причину заболевания.

Парадоксальным образом я стал пациентом у самого себя. Как пациент я должен был пройти через все этапы диагностики, чтобы выяснить, что со мной случилось на самом деле. Новое самочувствие и новые симптомы были слишком личными, чтобы доверить их постороннему специалисту. Я откровенно боялся, что коллега либо не поверит, либо подумает, что я потерял рассудок, и пожалуется в Американскую медицинскую ассоциацию. Итак, я самостоятельно прошел каждый этап диагностики, записывая все результаты и открытия, возникшие у меня в голове. Начал с истории, признаков и симптомов болезни.

ИСТОРИЯ, СИМПТОМЫ И ПРИЗНАКИ БОЛЕЗНИ

Первые симптомы возникли непосредственно после эмоционального всплеска, который я пережил ночью. Сначала меня окутал мир, который невозможно было объяснить. Потом я почувствовал невероятное внутреннее наполнение и наслаждение жизнью. На это состояние внешние обстоятельства никак не влияли. Целостность моей личности уже не зависела от других людей или материальных ценностей. Пустота, одиночество и ощущение тщетности бытия исчезли без явных причин. Меня переполняла радость от каждого прожитого дня даже тогда, когда не было оснований чувствовать себя приподнято. Когда-то мое счастье зависело от долгожданных событий или материальных благ, которыми стремился завладеть. Теперь я постоянно чувствовал удовлетворение, и оно не исчезало. Желание все время приобретать разные вещи куда-то ушло. Радость и мир, наполнившие душу, вытеснили жажду наживы.

Постоянный стресс, психологическое давление, заботы, тревоги, сопровождавшие меня всю жизнь, исчезли. Отношение к людям изменилось. Исчезли цинизм и печаль. Вместо депрессии, ощущения собственной ничтожности и раздраженности появилось чувство невероятного спокойствия.

Утром я заметил, что теперь могу терпеть окружающих. Меня больше не выбивали из колеи напряженные ситуации. Ощущение свободы постепенно переросло в искреннюю, неподдельную любовь к людям, которые раньше раздражали. Я не лез из шкуры, чтобы относиться к ним приветливо и вежливо. Чувства были открытыми и настоящими. Казалось, что мне трансплантировали новое сердце. Я хотел жить правильно даже ценой дискомфорта. Давняя привычка раздражаться на других, унижать, ругать и критиковать отошла в небытие. Единственное, что волновало больше всего — куда исчезли негативные импульсы из прошлого?

Я почувствовал невероятную любовь к Руфи и детям. Чувство было новое и глубокое, оно наполняло смыслом каждую минуту моей жизни. Я осознавал, что пренебрегал семьей и эгоистично игнорировал все ценные минуты. Мне стало горько за прошлое, я захотел измениться и стать достойным человеком, лучшим отцом. Семья теперь интересовала меня больше, чем собственное эго. Я раскрыл тайные мотивы, которые скрывались за моими эгоцентричными и лукавыми поступками.

Раньше я скупо делился своей жизнью с другими и также скупо пользовался ею сам. Внешне производил впечатление порядочного человека, но в глубине души руководствовался «нарциссизмом». Прибегал к хитростям и манипуляциям, чтобы получить что-то выгодное для себя или протолкнуть свои идеи. Я жадно брал от жизни все, чего хотела моя плоть. Достигал своих целей за счет других. Все вращалось вокруг моей персоны.

Именно эта эгоцентричная часть моей бывшей сущности, казалось, спрятала голову в песок. Впервые в жизни я расстроился из-за осознания своих эгоистических мотивов, которые обычно роились в моей себялюбивой душе. Я понимал, что мои поступки неправильны, но все равно их совершал. Дело не только в поведении. Им я мог управлять. Речь шла о моем внутреннем мире. Однако сейчас какая-то невидимая сила подняла мой дух над ничтожностью эгоизма, и я не мог объять это своим умом.

В тот же вечер я вернулся домой и провел время с женой и детьми, вместо того чтобы лежать перед телевизором или сидеть за компьютером. Раньше я, если и общался с семьей, то только для того, чтобы включить образцового отца и набрать необходимое количество бонусов у детей. Теперь все изменилось. Общаться стремилось мое сердце.

Мне всегда было трудно признавать свои ошибки. После радикальных внутренних изменений, произошедших буквально за одну ночь, я все равно был далек от идеального человека. Время от времени возникали недобрые мысли, я не всегда действовал правильно. Но внутри появилось что-то прекрасное, что влияло на всю мою жизнь. Это вовсе не означало, что проблемы исчезли. Но разница между прошлым и настоящим заключалась в том, что теперь я правдиво видел и признавал свое плохое поведение. Раньше я даже слышать не хотел о том, что оно кого-то не устраивает, наоборот, я гордился своей надменностью. Однако сейчас, когда говорил или поступал неправильно, ощущения были такие ужасные, что не давали мне покоя, пока не исправлю ситуацию. Казалось, что-то внутри все обо мне знает, поскольку обычно ужас исчезал тогда, когда я просил прощения. Мне значительно легче стало говорить «прости» или «извини меня, пожалуйста», хотя раньше я крайне редко употреблял эти слова.

Самой большой загадкой оказалось исчезновение всех бранных слов из моего лексикона. Когда-то я употреблял их налево и направо в разнообразных комбинациях... Раньше сыпал руганью автоматически, а теперь она не срывалась с языка даже в стрессовых ситуациях. Такие революционные признаки и симптомы появились неожиданно, в один день.

Я не чувствовал себя слабым, уставшим или хронически больным. Наоборот, моя энергия и общее физическое состояние только улучшились. Не наблюдалось признаков умственных отклонений, когнитивных проблем, странных мыслей или ненормального поведения, только позитивные изменения. Они не были связаны с употреблением медицинских препаратов. Ведь единственные лекарства, которые были у меня на случай приступов мигрени, употреблялись по назначению. Никуда в последнее время я не уезжал, на меня не оказывали воздействия химические вещества или повышение адреналина в крови вследствие экстремальных ситуаций. Я не употреблял наркотиков или сомнительных травяных смесей. Никто в семье или на работе не жаловался на подобные симптомы.

Единственным отличием от привычной жизни был усиленный интерес к Библии и к Иисусу Христу. Я часами исследовал Святое Писание в поисках ответов на каждый вопрос, возникавший относительно его корректности. И что самое интересное, возникновению симптомов предшествовало решение стать христианином.

В ночь, когда произошло внутреннее преображение, я пережил эмоциональное освобождение и впервые в жизни обратился к Богу, моля о помощи и прощении. То был момент, когда я честно посмотрел на свою сущность и признал собственные грехи. Я сознательно поверил в то, что Бог явил Себя в Иисусе Христе, Который умер за мои грехи на кресте. Невидимый камень упал с моих плеч, а свое состояние я сравнивал с айсбергом, который растаял.

После искренней молитвы у меня появилась связь с Богом. Сначала я не понимал этого, так как всему искал естественное объяснение. Списал все на эмоции из-за чрезмерной заинтересованности религией. В тот вечер я заснул, как ребенок, впервые за много лет. А на следующее утро уровень симптомов зашкаливал.

Признаки не были временными и длились беспрерывно неделями. Они не усиливались и не ослабевали. Просто были стабильными. Ощущение мира и покоя не возникало время от времени, а пребывало со мной постоянно. Симптомы были уникальными, поскольку я никогда не ощущал раньше ничего подобного.

В профессиональной среде человек у всех на виду, поэтому не удивительно, что коллеги разглядывали меня, как под микроскопом, в унисон твердя, что я изменился.

МЕДИЦИНСКОЕ ОБСЛЕДОВАНИЕ

Следующий этап – диагностика физического состояния пациента, непосредственное обследование его тела с целью выявить типичные признаки заболевания. Дома в шкафу я хранил запасной набор медицинского инструментария и приборов на случай экстренного вызова.

Результаты обследования показали, что тело функционирует нормально. Я обследовал сам себя, чтобы лишний раз не привлекать внимания коллег и не пугать их. Проверка пульса, температуры, сердцебиения указывали на нормальное состояние организма. Лимфоузлы не увеличены, щитовидка – в норме. Сердце и легкие – без отклонений, кишечник – в полном порядке. На коже не оказалось ни сыпи, ни каких-либо других повреждений. Сделанное самостоятельно неврологическое обследование свидетельствовало о нормальном состоянии нервной системы. Рефлексы, способность балансировать и другие тесты на реакции мозга не выявили никаких аномалий.

РАЗНООБРАЗИЕ ПРОВЕРОК

Итак, физический осмотр свидетельствовал о нормальном функционировании моего организма. Я действительно боялся показываться на глаза семейному врачу. Если бы он услышал мои «жалобы», то подумал бы, что у коллеги-пациента не все дома. Поэтому я не стал обращаться к нему за направлением на анализ крови или ультразвуковое обследование. Хотя МРТ помогло бы обнаружить тромб в мозгу, если бы он там был, но пока что томография была лишней.

До этого момента я проверял все симптомы на репродуктивность и постоянство. Такой возбудитель болезненного состояния как, например, супермаркет помог выявить несколько специфических признаков. Во-первых, во мне увеличилось терпение, а это вовсе не характерное для моей персоны качество. Во-вторых, километровые очереди и оголтелые покупатели, вскочившие в магазин в последнюю минуту перед Рождеством, не вызывали у меня никаких негативных реакций. Злость, ненависть, разочарование и нетерпение не проявлялись даже в стрессовых ситуациях!

В процессе обследования я выяснил несколько нюансов. Главный «нюанс» заключался в эгоизме. Мое нетерпение было ничем иным, как проявлением моей эгоцентричной сущности! «Я особенный, поэтому не должен здесь ждать!» — Эго всегда требовало немедленного и исключительного обслуживания. Гнев, разочарование, ненависть и нетерпение — типичный букет характеристик, которые несла в этот мир моя эгоцентричная личность. Я ненавидел людей, которые маячили передо мной в очереди, так как они вынуждали мое величество ждать. Эгоцентризм очень быстро порождал разочарование и злость, если мне немедленно не подавалось на тарелочке с голубой каемочкой то, чего я требовал. Я прозрел: целый ряд негативных качеств моей личности врастал корнями в нарциссизм, который требовал, чтобы все вращалось вокруг моего «я».

Следующая проверка моего преображения касалась взаимоотношений с соседом, которого я раньше недолюбливал. Вопреки надменности в прошлом, я ощутил симпатию и интерес к нему. Такая же ситуация была и с другими людьми, которых раньше я терпеть не мог. Результат испытания, которое устроила мне противная старуха, требуя исполнить целый ряд ее условий, вообще побил все рекорды. Да, в моей душе родилось добродушное отношение к людям, что было не свойственно мне раньше. Я полюбил людей, не прилагая к этому особых усилий. Раздражающие особы или ситуации больше не нарушали мой внутренний покой.

Отдельного внимания заслуживало желание выругаться из-за всякой мелочи, которая мешала спокойно жить. Я ударился головой об стол, потерял кошелек, посмотрел позорную игру любимой команды. Но ни одна из этих ситуаций не спровоцировала меня на брань, как это обычно бывало в подобных обстоятельствах.

Мир, покой, беззаботность и искреннее удовлетворение жизнью, которое я ощущал всем естеством, наполнили мою действительность. Крики детей, надоедливые медсестры, невоспитанные водители, пытающиеся подрезать на дороге, так и не смогли спровоцировать меня назло в ответ.

Я все проверял и проверял на крепость свою трансформацию, но она не провалила ни одного экзамена. Каждый тест лишь еще больше подтверждал, что я стал новым человеком.

Даже покупка товаров через Интернет не пробудила во мне ни малейшего желания гнаться за новинками и скидками.

Что же, настало время проанализировать результаты своих наблюдений. Я спустился по лестнице вниз, по привычке смолол себе кофе, чтобы поработать до позднего вечера, и закрыл за собой двери. Жена и дети спали крепким сном. Я прихватил старый учебник по медицине, собираясь сверить некоторые данные.

АНАЛИЗ СИМПТОМОВ

Сложность постановки диагноза заключалась в том, что все изменения, произошедшие со мной, были желанными. Однако я должен был обследоваться, чтобы выяснить истинную причину, которая привела к кардинальному улучшению самочувствия.

Начал я с тщательного изучения симптомов. Записал все на листочек и разбил на две категории: новые, которые появились неожиданно, и старые, так же неожиданно исчезнувшие.

Дело ведь не только в отсутствии плохих черт, но и в появлении новых, позитивных. Я не рассматривал жизнь через призму симптоматики, пока не начал обследовать сам себя. Всегда считал, что такие жалобы больных, как обеспокоенность, тревожность, гнев, внутренняя пустота были закономерными. Поскольку негативные проявления исчезли, я должен был зафиксировать те, которые возникли на их месте. Ведь на заболевание указывают одни и те же симптомы, проявляющиеся в течение длительного времени. Соответственно, отсутствие этих симптомов указывает на признаки выздоровления.

Теперь я должен был распутать головоломку, так как типичных жалоб на состояние здоровья у меня не было, а только симптомы, кажущиеся парадоксальными.

Я записал каждый аспект, моей жизни, подвергшийся изменениям. Поразмыслив над списком, разбил его еще на две категории: симптомы, касающиеся других, и симптомы, касающиеся лично меня. Для удобства подытожил данные в таблице, чтобы проследить степень влияния симптомов (см. ниже).

I. Симптомы, касающиеся меня	
Старые симптомы, которые исчезли:	**Новые симптомы, которые появились:**
Ощущение внутренней пустоты, тщеты, недовольство, ненасытность, разочарование в жизни	Мир, ощущение полноценности, удовлетворения, целостности и стабильности
Одиночество, отчаяние	Любовь, мир
Ничтожность, депрессия, апатия, цинизм	Радость
Тревога, волнение, внутреннее напряжение, психологическое давление	Мир, покой
Нетерпение, требовательность, отсутствие толерантности	Терпение
Жадность, жажда внимания других, привычка закрывать глаза на свои недостатки.	Милосердие (способность делиться с другими), душевный мир
Негатив, пессимизм	Позитив, оптимизм

II. Симптомы, повлиявшие на мое отношение к другим	
Старые симптомы, которые исчезли:	**Новые симптомы, которые появились:**
Злость, нетерпение, раздражительность, взрыв эмоций по мелочам	Радость, самоконтроль
Черствость, жестокость, равнодушие, обидчивость, резкость, безрассудство	Добродушие, забота, внимательность
Ненависть, презрение, зависть, ревность, отвращение, надменность, снобизм, унижение, насмешки, умаление авторитета других, глумление, грубость, отсутствие любви, недружелюбие, антагонизм, вражда, навязчивость, непрощение, сплетни	Любовь
Неблагодарность, неспособность ценить других и позитивно к ним относиться	Доброта
Горечь на сердце, грусть, раздражение	Готовность взаимодействовать, создание приятной атмосферы общения
Упрямство, своенравие	Любовь
Гордость, постоянная борьба с другими, стремление доказать свое превосходство	Смирение, отсутствие стремления доказывать свое превосходство, желание наслаждаться присутствием других
Всего разных симптомов: 62	**Всего разных симптомов: 16**

Анализируя таблицу симптомов, я сразу же заметил, что старые проявления были губительными для меня, а новые – полезными. Невооруженным глазом было видно, что старых имелось довольно много, и они существенно усложняли жизнь. Вместо шестидесяти двух проявлений прежнего поведения появилось только шестнадцать новых, которые ощутимо облегчали мое психологическое состояние.

Например, когда я чувствовал себя скверно, меня съедала депрессия, сплошной негатив, я злился, был нетерпеливым и несчастливым, весь этот «букет» вытесняло лишь одно чувство: радость! Чрезмерные переживания и волнения, тревогу, внутреннее напряжение, разочарование, одиночество, душевную пустоту, неудовлетворение и неуверенность заменило чувство неописуемого мира, который был превыше всякого разумения. Таким образом, каких-то два новых симптома очистили организм от огромного количества разрушительных эмоций!

Я никак не мог не осознать всего, что со мной случилось. Ведь перечень указанного в таблице – не теория, а реальное отображение моей жизни. Кроме общения с людьми существовало множество сфер, где я вел себя неправильно и наполнял свою действительность негативом. Однако новые симптомы облегчали мне жизнь! Мир, окутавший мою душу, происходил из сознания, которое дышало свободно и легко и благодатно влияло на отношение к миру.

Выводов на основе информации, отображенной в таблице, напрашивалось немало. Я размышлял около получаса в поисках ответов. Головоломку составляли симптомы, упорядоченные по принципу сходства, чтобы создать единую картину. Я видел фрагменты, однако не спешил их соединять, поскольку хотел понять принцип их связи между собой.

Со старыми симптомами я жил десятки лет, а с новыми только две недели. Очевидно, исчезновение старых проявлений прямо связано с появлением новых. Должен был существовать ключик к разгадке всей головоломки.

ОПРЕДЕЛЕНИЕ СИМПТОМОВ

Сердцевину старых симптомов составляла первая группа признаков в таблице. Душевная пустота, ощущение бесполезности, мысли о бесплодности жизни стали движущей силой всех негативных симптомов, влияющих на мой внутренний мир, а также на отношения с людьми. Это было ядро, вокруг которого вращалось все остальное. Я даже создал диаграмму, чтобы проследить связь и взаимодействие между симптомами. Теперь фрагменты головоломки идеально складывались в одно целое.

Бесплодность и внутренняя пустота заставляли гнаться за всяким товаром поощрять жадность и считать, что материализм и жизненный опыт – лучшие лекарства для души. Накапливание вещей, однако, требовало немалых финансовых затрат. Это подталкивало к карьерному росту и самосовершенствованию. Если у меня есть хорошая работа с высокой зарплатой, то я могу покупать вещи, которые мне нравятся, наслаждаться ими и заполнять внутреннюю пустоту, размышлял я. Как только цель достигалась, я сразу разочаровывался, раздражался, грустил, поскольку «нажитое непосильным трудом» не давало моему сердцу того, чего оно так жаждало. Гонка за материальным разжигала желание большего, лучшего, еще более масштабного, что только усложняло мои блуждания по кругу.

Тяга к «большему, лучшему, более масштабному» в материальном мире требовала все больше и больше денег, ведь без них не купишь благ цивилизации и не получишь наслаждений. Но ни разу материальные ценности не удовлетворили мою душу и не ответили на ее стремления. Вследствие этого ощущение тревоги, разочарования и ничтожности во мне усиливалось. Вокруг меня закручивалось колесо, стремительно набирая обороты. Я попал в цикличность ожиданий и разочарований, в которой вращались увлечения, отпуска, автомобили, кино, одежда, сексуальные пристрастия, интерес к светской жизни. Все это прямо или косвенно проистекало из ощущения опустошенности или нереализованности. Я никогда раньше не осознавал этой связи.

Бесконечный и бессмысленный процесс наполнения опустошенной чаши моего сердца фальшивками этого мира усиливал эгоцентризм и жалость к себе. Это порождало внутреннюю твердыню, черствость сердца и полное равнодушие к жизни других. В моей душе не было времени, энергии и места для других. Там царило лишь мое собственное эго.

Как только я начал понимать эту причинно-следственную связь, меня окутал страх, беспокойство и тревога. Наконец-то я был готов смотреть в корень проблемы. Моя направленность на заполнение жизненной чаши самоудовлетворением, самоусовершенствованием и потаканием себе жгла, как лютый огонь, который постоянно требовал жертвы. Чем больше я кормил ненасытное пламя, тем сильнее оно разгоралось. Если с моим здоровьем, карьерой или финансами случится беда, я не смогу прокормить всепоглощающий огонь, и тогда откроется вся правда о моей внутренней пустоте. Я должен был бы посмотреть правде в глаза и признать свое разочарование жизнью вопреки материальному благополучию. От осознания реальной картины своего внутреннего мира меня охватил страх. Огонь не угасал, а я подбрасывал все новые поленья суеты, отвлекался от реальности, чтобы только не видеть огромную пропасть моего сердца.

Порочный круг и его ускоряющееся вращение усиливало внутреннее напряжение, цинизм и печаль. Всю жизнь я работал не покладая рук, чтобы только добраться до вершины. Но в последний момент выяснилось, что на финишной прямой я оказался в более ничтожном состоянии, чем в начале марафона. Все, чего я достиг, не увлекало по-настоящему и не заполняло душевный вакуум. Я с нетерпением ждал подарков, которые планировал преподнести сам себе, но как только они попадали мне в руки, экстаз тут же бесследно улетучивался. Результат успеха был парадоксальным – осознание собственного ничтожества.

Такое внутреннее состояние, соответственно, влияло и на отношение к другим. Все негативное, что я подмечал в других, на самом деле рождалось из ощущения моей собственной ничтожности. Злоба, несдержанность, сарказм были плодами внутренних мук, которые выливались на окружающих. Я топтал их жестокостью, ненавистью, критиканством, лишь бы самому пробиться вверх. Соперничество и гордость заставляли сравнивать себя с другими, превосходить их и ощущать свое превосходство. Это заглушало внутреннюю боль. Таким образом, я постепенно складывал эту головоломку. Корнем целого дерева проблем была душевная пустота.

В процессе диагностики я довольно легко выяснил причину возникновения и развития заболевания, которое с годами превратило меня в монстра. Появление новых симптомов пролило свет на старые. Теперь их хорошо было видно. Если все плохое в моей жизни происходило из незаполненного душевного вакуума, то корнем всего прекрасного оказалось новое состояние, в котором я постоянно пребывал. Это состояние возникало из ощущения внутренней наполненности, удовлетворения и целостности личности. Оно разорвало замкнутый круг, прежде чем начало развиваться во мне. Диаграмма проиллюстрировала, каким образом замена одного корня другим влияет на все остальное на личностном и межличностном уровнях.

Теперь, с радостью и миром в сердце, я избавился от потребности гнаться за вещами, признанием, богатством или острыми ощущениями. Чувство полноценности вытеснило прочь разочарование, горечь и ощущение своей ничтожности, которые вызывали депрессию. Я разорвал порочный круг, оковы, которые раньше связывали мое время и жизненные силы, спали. Ненасытное пламя скупости, жадности и потакания своей плоти, наконец, погасло. Больше мне не придется подпитывать его. Бремя сброшено, напряжение снято. Новые симптомы радикально облегчили мне жизнь буквально за две недели.

Внутренняя приподнятость, которая присутствовала теперь в моей жизни независимо от ситуаций и которую я считал настоящей радостью, повлияла и на мои отношения с людьми. Эта радость имела свойство накапливаться внутри и изливаться на тех, с кем я общался. Теперь уже не было надобности выдавать себя за кого-нибудь другого, производить впечатление на окружающих, уничтожать оппонентов на своем пути, выпячивать свои таланты и зацикливаться постоянно только на себе. Свобода царила в моем сердце такая, что я начал интересоваться жизнью других, особенно жизнью Руфи и детей. Спокойствие и душевная удовлетворенность, наполнявшие душу, моментально отсекли негативную составляющую моей сущности.

Фрагменты головоломки, наконец, сложились в целую картину. Я собрал их вместе, благодаря диаграмме связей между всеми прошлыми симптомами (см. ниже).

Собственное «Я»

Эта иллюстрация раскрыла суть старых симптомов. В детстве я сортировал пазлы по определенному признаку, чтобы сложить потом всю картинку. Теперь передо мной развернулась полная картина моего сердца. Диаграмма указала на корень проблемы, из-за которой учащалось сердцебиение в разных жизненных ситуациях. Симптомы влияли на отношения, мотивы, стремления, мысли, чувства, эмоции, совесть. Каждый аспект жизни, личности и характера изменился. Это означало, что у меня появилось новое сердце с тех пор, как я проснулся новым человеком. Как такое возможно? Медицинский диагноз должен был бы дать ответ на этот вопрос. Однако внутренний голос подсказывал, что вряд ли найдется медицинское объяснение феномену моих внутренних трансформаций. Поиски истины продолжались.

ВЫВОДЫ

Я составил перечень возможных диагнозов. Включил в него даже такие, в которые верилось с трудом, но этого требовал объективный подход. В дифференцированный диагноз входило следующее: психическое расстройство, эйфория после эмоционального срыва вследствие самовнушения, гормональный дисбаланс вследствие эндокринного заболевания, рак головного мозга.

Предположение о возможном психическом расстройстве не выдерживало критики, поскольку все когнитивные функции, мышление, чувства, поступки отвечали нормам здравого человека. К тому же, я не демонстрировал неадекватного поведения, чрезмерной возбужденности или гиперактивности (что характерно для людей с маниями или фобиями). Моя речь не была хаотичной, неконтролированной или фрагментарной (что свойственно психически больным людям).

Самовнушенная эйфория имела все шансы претендовать на то, чтобы стать диагнозом, однако это предположение разбилось об анализ симптомов. Я вынужден был признать, что преображение моей души не находилось в моей компетенции и произошло помимо моей воли. Ощущения, эмоции, реакции (например, гнев) тесно связаны с нервной системой и умственной деятельностью, на которые влияют химические элементы и гормоны. Как врач я хорошо знал, что радикальное изменение поведения вытекает из изменений в функционировании мозга и нервной системы, а также из химических процессов во всем организме. Оно произошло на молекулярном и клеточном уровнях. Мне нужен был такой диагноз, который объяснял бы внешние и внутренние симптомы, а также химические процессы и нервную активность организма.

Препараты, алкоголь и другие вещества, которые могли повлиять на настроение и вызвать ощущение спокойствия и релаксации, действовали на клеточном уровне. Именно поэтому в начале исследования я допустил возможное влияние лекарственных препаратов или инородного вещества. Идеально подходил валиум, однако я не употреблял это лекарство. Проверил рецепт и возможное побочное действие таблеток от мигрени. Оказалось, они не могли привести к личностным изменениям. К тому же, рецепт был точный, медикаменты никто не перепутал.

Если изменения не зависели от воздействия внешних факторов, влияющих на функционирование организма, то следующим объектом исследования становились внутренние факторы. Они также вызывали больше вопросов, нежели ответов в связи с неожиданным наплывом эмоций и переживаний. Эмоциональные и психофизические симптомы могли указывать на заболевания слизистой оболочки, щитовидной или надпочечной желез, однако они не могли возникнуть так неожиданно и с таким сильным эффектом. Предположение о влиянии гормонов, связанных с раковым заболеванием, не подтвердилось так же, как и гипотеза о действии других веществ. Они никоим образом не могли объяснить проявления искренней любви к людям, которых я раньше не воспринимал. «К тому же, – улыбнулся я, – существует ли в мире хоть один препарат против нецензурных слов?»

Предположение о раке головного мозга отпало по тем же причинам. У меня не было никаких жалоб на типичные боли или неврологические проблемы.

В конце концов я пришел к выводу, что диагноз до сих пор не установлен и ни одна из версий не подтвердилась. Что дальше? В моей душе поселилось что-то прекрасное. Если верить христианской терминологии, то я получил «новое сердце», но я никак не мог понять, откуда именно оно у меня взялось. Я снова оказался беспомощным в своих попытках объяснить преображение своей души.

Глава XI

ПРЕДВАРИТЕЛЬНЫЙ ДИАГНОЗ

Было одиннадцать часов вечера. Все спали, а я находился в своей комнате на втором этаже. На улице не было ни души.

Я любил свою профессию, поскольку благодаря ей прекрасно знал строение тела человека. Но была одна проблема: я не мог поставить диагноз себе! Это озадачивало и не давало мне покоя. Я устал и хотел спать, но чувствовал, что чего-то не хватает.

Меня поражали симптомы, которые складывались в единую картину, хотя диагноза я все еще не установил. Решил поразмыслить над этим вопросом до полуночи и поставить точку. Я вернулся к основам медицинской диагностики, в которой важную роль играет история болезни. Еще раз проанализировал все обстоятельства, сопровождавшие меня с самого начала возникновения симптомов, — вдруг чего-то не учел?

«В последний раз я был «нормальным», когда, как всегда, собирался отдохнуть после рабочего дня. В тот вечер я в слезах обратился к Богу. С тех пор все изменилось», — вспоминал я. Библия и христианство — единственный новый фактор, над которым размышлял накануне. Правда, я не учел эти детали в дифференцированном анализе. Что ж, решил взять Библию и немного почитать. Я впервые листал ее страницы после появления новых симптомов, которые не покидали меня уже две недели. Вслепую ткнул пальцем в Новый Завет и попал на шестую главу Послания Павла к римлянам. Начал читать.

Сразу обратил внимание на то, что Библия теперь казалась мне намного четче, понятнее и интереснее, чем это было раньше. Когда-то библейский текст казался мне далеким от реальной жизни. Теперь я ощущал, как понемногу начинаю понимать его. Слова словно оживали и приобретали смысл. Я сравнивал написанное с моей собственной жизнью и вынужден был признать, что текст Писания значительно расширял мой кругозор. Кроме новых симптомов появились и новые впечатления, напоминавшие день, когда я впервые надел очки и, наконец, смог хорошо видеть и читать, поскольку каждая буква стала четкой и понятной. Не верилось, что я увлеченно читаю Библию и не могу остановиться.

Послание к римлянам заинтриговало меня не на шутку. Апостол учил о том, что происходит с человеком после обращения в христианство. «Древний человек» (бывшее эгоцентричное «я») умерщвлен, поскольку христианин «освобождается от греха». Я стал читать дальше, потому что отрывок из Послания хорошо иллюстрировал мою ситуацию. Оба тезиса напрямую касались моей личности. Я действительно ощущал свободу от греха после того, как пережил кардинальные изменения. Капризное «я» исчезло в неизвестном направлении, если не сказать больше. На прошлой неделе я лично убедился, что жизнь изменилась. Хочешь не хочешь, но напрашивался вывод, что прежний сорвиголова Виман отбросил копыта и ушел в небытие. Апостол Павел подробно осветил эту концепцию, акцентируя на том, что после обращения к Богу мы «распяли со Христом» свою бывшую природу, а наша настоящая личность «воскресла, чтобы жить в обновлении жизни». Мысль довольно нестандартная, думал я и восхищался тем, насколько четко она объясняла симптомы этой самой «обновленной жизни». Но что именно имел в виду Павел? Ответил ли он на мой вопрос?

Сердцебиение участилось, ладони вспотели. Казалось, меня ждет что-то новое. Прочитанные строки описывали мой недавний опыт. Я дочитал до следующей главы в поисках более подробной информации. Итак, в Иисусе Христе содержится ответ для тех, кто осознал существование греховной составляющей, которую мы не в состоянии контролировать. Концепция апостола объясняла и мои симптомы, вот только я, пока не дошел до восьмой главы, не совсем понимал, каким образом Иисус влияет на мою повседневную жизнь.

В ней апостол рассказал о том, что в христианине живет Дух Божий. Павел даже заявил, что истинный христианин есть тот, «кто имеет Духа Христова». Этот отрывок я прочел несколько раз: «Но вы не по плоти живете, а по духу, если только Дух Божий живет в вас. Если же кто Духа Христова не имеет, тот и не Его. А если Христос в вас, то тело мертво для греха, но дух жив для праведности. Если же Дух Того, Кто воскресил из мертвых Иисуса, живет в вас, то Воскресивший Христа из мертвых оживит и ваши смертные тела Духом Своим, живущим в вас. Итак, братия, мы не должники плоти, чтобы жить по плоти; ибо если живете по плоти, то умрете, а если духом умерщвляете дела плотские, то живы будете. Ибо все, водимые Духом Божиим, суть сыны Божии. Потому что вы не приняли духа рабства, чтобы опять жить в страхе, но приняли Духа усыновления, Которым взываем: "Авва, Отче!" Сей самый Дух свидетельствует духу нашему, что мы – дети Божии» (Рим. 8:9-16).

Что означала фраза о том, что Дух Божий живет в верующем человеке? Каким образом он в нем живет? Я нашел еще несколько стихов на эту тему, а также обнаружил следующий отрывок: «В Нем и вы, услышав слово истины, благовествование вашего спасения, и уверовав в Него, запечатлены обетованным Святым Духом, Который есть залог наследия нашего, для искупления удела Его, в похвалу славы Его» (Ефес. 1:13-14).

Последние строки я также перечитал несколько раз и попытался провести параллель со своей жизнью. Внимание привлекли слова «и в Него уверовали». Вот этот момент веры и показался мне самым значимым, именно в момент духовного прозрения христианин получает Духа Святого! Я размышлял о своем пути к христианству, чтобы найти в нем подсказку.

Сначала я поверил в Иисуса Христа умом, однако позже, буквально через неделю, я обратился к Нему всем сердцем. Впервые помолился, попросил прощения и изменения жизни. После интеллектуального признания корректности библейских доктрин я не ощутил существенных изменений, однако после искреннего покаяния и смирения перед Богом проснулся другим человеком. «Означает ли это, что теперь во мне живет Дух Святой? Возможно ли это вообще? Неужели христианство настолько реально? Неужели наполняет собой каждый земной день? Может, в этом и заключается объяснение моего преображения?» – спрашивал себя я. Сердце учащенно билось.

Я копал глубже и наткнулся еще на один отрывок, где Иисус говорил о Духе Святом:

«Если любите Меня, соблюдите Мои заповеди. И Я умолю Отца, и даст вам другого Утешителя, да пребудет с вами вовек, Духа истины, Которого мир не может принять, потому что не видит Его и не знает Его; а вы знаете Его, ибо Он с вами пребывает и в вас будет. Не оставлю вас сиротами; приду к вам» (Иоан. 14:15-18).

Библия уверяла, что я спасен, и что Дух Божий теперь пребывает во мне. Это перевернуло мое понимание ситуации. «Если спасение души производит такие изменения личности, то, может, именно в этом заключается ответ?», – подумал я. Таким образом, в попытках определить диагноз я наткнулся на нетрадиционный для медицины термин «спасение». Сначала я должен был понять, как он работает и на самом ли деле объясняет все мои симптомы. Что, вообще, означает понятие «спасенный»? Как человек становится спасенным?

Кроме этого, вырисовывался и другой фактор – Дух Святой. Иисус ссылался на Него как на реальную Личность. Вот это да! Как же Дух Святой мог пребывать во мне? Кто это вообще такой? Влиял ли Он на мои симптомы?

Время было позднее, все давно спали. Я так увлекся, что не хотел останавливаться, но глаза слипались от физической усталости. Лег в постель, но мозг работал на сто процентов, мысли и вопросы все еще бурлили в сознании. Я не мог дождаться завтрашнего дня. Казалось, меня ждало какое-то открытие, только тогда я еще не представлял, каким невероятным оно окажется.

Глава XII

ГРЕХ – БОЛЕЗНЬ

Следующий рабочий день был коротким. Когда он, наконец, закончился, я помчался в книжный магазин, чтобы найти литературу о Святом Духе. Не теряя ни минуты, сразу отправился в отдел духовной литературы. Долго искать не пришлось, поскольку я быстро наткнулся на книгу Билли Грэма, которая так и называлась: «Дух Святой» [69]. Я помчался домой, чтобы поскорее начать читать. Была обеденная пора, дети возвращались не раньше трех, жена поехала по делам, а я остался наедине. Поднялся в комнату и подвел итоги прошедшего дня, записав все ключевые тезисы в тетрадь перед тем, как начать читать новую книгу.

Меня интересовала конкретная информация, поэтому я пустил в ход навыки быстрого чтения, как в старые времена. В университете я обрабатывал массу профессиональной литературы и извлекал оттуда все самое важное. Несмотря на метод «сканирования», книга увлекла меня с первых строк. Я сразу же отрыл для себя несколько очень важных нюансов.

Мистер Грэм утверждал, что коренной проблемой человечества был грех. В христианстве статус «спасенного» человека не означал отсутствие греха. Я не совсем понимал значение понятия «грех», однако уловил ход мысли автора. Грех можно легко определить по поведению или неправильным действиям человека. Вылечить этот недуг мог только Христос. Если Билли Грэм был прав, то все, что случилось со мной, указывало на признаки лечения, а не заболевания. В таком случае я должен подойти к диагностике совсем с другой стороны!

Прежде чем произошло преображение моей души, я считал себя абсолютно здоровым и адекватным. Не удивительно, что в то утро, когда я проснулся новым человеком, немного испугался. Ведь новое состояние никуда не исчезло. Я засомневался, что со мной все в порядке. Изменения в поведении, личности и сознании указывали на признаки пока еще неизвестного заболевания. Все произошло неожиданно, радикально и без явных на то причин. Естественно, что первое, что я попытался сделать в данной ситуации, это поставить себе диагноз, опираясь на новые симптомы.

Однако Билли Грэм подходил к проблеме с другой стороны. Оказывается, я болел грехом всю свою жизнь, сам о том не подозревая. Поэтому симптомы, возникшие сразу после внутренних трансформаций, указывали не на болезнь, а на выздоровление благодаря Иисусу Христу! Оказывается, я ошибочно считал свое состояние «заболеванием», еще и исследовал его, хотя на самом деле это состояние было обычным для христианина. Конечно, не совсем ещё понимал духовную составляющую бытия.

Если грех подобен болезни, то с самого начала своего путешествия я был инфицирован ею, хоть и считал себя здоровым. В процессе поисков душа исцелилась, но признаки ее выздоровления показались мне отклонением от нормы. Я фактически игнорировал проблему греха, считая себя нормальным человеком. Ужас заключался в том, что я мог слепо верить в это до конца своих дней! К счастью, я выздоровел. Сверхъестественное исцеление моей души было за пределами разума. Если Билли Грэм прав, и грех таки является ключевой человечества, то вся концепция моего существования была ошибочной еще с детства. Я вынужден был посмотреть правде в глаза и дать справедливую оценку своей сущности. Далее я все четче осознавал, что все время страдал неизлечимой болезнью – грехом.

Диагностика задела два состояния, в которых может находиться душа человека: грех и спасение. Но возможно ли вразумительно объяснить эти два понятия? Я нашел некоторые ответы в книге Грэма. С тех пор, как начал исследовать христианство, накопал столько информации, что теперь она выливалась через край. После появления в моих размышлениях фактора греха, я должен был заново дать определение болезни, симптомам, лекарствам, механизму и результатам лечения. Четко очертив эти понятия, я смог бы применить их к моей ситуации и выяснить, способны ли они объяснить изменения в моей жизни.

ТЕЛЕСНАЯ И ДУХОВНАЯ ПРИРОДА ЧЕЛОВЕКА

Итак, первой болезнью, о которой было сказано в Библии и от которой я неосознанно страдал с момента появления на свет, был грех. Но что же такое грех? Его проявления четко прослеживались в моем прежнем поведении. Однако грех имел намного более широкое понятие, чем просто «грубое поведение».

С библейской точки зрения, человек имеет физическое тело (плоть), а также внутренние составляющие – душу и дух, которые существуют вечно. Таким образом, человек – это тело и дух. Тело – физическое, материальное, его можно ощутить при помощи касания. Оно дает нам возможность взаимодействовать с внешним миром. Дух и душа, как изложено в Библии, нематериальные и неощутимые физически, но являются источником и сферой пребывания нашей личности.

Неожиданно в голову пришла следующая аналогия. Физическое тело – это «железо» компьютера, его корпус, детали, в то время как дух и душа – это «софт», невидимое программное обеспечение, которое содержится в системном блоке. Детали компьютера – внешние, видимые – это физический «дом», который взаимодействует с миром (как наше физическое тело с окружающей средой). Дух и душа человека находятся внутри физического тела, точно так же, как программы, инсталлированные в память компьютера. Его внешняя оболочка ломается, повреждается и изнашивается так же, как изнашиваются наши тела. А вот невидимые программы не изнашиваются. Их вообще можно переустановить на новую компьютерную станцию, перенести в новое «тело»!

«Софт» содержит информацию и коды, которые заставляют компьютер функционировать. Точно так же дух и душа – источник мыслей, эмоций и самой личности человека. Наша внутренняя сущность руководит внешними действиями. Таким образом, истинный источник функционирования невидимый: для компьютера – программы, для человека – дух и душа. Коробка системного блока мертва без наличия программ.

Человек = тело (плоть) + дух, душа,
или (по аналогии с компьютером)
Человек = «железо» + «софт»

Разъяснений о внутренней составляющей человека, духе и душе, я не слышал ни во время горнолыжного отдыха, ни на острове Марко. До сих пор я не задумывался над этими понятиями. Напротив, теория эволюции, школьные уроки биологии, медицинский университет мне четко указали: единственное, из чего состоит человек, — это органическое вещество (физическое тело), которое возникло в процессе эволюции. Любой другой взгляд на антропологию считали недостаточно обоснованным с научной точки зрения. Несмотря на такую политику, я допускал существование духовной сферы, поскольку дарвинизм не давал исчерпывающего ответа на сложные процессы и явления.

На уроках анатомии в медицинском университете я всегда удивлялся, как могло случиться, что человеческий мозг состоял исключительно из «органического вещества» и одновременно имел способность любить, проявлять эмоции и чувства, помнить и даже страдать из-за угрызений совести. Объяснение эволюционистов не имело смысла. Почему-то никто из неверующих университетских профессоров не спешил дать ответ на этот вопрос. Наука все еще пытается выяснить, как и почему головной мозг человека устроен именно так, а не иначе.

Концепция духа и души, которые пребывают в теле, имела смысл. На первый взгляд, библейский подход звучал несколько примитивно и слишком теоретично. Однако, как ни парадоксально, он гораздо реалистичнее и логичнее объяснял многогранные процессы бытия человека, в противовес однобокому утверждению о том, что основу внутренних эмоций, впечатлений и самой личности составляют молекулы. Безусловно, химические соединения и нервные окончания в организме влияют на эмоции и ощущения человека, однако химия и неврология не отвечают за его решения и поступки. Каким образом химическое соединение заставляет меня любить свою семью? Как влияет на мою готовность отдать свою жизнь за ближних? Откуда нервы и химические процессы знают, что я поступил неправильно? Почему заставляют меня чувствовать вину, когда я согрешил?

Наличие духа и души предусматривает персональную ответственность человека, его способность помнить, любить, руководить эмоциями, формировать собственное мнение. Все это происходит из моей внутренней сущности, моего духа, который пребывает в теле. Концепция телесно-духовной природы человека казалась мне довольно радикальной, но она имела глубокий смысл. Теперь я понимал, что душа касается вечного и значительно большего, чем «букет» органических соединений, который сформировался вследствие эволюции. Библейский взгляд на человека как на духовную субстанцию нашел отклик в моем сердце. «Невероятно! Неужели моя личность будет жить вечно?» – восторженно думал я.

Поразмыслив над телесной и духовной природой человека, я решил обдумать понятие греха.

БОЛЕЗНЬ ГРЕХА

Я перечитал историю про Адама и Еву, пытаясь осмыслить корень понятия «грех». В начале Библии речь шла о первых людях, которых сотворил Бог. После их непослушания ситуация на земле кардинально изменилась к худшему. Человечество физически и духовно отделилось от своего Творца. Потеря связи с Ним привела к ужасным последствиям. Разъединение с Богом, грехопадение, породило сущностную деградацию людей и произвело необратимые изменения в их телах, включая возникновение физической смерти. С тех пор тело человека начало поддаваться старению, болезням, травмам, гибели.

После грехопадения вся человеческая раса появлялась на свет в состоянии отчуждения от Бога. На протяжении всей истории люди рождались в уязвимом грешном теле, которое рано или поздно должно было умереть. Согласно Библии, состояние отделения человека от Бога, а также его тело, деградировавшее вследствие первородного греха, составляло так называемую «греховную природу». Отделение от Творца означало духовную смерть. Если Библия истинна, то это доказывает, что я родился духовно мертвым и отчужденным от Бога, в состоянии греха.

Болезнь греха = отчуждение от Бога = духовная смерть

Греховный человек = деградировавшее тело (вследствие грехопадения и отдсления от Бога) + **вечный дух и душа** (также отделенные от Бога)

Аналогия с компьютером помогла мне понять сущность этого хронического заболевания человечества. Представим компьютер (человека), соединенный с сервером (Богом). Вдруг связь обрывается из-за вируса (греха). Сервер отсоединяет меня от сетевого подключения, и я теряю возможность обмена данными, нахожусь в состоянии отчуждения. Сервер не мог допустить вирус и отправил меня на «карантин». Прежде чем восстановить связь, необходимо уничтожить вирус.

Я не совсем понял, как именно поступок Адама и Евы повлиял на судьбу всего человечества, изолировав его от Бога. Однако тема греха оказалась необычайно интересной и актуальной. Я не видел Бога глазами, но ощущал Его присутствие, и это восхищало меня. Из-за того, что я не мог прикоснуться к Нему физически, а раньше вообще не желал слушать проповеди, мне было несложно принять мысль о состоянии отделения человека от Бога. Когда-то я думал обо всем на свете, только не о Боге. Поэтому теория отчужденности имела смысл.

Если грех – хроническая болезнь, которой я болел до спасения души, то каковы ее симптомы? Совпадают ли они с состоянием, в котором я находился до недавних трансформаций?

Глава XIII

СИМПТОМЫ ГРЕХА

Для всех заболеваний характерны симптомы, указывающие на настоящую проблему в организме человека. Например, боль в грудной клетке — типичный симптом заболевания сердца. Артерии, которые его «кормят», закупориваются, и оно не получает достаточно кислорода. Таким образом, ощущение боли в груди свидетельствует о существовании очень серьезной проблемы — болезни сердца.

Если грех — это болезнь, у него также должны быть симптомы. В таком случае, какие именно особенности сопровождают отчуждение человека от Бога? Совпадают ли проявления греха с моими прежними симптомами?

В поисках ответов я наткнулся на интересный библейский отрывок: «Дела плоти известны; они суть: прелюбодеяние, блуд, нечистота, непотребство, идолослужение, волшебство, вражда, ссоры, зависть, гнев, распри, разногласия, (соблазны), ереси, ненависть, убийства, пьянство, бесчинство и тому подобное. Предваряю вас, как и прежде предварял, что поступающие так Царствия Божия не наследуют» (Гал. 5:19-21).

Эти строки меня шокировали. Каждое слово описывало мою прежнюю сущность. Гнев, зависть, обман, неконтролированные сексуальные и другие телесные похоти, нетерпение, жадность, гордость и много других характеристик были результатом моего отделения от Бога. Эгоизм играл первую скрипку, доказывая существование греховной природы. Библейское учение задевало мое самолюбие, ведь в который раз подтверждало, что все вращается вокруг моего эго. Грех и его побочные эффекты точно отображали ситуацию.

Я всегда считал, что телесные импульсы являются типичными для гомо сапиенса, каждый мог ими «похвастаться». Теперь я посмотрел на этот вопрос с другой стороны. Если наша натура грешная вследствие отделения от Бога, то люди рождаются с двумя взаимосвязанными проблемами. Во-первых, отчуждение от своего Творца, во-вторых, последствия этого разрыва. Ведь отстранение от Творца порождает целый ряд нарушений, таких как эгоизм, гордость, одиночество, смерть.

Библия утверждает, что мир и человек греховны (то есть не такие, какими они должны были быть с самого начала). Если это так, то я родился с чем-то в корне неправильным, и это «что-то» не исчезало. Проглотить такую горькую пилюлю в виде библейского учения о грехе было непросто. Что-то пошло не так, и я не мог разгадать, что именно. «Может, в этом причина моего разочарования жизнью?» – предположил я.

В библейской концепции была определенная интрига, ведь плохое поведение – результат греха и отделения от Бога. Это указывало на то, что я грешник. Мои греховные действия не были источником проблемы, а только ее симптомами. Как боль в груди указывает на проблему сердца, так симптом греха указывает на другую, значительно более серьезную проблему. Грех – корень, греховные действия – плоды. Отделение от Бога дает побочные эффекты. Если в работе компьютера регулярные сбои, то виноват не корпус, а операционная система.

Никто на свете не учил меня врать или страдать нарциссизмом. Я наблюдал интересную картину. Как только ножки моих мальчиков сделали первые шаги, а их уста вымолвили первые слова, я стал свидетелем такого же поведения, которое сам демонстрировал в детстве. Мои сыновья с самого рождения проявляли склонность к эгоистичным и греховным тенденциям! Перед моими глазами красовались два ходячих доказательства того, что люди с рождения являются грешниками. Плохое поведение всегда заметно. И его демонстрируют все. Раньше я думал, что таковы уж их «натуры», что сказать. У меня и в мыслях не было, что на самом деле существовал «прадефект» – корень и первопричина такого поведения.

Именно из-за отделения от Бога человек чувствует себя пустым, одиноким, ненаполненным и недовольным. Персональный компьютер, наиболее важные данные которого хранятся на сервере, утратил с ним связь и способность обмениваться информацией. Можно инсталлировать некоторые программы на отсоединенную систему, чтобы хоть как-то использовать ее потенциал, однако без доступа к важнейшим данным ее работа лишена смысла. Персональный компьютер остался «одиноким» и бессмысленным, поскольку он не имеет связи с сервером. Библия утверждает, что люди созданы для гармоничной жизни со своим Творцом и поклонения Ему. Отделение от Бога не соответствует настоящему предназначению человека на этой земле.

Эта доктрина коснулась меня. Нравится это кому-то или нет, но отделение человека от Бога было причиной и объяснением многих аспектов, которые постоянно теребили мне душу. Сколько я себя помнил, мне всегда чего-то не хватало. Я чувствовал себя незаполненным, хотя владел материальными благами. «Почему? Почему я не ощущаю полного счастья?» – годами спрашивал себя. Теперь размышлял над концепцией отчуждения человека от Бога. «Может, в этом кроется причина?» Отведав всего, чего только душа пожелает, лишь бы найти настоящий смысл жизни, возможно, я пропустил не «что-то», а «Кого-то»? Так впервые в жизни я нашел объяснение моим переживаниям.

Я немедленно вернулся к диаграмме «Порочного круга» (см. главу X), которая показывала старые симптомы и взаимосвязи между ними. Состояние опустошения и духовного вакуума в жизни было контролирующим центром всех моих проблем и симптомов на личностном и межличностном уровнях. Если отделение от Бога опустошало мою душу, то только доказывало моё отчуждение от Бога, которое длилось всю жизнь. Все симптомы совпадали с признаками заболевания грехом. Я чувствовал себя странно, осознавая проблему моего существования, длящуюся много лет.

Самым важным было то, что теперь я получил объяснение греховному поведению и внутреннему вакууму, которые характеризовали мое прошлое. Дух и душа относились к невидимой составляющей человека, объяснявшей эмоции, любовь, совесть и саму личность. Последовательность и согласованность библейских доктрин потрясала. Они отвечали на множество фундаментальных вопросов бытия и объясняли мои обстоятельства, раскладывал их по полочкам. Это ошеломляло.

Хорошо, если грех и его симптомы четко описывали мою ситуацию, то какое же тогда существовало лечение? Если новое «я» – результат исцеления от греха, то как объяснить это невероятное преображение? Какова природа лекарств? Каким образом они работают? Как именно проходит процесс выздоровления? На эти вопросы я должен был получить ответы в дальнейшем.

Глава XIV

ЛЕКАРСТВО ОТ ГРЕХА

Я уже выяснил, что проблему греха невозможно решить без Иисуса Христа. Чтобы освежить память, я пересмотрел все, о чем узнал в ходе исследования. Сначала я признал собственную греховность, ведь не раз обманывал, иногда брал чужие вещи и вообще поступал неправильно. Наказанием за мои грехи были вечная смерть и вечное отделение от моего Творца. Поскольку Бог святой и совершенный, Он не может допустить пребывания даже самого маленького греха в Своем Царстве. У меня не было шансов попасть в Его Царство со своими грехами и игрушками. Мне нужна была святость и совершенство, чтобы очутиться в Его святом присутствии.

Бог – праведный судья, поэтому имеет право наказать за грех. Но в то же время Бог – любовь, поэтому Он стремится простить и спасти человека. Вот почему Иисус решил эту проблему, когда взял всю мою вину на Себя и отвел от меня гнев Божий. Таким образом, Бог смотрит на меня через Своего Сына, святая невинная кровь Которого очистила меня от греха. Благодаря подвигу Иисуса, в глазах Небесного Отца моя душа имеет чистый и совершенный статус, как будто бы я никогда не грешил.

В начале исследования я еще не понимал, что с самого рождения был отделенным от Бога, а значит духовно мертвым. Не понимал, что греховные поступки – это лишь симптомы природы и болезни грешного тела, что проблема гораздо больше, чем «плохое поведение».

Таким образом, лекарства от греха должны были устранить три главные проблемы: смертную кару за грех, отделение человека от Бога и следственно-греховное поведение. Эти лекарства должны были удовлетворить условие смертной кары за грех, восстановить связь с Отцом, а также дать человеку новую природу. Очевидно, что восстановить связь с Богом невозможно, пока не будет заплачена цена за мою вину и пока я не получу статус безгрешного в Его глазах.

Я нашел объяснение первой проблеме, но оставались еще две. Господь взял на Себя наказание за мой грех, то есть устранил грех из моего досье, и это случилось только благодаря Его жертвенному подвигу на кресте. Но каким образом Иисус обеспечил мое воссоединение с Небесным Отцом и новую природу, которая имеет власть над грехом?

Последние два вопроса касались механизмов исцеления и его результатов.

МЕХАНИЗМ ВОССОЕДИНЕНИЯ

Медикам важно иметь информацию о влиянии лечения на организм человека. Это помогает им предусмотреть эффективность борьбы с болезнью.

Если заболевание грехом разъединяет меня с Богом, то лечение, наоборот, должно воссоединить меня с Ним. Именно этим мостиком воссоединения и стал Иисус. По аналогии, компьютер восстановит связь с сервером, если снова заработает коммуникационная сеть обмена данными. Именно об этом говорилось в Библии и книге Билли Грэма. Больше всего удивлял, восхищал и даже вызывал опасение сам механизм воссоединения.

В тот момент, когда человек в покаянии взывает к Богу, молит о прощении и изменении, веруя в Иисуса Христа, в нем фактически происходит несколько трансформаций. Во-первых, Бог провозглашает этого человека праведным, воспринимает его безгрешным, поскольку плату за его грехи (как и за грехи всего человечества) взял на Себя Иисус Христос. Таким образом, благодаря посредничеству Своего Сына, Бог видит человека через жертву Своего Сына полностью чистым, несмотря на то, что на этой земле он был грешен, остается грешным в момент обращения и будет грешником до конца своих дней на земле.

Продолжая аналогию с компьютером, Божий механизм лечения дал возможность восстановить связь с сервером. Уже не придется функционировать изолированно от главной системы или находиться «на карантине» из-за поражения вирусом, поскольку вирус греха удален.

Поражает то, что Сам Бог стал воссоединением. Ведь Дух Святой, одна из трех ипостасей Бога, входит в земное тело верующего человека и соединяется с его духом, чтобы положить конец разделению. Это означает, что в момент спасения Бог фактически поселяется в теле христианина и наполняет Собой его существование. Такое внутреннее преображение называется термином «спасение». Точно так же и с обычными заболеваниями: лекарство должно проникнуть в организм человека, чтобы вылечить его.

«Боже! Все четко и ясно!» – обрадовался я. Когда поставил себе предварительный диагноз «спасен», я еще не понимал роли Святого Духа, но сейчас начал осознавать ее.

Если спасение напрямую связано с молитвой покаяния, то это не просто молитва, а такое обращение к Богу, которое приводит в действие механизм преображения. Христианство – это не только то, во что мы верим, но и то, кем становимся. Когда человек искренне и от всего сердца обращается к Богу, происходят изменения, влияющие на его сущность, и они остаются с ним навсегда. Человек оживает духовно, восстанавливает связь со своим Творцом и целостность своей личности благодаря Богу, Который через Духа Святого пребывает в его сердце. «Если так и есть, то это невероятно!» – подумал я.

После того как в учебных заведениях меня уверяли, что Бога не существует (а если и существует, то Его невозможно познать), я удивлялся и восхищался Его реальностью, а особенно Его присутствием во мне. Грандиозно!

Осознание реальности Бога побуждало еще больше читать и исследовать. Если болезнь греха отделяла меня от Бога и была причиной моей духовной смерти, то восстановление связи с Ним воскрешало мой дух, даруя жизнь вечную! А вечная жизнь в христианстве – категория не будущего, а вечно настоящего. Я не буду пребывать с Богом «когда-нибудь», а имею честь соединиться с Ним уже сейчас, в этот момент. Если это правда, то вечная жизнь с Богом началась для меня с момента спасения моей души. Именно об этом говорится в Послании к колоссянам: «И вас, которые были мертвы во грехах и в необрезании плоти вашей, оживил вместе с Ним, простив нам все грехи, истребив учением бывшее о нас рукописание, которое было против нас, и Он взял его от среды и пригвоздил ко кресту» (Кол. 2:3-14).

Спасенный = духовно живой = дух человека + Дух Святой (воссоединение, связь),

или

Спасенный = Дух Святой в нас = вечная жизнь = воссоединение с Богом

Вот о чем я подумал. Если христианство истинно и Бог пребывает во мне, то это легко объясняет сверхъестественные изменения, которые произошли в моей душе буквально за ночь. До этого момента я не мог понять, каким образом осуществились изменения на молекулярном уровне, как именно в моем сознании начали доминировать новые эмоции, ощущения, отношение, не говоря уже про способность любить тех, кого раньше не воспринимал. Благодаря силе Божьей, которая сейчас была во мне, это уже не было проблемой. Если Дух Святой действительно пребывал во мне, а я перешел «от смерти к жизни», то естественно было бы ожидать изменений. Я спросил себя: «Каковы видимые и ощутимые результаты спасения человека и присутствия Святого Духа в нем?» Отвечали ли последствия моего спасения изменениям, которые я пережил во время преображения?

РЕЗУЛЬТАТЫ ЛЕЧЕНИЯ

Когда я работал врачом в одной клинике, я выяснил, что у меня язва желудка, которая была причиной боли в животе. К счастью, мне удалось пройти эффективный курс лечения – боль исчезла, аппетит вернулся, сон стабилизировался, вес сбалансировался. Я пережил конкретные результаты и позитивные изменения вследствие телесного выздоровления.

Существовали ли признаки выздоровления в духовной плоскости? Какой эффект давало «принятие Иисуса в сердце»? Если Иисус – Лекарь болезни греха, что тогда свидетельствует об изменениях?

Взволнованный, я хотел выяснить результат действия духовного лекарства. Покажет ли он, что спасение – это преображение человека под благодатным влиянием действий Святого Духа? Я уже нашел теологическое объяснение заболеванию, симптомам и исцелению от греха. Но сейчас, с помощью научного метода, хотел получить результаты в условиях исследования. Дело в том, что симптомы греха были свойственны каждому человеку, которого я встречал в жизни. Но трудно было представить, что может существовать болезнь, которой страдает все население планеты.

Я понимал, что во Христе сокрыт ответ на проблему греха, но мой взгляд могли воспринимать как личную точку зрения или предвзятое убеждение какого-то фанатика. Если, кроме веры в Иисуса, христианство не более чем способ клеймить обыденное поведение «грехом», то способа убедить современного человека в его действительности и влиянии на жизнь не существовало. В таком случае меня ждала церковная скамья, на которой я спокойно буду протирать штаны во время богослужений, полагаясь на скромные результаты своего исследования о Спасителе и воскресении. Я буду наслаждаться христианством наедине, так и не найдя способ убедиться в подлинности своей веры.

Однако существовал еще один сценарий. Если с верующим, которого исцеляет Иисус, действительно что-то происходит на молекулярном уровне, то доказательная база должна существовать. Как и в медицине: симптомы заболевания постепенно исчезают, а их замещают признаки эффективности лечения и выздоровления.

Я радовался тому, что лечение и выздоровление моей души происходило буквально на глазах. Никогда и надеяться не мог на такое исцеление. На каком-то этапе я уже и не рассчитывал на улучшение моего состояния. Без лишних эмоций я снова отправился в церковь. Перед этим мысленно согласился с адекватностью Библии. Казалось, Бог находился так далеко от моего внутреннего мира, что я и мечтать не мог об изменениях. Учитывая стандарты современной культуры, обычных посещений церкви вполне достаточно, думал я тогда. Мне не верилось, что существовал способ, благодаря которому люди могли стопроцентно убедиться в существовании Бога и спасении человека. Тогда я еще сомневался, что спасение реально, и решил подождать до смерти, когда все и так выяснится. Если случится, что я ошибался, то терять все равно будет нечего.

Вспомнил свидетельство Джоша Мак-Дауэлла. Он рассказывал, что постепенно из его жизни ушло чувство гнева после того, как в молитве он принял Иисуса своим Господом и Спасителем.

Тогда я не понимал, о чем именно писал известный апологет. Как личность может измениться после молитвы? Мои достижения в медицине, научная степень, практика не допускали какой бы то ни было связи между простой молитвой и кардинальными изменениями самой личности и ее эмоционального состояния. Слишком сложные процессы должны произойти в головном мозге и нервной системе человека на биохимическом уровне, чтобы произвести подобные трансформации. Наличие социального фактора и вовсе усложняло взаимодействие между головным мозгом и нервной системой. Поэтому я решил, что психологические изменения можно вызвать волевым решением, твердым религиозным убеждением. На то время я совершенно ничего не знал о Святом Духе. Теперь история Мак-Дауэлла имела для меня большое значение, потому как на этом этапе исследования я понимал реальность спасения, что кардинально влияло на мою жизнь.

Я пересмотрел комментарии к Библии и мысли Билли Грэма. Дух Святой, Который исходит от Бога, не только совершает воссоединение, но и является Источником силы и влияния на жизнь верующего [70]. Бог пришел не только для того, чтобы освободить человечество от проклятия греха, но и для того, чтобы даровать христианину власть над грехом в повседневной жизни. Согласно утверждениям Грэма, Бог знал, что одного лишь прощения греха недостаточно, поскольку та же персона будет совершать те же ошибки, оставаясь все такой же [71]. В моем случае тот же Грэг Виман, в каком бы уголке земли он не очутился, никогда не смог бы самостоятельно избавиться от неприятных черт своего характера. Бог прекрасно знает, что на самом деле нам нужна помощь, руководство и сверхъестественная сила, так как мы не в состоянии кардинально изменить сами себя. Дух Святой призван помогать нам в этих вопросах.

Если Бог, живущий во мне, имеет силу менять кардинально, то каких именно изменений мне следовало ожидать? Должны ли они совпадать с новыми симптомами преображения?

СУЩНОСТЬ БОЖЬЕЙ ЛЮБВИ

Бог – есть любовь, но в процессе исследования я понял, что это совсем не та любовь, которую я себе представлял. Божья любовь – это бескорыстная отдача. Спасенный человек прекратил зацикливаться на себе, а вместо этого сосредоточился на другом человеке – вот главный признак, характеризующий христианина, в котором проживает Бог, Который есть любовь. Эта деталь сразу привлекла мое внимание, так как я почувствовал прилив новых сил, но не мог объяснить, куда и почему исчезли эгоистические тенденции, а вместо этого появилась забота о других. Изменения проявились не только в моих действиях, они также касались и мотивов. Без вмешательства Божьей силы такие трансформации невозможны. И тут я прочитал строки, которые перечисляли такие «симптомы» присутствия Духа Святого в человеке: «Плод же духа: любовь, радость, мир, долготерпение, благость, милосердие, вера, кротость, воздержание. На таковых нет закона. Но те, которые Христовы, распяли плоть со страстями и похотями» (Гал. 5:22-24).

Учение о плодах Святого Духа подействовало на меня. Я буквально с головы до ног ощутил каждый плод отдельно и их действие одновременно. Я рад был видеть людей, к которым раньше испытывал отвращение. Радость и мир так окрыляли меня, внутренне удовлетворяли и наполняли, что я не мог описать словами свое состояние. Эксперимент в супермаркете вообще показал, что у меня появилась совершенно не свойственная мне ранее черта – терпение! К тому же, меня наполнило чувство доброты к другим, которое не имело ничего общего с себялюбием. В прошлом я тоже прилично себя вел, но за внешним приличием скрывались эгоистичные мотивы. Теперь все изменилось.

Перед преображением я исправно исполнял свои ежедневные обязанности, но даже в этом проявлялся эгоизм. Теперь я ощущал нечто неожиданное: отсутствие эгоизма усилило мою надежность как человека и целостность моей личности. Совсем недавно мне очень не хватало самообладания и элементарного спокойствия. Я был импульсивным, несдержанным, постоянно взрывался. После того, как впервые со слезами на глазах обратился к Богу, у меня вдруг появилось самообладание. Естественно, я не стал ангелом во плоти, белым и пушистым, однако не мог отрицать новые чувства, оказывающие огромное влияние на мою личность. Во мне поселилась удивительная сила, которая совсем не льстила моему эгоизму, но которую я мог полностью контролировать, в отличие от своей старой персоны, эгоистичной и неконтролированной.

Размышляя о Божьей любви и других плодах Святого Духа, я выделил бескорыстное внимание к другим и заботу о них. Человек, который привык сравнивать все и всех со своей персоной, страдать нарциссизмом и расстройством личности на протяжении значительной части своей жизни, сразу заметит альтруистическую мотивацию, если таковая вдруг возникнет на сцене его жизненной драмы. Именно желание жить на отдачу, обращать внимание на окружающих, интересоваться их судьбой я и прочувствовал в своей душе, не понимая, как такое чудо явилось к закоренелому эгоисту. Меня волновало то, что простой перечень даров Духа Святого четко описывал мое новое состояние.

ВЕТХИЙ ЧЕЛОВЕК МЕРТВ

Одна интересная деталь касательно Духа Святого свалила меня наповал. Духовная природа человека, оказывается, может быть мертвой. Это перекликается с тем, чему учит Послание к римлянам. В шестой главе речь идет о том, что прежняя природа спасенного человека умирает. Именно это я и почувствовал: моя старая натура, противные привычки и даже недобрые желания куда-то исчезли. Естественно, время от времени я чувствовал искушение поступить неправильно или сказать крепкое словцо, однако теперь я четко отличал серое от белого, обладал силой сказать «нет», выбирать лучший путь. Теперь глубоко осознавал реальность искушений, направленных на уничтожение личности, поэтому я стал обдумывать неоднозначные ситуации, прежде чем действовать. Раньше никогда не думал о духовной оценке обстоятельств и не придавал значения моральным последствиям своих решений. Как правило, действовал поспешно, моментально реагируя на ситуацию. Понимание того, что мои мысли и поступки могут оказаться греховными и привести к плачевным последствиям, было для меня совсем ново.

ПОСТЕПЕННЫЕ И ПОСТОЯННЫЕ ИЗМЕНЕНИЯ

Мои лекарства мгновенно дали потрясающий эффект, хотя большинство людей наблюдают постепенные изменения. Конечно, я не стал совершенным за ночь, но внутренне преображение произошло по-настоящему и не имело ничего общего с «проявлением фантазии». Я не понимал, почему одни люди меняются за ночь, а другие – постепенно. Ответа на этот вопрос я не нашел ни в Библии, ни в комментариях, ни в Интернете.

Очевидно, что стопроцентное освобождение спасенного человека из-под гнета греха произойдет только после смерти, когда он очутится в Царстве Божьем. Хоть на этой земле я имею власть над искушениями, я все еще могу наломать дров и совершить ошибки. Богословы настаивают на необходимости постоянно расти духовно. Победа над старыми плотскими привычками возможна только при условии постоянного освящения, ежедневной близости с Богом.

В нескольких отрывках Святого Писания апостол Павел размышляет над своей борьбой с собственной греховной природой. Я еще не полностью понимал его слова, однако видел, что он прав, поскольку совершенных людей не существует.

ДУХОВНОЕ РАЗЛИЧЕНИЕ

Еще один результат лечения – способность понимать духовные истины и Библию. Дух Святой, который пребывает в человеке, помогает отличать добро от зла и понимать Слово Божье: «Душевный человек не принимает того, что от Духа Божия, потому что он почитает это безумием; и не может разуметь, потому что о сем надобно судить духовно. Но духовный судит о всем, а о нем судить никто не может. Ибо кто познал ум Господень, чтобы мог судить его? А мы имеем ум Христов» (1 Кор. 2:14-16).

Это мгновенно вызвало позитивный резонанс в моем сознании. Когда я впервые помолился и взял в руки Библию, я заметил что воспринимаю текст уже по-другому. Теперь намного лучше понимал Святое Писание, и вообще начал буквально гореть желанием читать его. Я имею в виду, что когда-то понимал Библию неверно. Но теперь она как будто ожила, а ее слова стали актуальными. Словно изображение, которое в объективе кажется размытым, а после настройки резкости становится четким. Я не мог начитаться, наслаждение Библией не исчезало. Изучение Писания напомнило мне здоровое питание. Я не понимал, как и почему чувствовал себя полноценно. Согласно Библии, все это говорило о том, что во мне пребывал Дух Святой.

КОНЕЦ ПУСТОТЕ

Я узнал, что на глубочайшем уровне спасенные люди переживают конец внутренней пустоты, одиночества и тотальной неудовлетворенности жизнью. Причина заключалась в понимании того, что мы сотворены для Бога, что только Он может наполнить наши сердца смыслом и сделать целостными. Спасение ликвидирует проблему разделения человека и Бога. Это напоминает воссоединение с возлюбленной после долгих лет разлуки. После возвращения все снова расцветает. Я все еще был потрясен тем, что больше не ощущал пустоты.

ВЫВОД

Все, что я узнал о Библии, о заболевании грехом, его симптомах, лечении и результатах, отвечало тому, что случилось со мной лично и было пережито на собственном опыте. Мой диагноз, согласно Библии, звучал так: «Спасение верой через Иисуса Христа» вследствие воссоединения с Богом через Духа Святого. Это подарило мне новую природу. Я очистился и исцелился от хронического заболевания. Библия вдохновляла: «Итак, кто во Христе, тот новая тварь; древнее прошло, теперь все новое» (2 Кор. 5:17).

Лекарства от греха решили все три проблемы: смертной кары за грех, разделения с Богом и греховного поведения человека. Иисус Христос удовлетворил требования справедливого гнева Божьего и взял на Себя смертную кару за мои грехи. Дух Святой восстановил связь с Небесным Отцом и даровал мне новую внутреннюю природу, которая имеет власть над грехом.

Остался единственный объект, в котором мне предстояло разобраться, – процесс лечения. Я хотел убедиться в том, что мой опыт соответствовал библейскому определению спасения. Если Иисус – лекарство от греха, то каким образом происходит лечение? Может автоматически?

КАК НАЧАТЬ ЛЕЧЕНИЕ

Начать лечение оказалось на удивление просто. Даже очень просто. Человек должен верить сердцем в Иисуса Христа, верить в то, что Бог пришел на землю в Его лице, чтобы взять на Себя кару за грехи каждого, верить в то, что через три дня Он воскрес из мертвых. Во-вторых, необходимо признать собственную греховность и отпадение от Бога. Дальше нужно лично обратиться к Нему и искренне раскаяться в своих грехах. Самое главное, на что обращала внимание Библия, это стремление человека покаяться в своих грехах и быть готовым начать новую жизнь. Покаяние – это разворот на сто восемьдесят градусов от старого поведения и начало нового движения в правильном направлении. Речь идет не о несчастных угрызениях совести или сожалении по поводу некоторых неприятных поступков, а об искреннем желании кардинальных изменений, жизни в гармонии с Богом, кульминацией чего становится духовное преображение личности.

Размышляя над вопросом «как», я прокручивал в сознании обстоятельства своего обращения к Богу. Сначала я поверил в Иисуса интеллектуально. Именно тогда был завершен первый этап исследования христианства. Однако никаких существенных изменений в моей жизни не произошло. Путем элементарного исторического анализа и сознательного принятия результатов исследования я пришел к выводу, что существует Бог, в Которого я мог наконец поверить. Тогда я воспринимал Его в узких границах интеллектуализма. Моя вера основывалась на опыте разума, заключающемся в детальном изучении доказательств и выводов, так как я доверял только собственным суждениям.

Ничего из того, что я видел и слышал в своей жизни, не предлагало мне настоящую возможность узнать Бога на личностном уровне. Я сформировался в среде, далекой от Творца, в обществе, которое игнорировало Его. Такое окружение не способствует правильным выводам, не дает ответов на глубинные вопросы, разве что подталкивает сходить в церковь раз в год на Рождество. Действительно ли я поверил в то, что Бог ходил по этой земле в образе человека, умер на кресте, а потом воскрес на третий день? Да, поверил. Но считал, что это случилось слишком давно. У меня не было возможности лично прикоснуться к Иисусу или к предметам быта той эпохи. К тому же, написанное в Библии казалось мне архаичным и далеким от современной жизни. Если верить Библии, отсутствие изменений в начале исследования было закономерно, поскольку никакого покаяния или признания грехов в моей жизни на тот момент не было. Мой Иисус был умозрительным, а не реальным. Я верил разумом, а не сердцем. Не воссоединился с Богом на сущностном уровне, не просил Его простить мои грехи и даровать спасение.

Несмотря на это, в один прекрасный вечер я принял библейскую доктрину о спасении, когда перешел с умственного уровня на духовный и в сердце покорился Богу. Я верою принял то, что Бог явил себя в Иисусе Христе, Который был распят и воскрес из мертвых на третий день. Я признал себя грешником, обратился к Богу в молитве, искренне захотел изменить свою жизнь. Сожалел о том, как жил раньше и как относился к людям. Я боялся Бога и обратился к Нему в смирении. Теперь понимал, что верить в Бога — это не просто верить в Его существование. Настоящая вера заключалась в полном вручении себя Ему. Необходимо довериться Богу на все сто, принести к Его ногам все свои тревоги, оживить свою веру. Одно дело — сидеть в кресле и сомневаться, сможет ли оно выдержать ваш вес, и совсем другое — на сто процентов быть уверенным в его надежности.

Интересно, что в момент обращения я ничего не делал специально или искусственно. Я не собирался вслух произносить религиозные лозунги, особенные слова или цитировать Отцов Церкви. Сердце билось все сильнее. Я ведь собирался доказать, что христианство — это фальшь и сборище лицемеров. Когда обратился к Богу, то ничего особенного, в общем, не ждал. Я даже не надеялся, что Бог на самом деле услышит мой голос. Когда началось лечение, я ни о чем не подозревал.

Я бы мог легко забуксовать на стадии умственного восприятия Иисуса и доктрин христианства. Ведь за неделю до покаяния я их признал. Можно было обойтись без драм и спокойно существовать на уровне сухого интеллектуализма, я не представлял тогда, что существует что-то значительно большее.

«Интеллектуальное» христианство напоминало пациента со всеми необходимыми лекарствами в руках, который, однако, не выпил ни одной таблетки. Я могу долго рассматривать антибиотик, вертеть его в руках и даже верить в его целебный эффект. Но остается одна проблема: для того, чтобы запустился механизм исцеления, лекарство необходимо принять. Сколько же людей в христианстве увязли на этом уровне? Сколько людей ходит в церковь, веря в чудодейственную силу Лекарства, но не осмеливаясь принять его? Сколько прихожан не позволяет Лекарству благотворно влиять на исцеление их душ?

Не было никаких сомнений в том, что я принял Иисуса Христа по-настоящему, что Лекарство от греха начало свое целительное действие. К тому же, все, что со мной происходило, отвечало тому, что говорит Святое Писание.

РЕАКЦИЯ НА ИСЦЕЛЕНИЕ

Я все еще привыкал к радикальным для меня концепциям. Библейское учение затрагивало сферы, о которых я и не подозревал. Когда читал и исследовал литературу, интуиция мне подсказывала, что я имею дело с истиной. Меня переполняли абсолютно другие чувства, каких не было при исследовании других вопросов. Все признаки и симптомы, сопровождавшие мое новое состояние, полностью соответствовали библейской концепции спасения через веру в Иисуса Христа. Тогда я прозрел, словно с глаз упала пелена: «Боже, я действительно спасен! Я чувствую Твое присутствие!»

Бог услышал меня, спас мою душу и исполнил Святым Духом. «Так вот о чем постоянно рассказывала коллега!» — наконец понял я. Она же говорила: «Я молюсь, чтобы Дух Святой открыл вам Себя». Фактор действия Святого Духа объяснял, каким образом во мне появилась любовь к людям, которых я раньше не воспринимал. Я ощущал присутствие Духа Святого, и это выходило за рамки научного метода!

В тот момент я начал четко осознавать реальность Божьего присутствия. Это означало, что Бог не только знал мои слова, но и пребывал внутри души. «Отче, ты действительно здесь?» — В ответ я не услышал никаких звуков, но сверхъестественным образом ощутил, что на уровне духа Он говорит: «Да. Я рядом. Я всегда был с тобой». Я словно пробудился от глубокого сна, длящегося шестнадцать лет. Чувствовал себя счастливым и не знал, что с этим делать!

«Невероятно! У меня есть невидимые доказательства для самого себя. Христианство – это не религия, это реальность!» – думал я. Моя вера базировалась не на интеллектуальной концепции, теории или доктрине, а на новом сущностном бытии. Все это было ошеломительно, ведь нежданно-негаданно я уверовал, вопреки эпохе интеллектуализма, которой свойственна терпимость ко всему, агностицизм и натурализм. От божества, которое невозможно познать, далекого от повседневных реалий человека, я пришел к Богу, Который пребывал во мне и влиял на мою действительность!

Целительная сила Лекарства напоминала прилив морских волн, которые одна за другой накатывались и сбивали с ног. Ход жизни, умственные процессы и впечатления менялись быстрее, чем я мог себе представить. Я восклицал: «Прекрасно! Иисус Христос реален через присутствие Святого Духа в моей жизни! Моя душа спасена. Я не нахожу слов, чтобы выразить свой восторг!». Весь мой жизненный опыт не шел ни в какое сравнение с Божьим присутствием. Преображение не укладывалось в голове, однако новая жизнь только начиналась. Впереди меня ждало много вызовов и новых потоков благодати Божьей.

Глава XV

ОКОНЧАТЕЛЬНЫЙ ДИАГНОЗ

Окончательный диагноз моего нового состояния указывал на то явление, которое христиане называли спасением от болезни греха. Исцеление осуществилось благодаря Иисусу Христу. Признаки и симптомы этого заболевания сопровождали меня с самого рождения, хотя я не подозревал, что они указывали на отсутствие связи с Богом. Моя попытка доказать, что христианство – ничто иное как эталон религиозного лицемерия, привела к противоположным выводам, к которым я пришел в ходе исследования. Позже на смену интеллектуальному восприятию христианства пришел опыт личной встречи с Богом, когда однажды вечером я впервые обратился к Нему в молитве покаяния. То, что поначалу я считал типичной эмоциональной разрядкой, возникшей вследствие информационной перегрузки (а я действительно перечитал множество религиозной литературы), на самом деле стало внутренним преображением моей сущности. Это повлияло на мою судьбу и в жизни, и в вечности.

Согласно христианской догме, я обрел «спасение», хотя сначала не знал, что означает этот термин и соответствует ли он истине. Дух Святой воссоединился с моим духом, подарил мне новую природу, восстановил утраченную связь с Богом. Я пошел спать, не осознавая, какое чудо со мной случилось на самом деле.

Когда проснулся, я почувствовал кардинальные изменения в самочувствии, которым не находил объяснения. Первое, что пришло мне в голову, – я заболел. Но кто бы мог подумать, что новые симптомы говорили не о болезни, а о успешном её лечении! Парадоксальным образом все произошло наоборот. В попытках поставить себе диагноз я выяснил, что всю жизнь болел грехом, сам того не понимая. Когда же исцелился от проклятой болезни, не сразу понял, что случилось. Немудрено, что я пытался выяснить причину необычного «заболевания» с медицинской точки зрения. Однако пошел не в том направлении, так как результаты указывали не на болезнь, а на успешное ее лечение. Изменения в поведении были настолько очевидны, что каждый мог бы сказать, что со мной что-то не так. Однако впервые в жизни я находился в правильных отношениях с Богом.

Когда-то считал Бога далеким от земных реалий и бытовых вопросов. Но за одну ночь мое отношение радикально изменилось, когда Иисус стал моим личным Спасителем, Который окутал Своим святым присутствием. Моя душа пережила освобождение от рабства греха благодаря Иисусу Христу, и теперь я ощущал начало новой жизни и праздновал воссоединение с Богом. Всем естеством чувствовал, что это происходит на самом деле, что новые симптомы невозможно объяснить эмпирическим способом. Мое прежнее состояние необычайно точно отвечало признакам заболевания грехом, а изменения четко соответствовали библейскому учению о спасении человека благодаря Иисусу Христу. Все, что я пережил за одну ночь, было абсурдом в глазах современных материалистов, которые считали, что чудес не бывает. Я стал живым доказательством существования и божественной силы Иисуса Христа, Который подарил мне жизнь вечную и ответил на вопросы духовного содержания, непонятные ранее. В попытках поставить себе диагноз я понял, что его уже давно поставил Сам Бог.

Я чувствовал себя невероятно и вдохновенно. Не мог дождаться, чтобы рассказать друзьям о своих переживаниях, о Благой Вести. Перед работой почти не спал. Я считал, что все придут в восторг от моего свидетельства. Боже, я был готов шокировать самых близких мне людей.

Глава XVI

ПОДТВЕРЖДЕНИЕ ИСЦЕЛЕНИЯ

— Грэг! Мы дома. Ты где? — позвала жена.

Глянул на часы, было около шести. Я с головой окунулся в диагностику нового состояния, о котором размышлял несколько последних дней, поэтому совсем потерял счет времени и не заметил, как прошло уже пять часов.

— Я наверху. Минутку, сейчас спущусь.

«Что я скажу жене? Как все объясню? — спрашивал себя. — Поймет ли она меня?»

— Чем ты сегодня занимался? — поинтересовалась Руфь.

— Расскажу вечером. Это долгая история.

— Зачем же ждать? Ты меня удивляешь. Целыми днями сидишь за книгами, стал какой-то отстраненный, молчаливый.

— Дождемся спокойной обстановки. Я обязательно тебе все расскажу, когда дети лягут спать.

— Хорошо, — согласилась жена.

Остаток дня я ходил со странной тяжестью на сердце. Руфь посещала домашнюю группу по изучению Библии, но я не знал, на каком уровне отношений с Богом она находится, спасена ли, осознает ли реальность христианства, поскольку мы не разговаривали на эти темы. Я не знал с чего начать. Мой пульс участился, а время неумолимо шло вперед. Наконец дети заснули, и настал момент истины. Сердце бешено колотилось.

Я вошел в комнату. Руфь читала, устроившись на кровати. Я сел рядом, откинулся на стойку и подложил под спину несколько подушек.

— Помнишь, ты дала почитать мне книгу? Про Библию, — начал я неуверенно.

— Да. А почему ты спрашиваешь? — ответила жена, отложив чтение и внимательно посмотрев мне в глаза.

— Я ее прочел. А еще весь Новый Завет, от начала и до конца. И исследовал его. Я говорил тебе об этом раньше, но еще не рассказал о своих реальных мотивах.

— Интересно, — ответила Руфь в ожидании.

— Недавно я понял, что могу верить в Иисуса. Я мог бы ходить в церковь и даже ассоциировать себя некоторым образом с христианством.

— Как прекрасно! Ты действительно изменился, я это заметила. Так ты собираешься ходить в церковь, которую порекомендовал Дэвид?

— Да, но это еще не все. Примерно две недели назад я остался один у себя в кабинете. Я признал, что в моем характере и в жизни вообще не все хорошо. Что-то начало происходить с моей душой. Я впервые обратился к Богу и попросил прощения. Я хотел измениться.

Жена снова внимательно посмотрела мне в глаза.

— Руфь, Бог повлиял на меня. Он затронул всю мою сущность, все мое существование. Я проснулся другим человеком. С тех пор каждую минуту пытался выяснить, что же со мной произошло. Наконец я понял, что моя душа теперь спасена. Когда я молился, на меня сошел Дух Святой. С тех пор Он постоянно пребывает во мне и это невероятно. Он благодатно влияет на меня изнутри. Все изменилось.

Руфь не сказала ни слова. Какое-то время стояла тишина. Жена внимательно всматривалась в мое лицо, чтобы убедиться, что я говорю серьезно.

— Боже! Это невероятно. Дело в том, что я тоже уверовала. Только у меня не было таких сильных переживаний, как у тебя. Все случилось само собой.

— Просто поверь. Ты же знаешь, что я нормальный человек, я не стал религиозным фанатиком... — убеждал я.

— Да верю, верю, — говорила жена, но на лице ее мелькнула тень сомнения.

— Руфь, прости, что я так относился к тебе, — еле выдавил из себя, а глаза наполнились слезами, — я поступал неправильно. Прости. Мне стыдно за прошлое. Я постараюсь все исправить. Больше я не буду тем, кем был раньше. – Я плакал.

Руфь обняла меня и сказала:

— Я прощаю, все хорошо.

— Нет! Не хорошо. Я был негодяем, надменным, гордым, эгоцентричным идиотом, и об этом свидетельствует мое прежнее отношение к тебе, к детям, к остальным, — говорил я сбивчиво, пытаясь сдерживать слезы. — Я сам не могу поверить, что жизнь изменилась в одно мгновение. Бог настолько близок к нам, Его присутствие такое реальное, а люди ничего об этом не говорят. Почему?! С людьми происходит что-то в корне неправильное. Руфь! Что-то идет совсем не так, как должно. Большинство понятия не имеет, что такое христианство на самом деле. Я сам не мог понять, как именно святой Бог пребывает в спасенном человеке. В голове не укладывается весь масштаб Его влияния на мое мировоззрение. Ты можешь представить, что большую часть своей жизни я прожил духовно мертвым и отделенным от Бога? Я никогда не упоминал Его в своих разговорах, а Он был рядом всегда. В тот вечер Бог услышал мою молитву. Услышал! Как же Он услышал меня среди миллиардов людей на планете? Ты только подумай, Руфь. Пусть вера в Него останется в наших сердцах. Мы даже о себе ничего не знаем. Наша жизнь похожа на сборник рассказов, в которых описывается один сюжет, а остальные замалчиваются. Как будто мираж, который создает лишь иллюзию правды. Все мое мировоззрение, на котором я строил жизнь и в котором видел смысл, оказалось ложью. Очевидно, что все наше общество строится на большом обмане.

Я перевел дыхание и продолжил:

— Перемены пришли неожиданно. Дело не в церкви, обрядах или имидже приятного человека. Речь идет не о карьере или личных достижениях. Я считал, что жил правильно, но никогда не допускал, что Бог так близок и реален сегодня. Такой Он и есть. Иисус действительно жил на земле, Бог действительно явил Себя миру в теле человека и принял наказание за наши грехи. Но почему в мире столько религий? Мое ощущение реальности разбивается на мелкие осколки!

— Грэг, остановись. Ты совсем измотался, — заволновалась Руфь.

— Дорогая, ты хоть понимаешь, о чем я говорю? — воскликнул я, вытирая слезы.

— Догадываюсь. Для меня христианство тоже ожило по-новому. В детстве я хоть и ходила с родителями в церковь, но в памяти остались лишь ее стены.

— Нужно многое обдумать, Руфь. Каждое слово, которое ты только что услышала, имеет глубочайшее значение для меня. Я еще побуду в кабинете, мне нужно успокоиться.

— Хорошо, завтра я хотела бы еще тебя послушать. Люблю тебя.

— Я тоже тебя люблю. Только прошу: пусть этот разговор останется между нами. Никому пока не рассказывай. Я сам поговорю с друзьями и знакомыми, когда окончательно во всем разберусь.

— Хорошо.

Глава XVII

ЛЕКАРСТВА В ДЕЙСТВИИ

Я почувствовал облегчение, когда оказался у себя в кабинете один. Мы с Руфью должны были еще о многом поговорить, но сейчас я лишь радовался, что она восприняла мои слова серьезно и не подумала, что я не в себе. Я удобно устроился в кресле и по-техасски положил ноги на стол. Собравшись с мыслями, начал думать, как дальше действовать. Хотел собрать воедино простые факты, которые составляли основу моей веры. Начал с размышлений о Боге, на Котором основывается весь монумент веры. На чистом листе я записал ключевые понятия.

БОГ

Иисус Христос – Бог. Живой и реальный. Он откликается на искреннюю молитву.

Я остановился на этой мысли и подумал о том, как это касается моей жизни. Как Бог может слышать человека, если население Земли – более шести миллиардов таких, как я. Откуда Он знает, искренни ли мои слова? Откуда Ему известны скрытые намерения моего сердца, которые скрываются за словами, произнесенными вслух?

Дальше я написал: Бог – всезнающий и вездесущий.

На первый взгляд, это было и так понятно – на то Он и Бог, чтобы все знать и везде присутствовать. Но чем больше я думал, тем яснее мне становилось, насколько глубокий смысл у этих слов. Как они касаются моей повседневной жизни? Вывод напрашивался довольно простой: мое знание лишь частичное. Я не владею абсолютными знаниями о своем существовании, в то время как Бог видит меня насквозь и знает все. Это потрясало.

РАЙ

Рай существует. После смерти я попаду именно туда.

Эти строки я писал с нескрываемым удовольствием. Когда-то мысль о смерти пугала меня, особенно, когда я обнимал своих детей и смотрел на них перед сном. (Никогда не понимал, каким образом горячая родительская любовь проистекает из «эволюционного вещества»). Если бы, не приведи Господь, мои дети вдруг погибли, то, согласно теории эволюции, они прекратили бы свое существование и в процессе тления разложились бы на химические элементы. Но как дитя, имеющее сердце и душу, может состоять лишь из материи, возникшей в ходе эволюции?

Вот почему я всегда боялся смерти. Но не теперь! Уверенность в вечной жизни, благодаря присутствию Божьему в моей душе, устранила все волнения и опасения за будущее. Я был счастлив, что моя семья – это нечто большее, чем эволюционный суп из органических элементов, который рано или поздно отправят в выгребную яму для круговорота веществ в природе. Я понял, почему не мог воспринимать смерть как нормальное для человека явление. Ведь она никогда не была концом, наоборот – началом. Смерть – это переход от холодной, лишенной смысла «выгребной ямы круговорота веществ» к вечной жизни с Богом. Я никогда не мечтал о таком радикальном изменении парадигмы. Меня охватывала волна невероятной радости. Я чувствовал себя свободным. Появилась настоящая надежда, уверенность в том, что в вечности меня ожидает только добро.

Ад

Ад существует. Недавно я направлялся именно туда.

Моя рука дрогнула, когда писал эти слова. Теперь я спасен, но еще совсем недавно был так далек от Бога. Интересно, что Иисус рассказывал об аде больше, чем о рае. Мороз пробежал по коже. Я осознал, что всю жизнь шагал прямо в ад. Все достижения, радостные события и видимый успех не имели никакого значения на том свете. Как же здорово, что Бог пришел на землю, чтобы спасти меня от такой безнадеги! Ведь грех разделил меня с Ним. Я осознал реальность ада и потерял покой. В молитве со слезами на глазах благодарил Иисуса за то, что Он спас меня. Теперь меня переполнило чувство благодарности. Пришлось вытереть слезы, чтобы писать дальше.

ЧУДО

Я стал свидетелем чуда, произошедшего в моей жизни.

После встречи с Богом я словно подзарядился на молекулярном уровне. Ведь я был свидетелем чуда Божьего, которое случилось в современном мире и к тому же касалось лично меня. Я стал живым доказательством того, что Иисус Христос — Бог и что Он живой. Господь пребывал со мной в комнате, когда я молился в тот вечер. С тех пор я уже не удивлялся историям о сверхъестественных явлениях, записанных в Библии. Бог способен «перезагрузить» современного человека и знает его сущность. Он способен творить сверхъестественное — ходить по воде, разделять Красное море надвое, исцелять слепых. Если Иисус действительно воскрес из мертвых и если я уверен, что Он воскресит мою душу, то почему должен сомневаться в других чудесах Библии?

БИБЛИЯ

Библия — Слово Божье.

Если Бог слышит все, что я говорю, и знает, чем я дышу, то Он в курсе всех нюансов моей жизни и активно участвует в ней. Поскольку Библия открывает Божий план спасения для человека, то именно спасение человека хочет видеть Бог. Тот, Кто в совершенстве знает каждую мелочь, позаботился о сохранении Святого Писания. Я выяснил, что допущение некоторых ошибок при копировании, смещение акцентов из-за специфики перевода, изъятие или добавление слов и фраз, что случалось иногда на протяжении столетий, никоим образом не исказили доктрину и главную идею Библии. Сохранность и точность Писания потрясали. Бог прекрасно знал, что за столетия манускрипты-оригиналы претерпят незначительные изменения, однако позаботился о сохранении основного смысла, который хотел донести до людей. Прошли тысячелетия, а Библия — до сих пор ключ к жизни вечной.

Со времени учебы в медицинском университете я знал, что в наших клетках есть ДНК. В этой чудо-кислоте запрограммирована специфика нашего существования. Молекула ДНК состоит из пяти простых белков, которые мы помечаем определенными буквами, и содержит генетическую информацию. На лекциях по биологии нас уверяли, что со временем в работе ДНК могут случаться определенные сбои. Но большинство из них несущественно. Я жив до сих пор. Информация, уникально заложенная в моем теле, до сих пор сохранена и надежно работает. Незначительные редкие «ошибки» не отрицают факт моего существования, точно так же незначительные «изменения» неспособны лишить Библию богодухновенности. Если Бог знает глубины моей души, то Он способен и Вселенную сотворить Словом. Если Он имеет силу повлиять на сущность моего существования и освободить душу от множества тягот, то почему я должен сомневаться в Его способности позаботиться о сохранении книги?

БОЛЬШОЕ ЗАБЛУЖДЕНИЕ

Я жил в заблуждении.

Мне трудно сдерживать слезы, когда я перечитываю написанное. Фундаментальные концепции моей реальности много лет были ошибочными… Парадигма жизни, соответствующая эпохе и влияющая на каждую грань моего существования, была в корне неправильна. Я чувствовал себя так, словно пробудился от сна, длящегося тридцать шесть лет. Контраст между двумя реальностями был впечатляющим.

Глава XVIII

ДОКАЗАТЕЛЬСВА ВЫЗДОРОВЛЕНИЯ

Все отмечали Рождество. Я впервые осознал, что основа английского слова «Рождество» (Christmas) – «Христос» (Christ)! Общество почему-то постонно игнорирует Имя Именинника, несмотря на массовое празднование Его дня рождения. В благоприятное для духовных размышлений время я решил проверить влияние современного христианства на общество. Именно сейчас все должны были бы разговаривать об Иисусе, разве не так? Исчезнет ли ощущение присутствия Духа Святого из моей жизни под прессингом рождественской суеты? «В конце концов, я живу в Байбл-Бэлти, самой христианской зоне США, – вспомнил я. – Где как не здесь можно увидеть настоящую веру?»

На мгновение представил себя неверующим. Покажет ли общество мне истину в это особенное время? Пойму ли я, что Иисус – Спаситель мира, наблюдая за подготовкой к празднованию дня Его рождения?

РОЖДЕСТВЕНСКИЕ ДЕКОРАЦИИ И ОСВЕЩЕНИЕ

Я дождался темноты, чтобы поехать в город. Жена услышала звон ключей, когда я доставал их из кухонного шкафчика.

– Дорогой, ты куда? – поинтересовалась она.

– Поеду прокачусь. Я ненадолго, скоро вернусь.

На улице стоял мороз. Дрожа от холода, я вскочил в салон машины. Жители нашего района зажгли декоративные фонарики и гирлянды – идеальные условия для реализации моей затеи.

Я медленно выехал на главную дорогу. Вокруг все светилось. Голубые, красные, зеленые огни, развешанные на деревьях, мигали со всех сторон. Из каждого двора выглядывал как минимум один северный олень. Санта Клаус, Снеговик и даже любимый олененок всех детишек по имени Рудольф с улыбкой поглядывали на прохожих, которые махали ему рукой. А вот Иисуса или хоть чего-нибудь связанного с приходом Спасителя в этот мир я нигде не увидел.

Поехал дальше, не пропуская ни единой улочки нашего района, однако не увидел даже рождественского вертепа. Заглянул во двор нашего соседа – совершенно ничего, связанного с христианством. Я ехал и ехал. Сердце обливалось кровью. На глаза наворачивались слезы от увиденного в Рождество.

В детстве мне рассказывали, что нужно верить в Санта Клауса. О Боге, Который сотворил меня и всегда был рядом, я никогда не слышал. Вместо этого старательно писал письма на Северный полюс. О молитве Богу, Который знает все мои переживания и болеет за меня, не могло быть и речи. Я искренне верил в бородатого Санту, который должен подарить те подарки, что я просил в письмах. Однако к Небесному Отцу, Который был рядом, на миллиметр от меня, я не обращался никогда. Сердце сжалось от мысли, что Бог всегда пребывал со мной, даже когда я не подозревал об этом, даже тогда, когда Рождество означало для меня лишь подарки, еду, вечеринки, огоньки, семейные вечера и песни. Все это разнообразие не имело ничего общего с Иисусом Христом.

Я не спеша продвигался вглубь района, но не заметил никакой христианской символики: ни освещенного креста, ни имени Иисуса, подсвеченного огнями, ни рождественского вертепа со сценой рождения Иисуса Христа в хлеву. «Очевидно, соседи настолько далеки от христианства, что даже не догадываются, в честь Кого празднуют Рождество», – подытожил я вслух.

МЕСТНЫЙ СУПЕРМАРКЕТ

Разочарованный, я заехал в местный супермаркет. Там было все, чего только душа пожелает. Хотя обстановка напоминала больше психбольницу. У входа активно выпрашивал деньги какой-то деятель в костюме Санта Клауса. Люди внутри толкались, шатались, спорили и даже выясняли отношения. Надутые щеки, кислые физиономии, нетерпение и грубое поведение создавали очень специфическую атмосферу. Я пробрался сквозь хаос к отделу, где продавали товары христианской тематики. Ангелочки, снежинки, блестки, фонарики, игрушечные солдатики, упаковочная бумага окружали меня со всех сторон. Между елочными игрушками, светлячками и декором для улицы я не нашел ничего, относящегося к библейской теме, разве что ангелочков. Ни Библии, ни картин рождения Иисуса Христа, абсолютно ничего, связанного с именем Христа во всем магазине я не увидел. Казалось, что люди вообще забыли о существовании Бога. Но что толку в Рождестве, если в нем нет Иисуса? У меня никогда не было чувства вины по этому поводу, поскольку я ни разу не слышал вразумительного рассказа об Иисусе Христе и не понимал потребности в спасении. Я просто радовался подаркам, семье, друзьям. Но теперь все радостные воспоминания затмило понимание того, в какой лжи я пребывал все тридцать шесть лет моей жизни. Медленно продвигаясь от отдела к отделу, раздраженный обилием рекламы, я едва сдерживал слезы утраченных иллюзий.

РЕСТОРАНЫ

На следующий день я проехался по ресторанам, чтобы выбрать один для обеда, а второй для ужина. Охваченные рождественской суетой, люди толпились у входа и ждали, когда освободится столик. Краем уха я слышал разговоры. Никто не говорил об Иисусе. Я присмотрелся к сидящим за столиками. Никто не молился перед едой. Кое-где стояли новогодние елки, украшенные гирляндами, но ничего не напоминало о Христе. Ту же процедуру я проделал в воскресенье, надеясь услышать хоть слово об Иисусе. Но ничего не изменилось.

Каждый занимался своими делами, воспринимая спокойную жизнь на земле как должное. Я сомневался, знает ли вообще кто-то истину. Наблюдая за людьми, я понимал, что и сам таким был. Далекий от осознания смысла жизни, занятый собой до такой степени, что не замечал никого вокруг. Несмотря на дремучий лес у меня в голове, Бог всегда был рядом, слышал мои слова и знал сердце. К сожалению, я долго не откликался. В посетителях, болтающих на далекие от духовности темы, я увидел самого себя и испугался.

Наконец сел в машину и вернулся домой. «Господи, если Ты слышишь меня и других, то почему они не разговаривают с Тобой? Почему даже не упоминают Твоего имени в обыденных разговорах? Если им нужно спасение, почему ведут себя так, словно жизнь на земле – это их заслуга?» – спрашивал в молитве я.

Тогда я еще не знал, как правильно молиться, поэтому обращался к Богу просто, иногда вообще риторически, чтобы напомнить себе о Его присутствии. Вопреки надеждам увидеть актуальность Иисуса в жизни окружающих, все вокруг убеждало в обратном.

ОФИС

На следующее утро я увидел на работе человека-Библию и очень обрадовался. Она как раз читала Писание и еще не знала, что я стал верующим.

— Тэмми, почему никто не вспоминает о Боге даже на Рождество? — спросил я.

— В смысле? — переспросила она и удивленно посмотрела на меня.

— Я признаю, Что Библия — Слово Божье и что людям необходимо спасение. Я верю, что спасение — это особенное событие в жизни человека. В определенный момент Бог наполняет того, кто к Нему обращается, Своим присутствием. Если среди жителей нашего города есть спасенные люди, то как они могут молчать об этом? Разве спасение — не самое прекрасное состояние, в котором может находиться человек? Разве оно не свидетельствует об истине, которую не знает так много людей?

Я на минуту остановился и посмотрел на свою собеседницу, чтобы убедиться, что она воспринимает мои слова. И снова продолжил:

— Недавно я наблюдал за людьми в поисках очевидных доказательств существования Бога. Судя по их поведению и стилю жизни, духовные вопросы интересуют немногих. Почему же я должен верить в Иисуса Христа, если о Нем никто не говорит?

Женщина выдержала паузу и пристально посмотрела мне в глаза:

— Много людей не знают истину, но еще больше не желают ее знать, даже если ходят в церковь. Многие из них не отрицают существования Бога, Иисуса или какой-либо другой высшей силы, но обычно люди избегают искренних отношений с Творцом и настоящей ответственности перед Ним.

— Если так, то Благая Весть остается благой, но очень далекой. Царство Божье, вечная жизнь, спасение, Бог внутри человека, надежда, мир и смысл жизни вообще... Ничего плохого в этом нет, но... — ответил я, высказывая свое неудовлетворение результатами исследований.

Вошли медсестры, чтобы узнать расписание на утро. Разговор оборвался.

Остаток недели я наблюдал за пациентами и выслушивал их. Я не видел Библии в их руках, не слышал молитв из их уст перед операциями, никто из больных вообще не упоминал об Иисусе. Казалось, совершенно никого не радовал факт существования Бога, никого не интересовало то, что людям необходимо спасение, даже тех, кто знал о Его существовании.

Теперь я смотрел на мир под другим углом. Постоянно напоминал себе, что непостижимым образом Бог слышит каждого человека. Шокировало молчание нашей культуры. Это молчание вынуждало ставить под сомнение мое собственное спасение. «Может я просто стал неадекватным? — спрашивал себя. — Но ведь спасение не зависит от моего состояния. Бог пребывает во мне по другим причинам. Я духовно ожил и все изменилось. Бог слышит молитвы и знает саму сущность моей личности. Несмотря ни на что, Он принимает меня таким, какой я есть!» — от понимания этой истины меня переполняла радость.

ТЕЛЕВИДЕНИЕ

Мне порядком надоела затея постоянно выяснять, вспомнил ли кто-нибудь Иисуса в день Его рождения. Перед глазами был телевизор. Я включил его и начал переключать каналы. Ведущие не сказали ни единого слова о Боге. По правде говоря, несколько нецензурных слов с Его именем все-таки прозвучало в одном из фильмов. Никто не молился, не вспоминал о Господе, не приглашал Его в свои дела. Средства массовой информации навеивали выводы о том, что Бог неактуален для нашего времени, тем более, для наших проблем или семейной жизни. Я вспомнил, как в популярных телешоу постоянно вкладывали в сознание одну и ту же мысль, вычеркивая Бога из реальности. Теперь, когда во мне пребывал Дух Святой, молчание СМИ на Рождество уже не казалось мне позицией нейтралитета. Я ясно видел, что игнорирование Бога – это сознательное отречение.

Постепенно я осознавал новую реальность, которая влияла на сущность моего бытия. Контраст и пропасть между светским обществом, не признающим Иисуса, и явное Его присутствие в жизни людей, искренне верующих в Него, поражали. Было такое впечатление, что вокруг – страна «наоборот». Я был рад своему спасению и не мог понять, почему столько лет находился в обмане, сопровождавшем меня с детства.

Я стремился поговорить с кем-нибудь, но не хотел открываться перед первым встречным. Агрессивно настроенные особы могли обвинить меня в шизофренических отклонениях, наплевать в душу и даже испортить карьеру.

«Расскажу все Тэмми! – решил я. – Ей можно доверять. Она говорит об Иисусе и постоянно читает Библию».

В конце концов, я же высказал ей свои мысли относительно Рождества. Я ждал следующего рабочего дня, чтобы рассказать коллеге о своей мистической встрече с Богом, о том, что чувствую Его присутствие, и о том, как стал спасенным. Прерванный медсестрами разговор нужно было продолжить.

Глава XIX

ТЭММИ

Осмотр пациентов закончился довольно рано. До обеденного перерыва оставалось немного свободного времени — как раз для разговора с Тэмми, «ходячей Библией». Я не мог просто сухо «проинформировать» ее о своем спасении. «Придется проглотить гордость и признать, что я ошибался, когда постоянно критиковал Тэмми» — подумал я. Интересно, как она воспримет эту новость?

Несколько раз я мысленно прокручивал слова, которые собирался сказать. Я не привык признавать свою неправоту. Я понимал, что фразу «Извини, я был не прав» придется говорить не один раз. Ладони вспотели, в груди заныло. «Ты сможешь», — убеждал себя.

Я тихо вошел в лабораторию. Тэмми сидела за столом и… читала Библию. Это не удивило. Я засомневался на мгновение. Греховное эго держало за горло, а спасенная душа стремилась поговорить о Боге.

— Тэмми! — коллега повернулась и вопросительно посмотрела на меня через большие очки, сидящие на кончике ее носа. Казалось, она видит меня насквозь.

— Да, доктор Виман. Что случилось?

— Гм-м-м. Мы можем поговорить наедине в моем кабинете? — спросил я, не в состоянии скрыть волнение.

— Конечно.

Мы вошли в кабинет и устроились в креслах. Офис был в угловой части здания. Две прозрачных стены выходили на автостоянку. Поэтому прохожие часто бросали любопытные взгляды, чтобы рассмотреть, что там внутри. Перед тем, как начать разговор, я опустил жалюзи.

— С вами все в порядке? — удивилась Тэмми. По моей интонации она поняла, что со мной что-то происходит.

— Я хочу рассказать вам, что со мной произошло. Я начал читать Библию. Сначала я хотел подвергнуть критике христианство и разоблачить лицемерных верующих соседей. Ничего не знал и не хотел знать о Боге. Все вокруг не считаются с Богом, а общество пытается убедить в том, что Он не важен в современной жизни и что Его невозможно познать. Целый месяц я исследовал материалы об Иисусе Христе, особенно критику Его Божественной сущности и воскресения. Я приложил максимум усилий. Чем глубже я копал, тем больше убеждался в правдивости Благой Вести. Версия о том, что христианство — это сказка, разбилась о неоспоримые факты. Я решил докопаться до истины, вопреки распространенным заявлениям о том, что она относительна и недоступна. Библия объяснила происхождение и причины всех проблем моей жизни!

Я перевел дыхание и продолжил:

— Выводы меня напугали. После тщательного исследования я поверил в Бога на уровне интеллекта и начал ходить в церковь. Случилось настоящее чудо, поскольку я никогда не принадлежал к людям, которые посещают церковь, наряжаются, как павлины, еще и демонстрируют, насколько они высокоморальны и духовны. «Терять нечего», — решил. Я радовался самоусовершенствованию, возможности почерпнуть что-то духовное из проповедей и глубже осмыслить существование Бога (особенно на праздники), и даже молитвам перед едой я был рад. Мне было вполне достаточно такого базового «религиозного пакета». Но позже с ужасом осознал, что грех сидел во мне с самого рождения, я почувствовал отвращение к своим вредным привычкам и чертам характера. От всего сердца я обратился к Богу, моля Его изменить мою жизнь и простить все грехи. После покаяния я пошел спать с мыслью о том, что слишком уж «раскис» и слишком ударился в религию.

На следующий день, Тэмми, я проснулся абсолютно новым человеком. Свое новое состояние я не мог описать словами. Мысли, молитвы, приоритеты, гнев, разочарование и много другого либо исчезло, либо изменилось. Я не понимал, что случилось, и пытался поставить себе диагноз, допуская вероятность заболевания или гормонального сбоя, но мои опасения не подтвердились. Я вернулся к Библии и понял, что новое состояние объясняется спасением души, дарованным Богом. Итак, я целый день ходил спасенным человеком, ничего не подозревая об этом. Реальность Божьего присутствия потрясала.

— Вот это да, доктор Виман! Невероятно. Я очень рада за вас. Кстати, мы с друзьями регулярно собираемся у меня дома, изучаем и обсуждаем Библию. Так вот, мы много раз молились за вас. Господь такой удивительный!

— Что? Вы молились за меня? Я даже не знаю ваших друзей, а они думали обо мне и молились за спасение моей души? Удивительно. Тэмми, я хочу сказать что-то важное. Я глубоко ошибался в жизни, а особенно насчет Бога, Библии и в отношении людей. Простите меня за то, что я плохо к вам относился. Теперь я начну все с чистого листа. Простите еще раз.

— Конечно, прощаю. Я безгранично рада, что Господь подарил вам спасение. Прощать других легко, если осознаешь, сколько прощено тебе.

— Спасибо, Тэмми.

— А что говорит ваша жена? Как другие отреагировали на это?

— Руфь узнала первой. Она серьезно задумалась о вере в Бога на домашних собраниях церкви. Она обрадовалась моей новости, но, похоже, сомневается, что я долго продержусь.

— Похоже, что все это всерьез и надолго. Я вижу силу Божью в вашей жизни. Конечно, вы не святой. Поэтому будете допускать ошибки и грешить, но уже никогда не будете таким, как прежде. Я уже вижу перед собой намного более спокойного человека. Исчезло напряжение, которое постоянно вас сопровождало.

— И не только. Такое ощущение, что я нахожусь под влиянием успокоительного. Постоянный мир и спокойствие в моем сердце невозможно описать словами. Как будто я дышу другим воздухом.

— Ну а в церковь вы ходите? — поинтересовалась Тэмми.

— Да. Мне понравилась одна община в конце улицы, неподалеку от нашего дома. Хотя музыка там странноватая. Люди поднимают руки, закрывают глаза. Я не совсем понимаю, в чем смысл.

— Почему?

— Странно видеть поклонение Богу в музыке.

— А вы любите спорт, доктор Виман? Смотрите трансляции матчей?

— Конечно, а при чем тут спорт? — удивился я.

— Когда забивают гол, вы радуетесь? Вы когда-нибудь прыгали от радости, размахивая руками?

— Ну, бывало, — ответил, догадываясь, к чему она клонит.

— Так почему же странно хвалить Бога, Который вас создал и спас? Что плохого в том, чтобы поднимать к небу руки?

— Да, вы правы. Я просто чувствовал себя неудобно и не понимал почему.

Тэмми сменила тему.

— А кроме жены кто-нибудь еще знает, что вы спасены?

— Пока что нет. Я целую неделю убеждался в том, что Иисус не оставит меня. Наблюдал за другими людьми, пытался найти доказательства присутствия Иисуса Христа в их жизни. Побывал в ресторане, супермаркете, торговых центрах, ездил по всему городу.

— И что вы увидели?

— Молчание. Тэмми, если Бог близок к нам, слышит наши слова, знает наши сердца, то почему никто об этом не говорит? Попробуйте проверить, сможете ли вы найти хоть какое-то доказательство присутствия Бога в жизни людей. Разве можно молчать о том, что затрагивает саму сущность нашего существования?

— Люди, и правда, вычеркнули Бога из своей культуры, доктор Виман. Вокруг много религиозности, но мало настоящих отношений. Все хотят «идеи» Бога, а не Его реальности или ответственности перед Ним. Фраза «я тоже верю в Бога» не означает, что «тоже верующий» спасен или находится в глубоких отношениях с Ним. Так что вы совершенно правы. Тот, для кого Бог действительно реален, не может молчать. И это правильно. Как люди поверят в Иисуса, если не увидят Его в жизни своих друзей?

— Тэмми, я нечасто встречал людей, чью веру видно за километр. Но вы одна из них. Я наблюдал за вами на работе, чтобы проверить, есть ли Бог на самом деле, хотя никогда об этом не говорил. Наверное, душа моя тянулась к Нему, но я боялся влияния истины на мою жизнь. Несколько раз верующие пытались рассказать мне об Иисусе, но я не слушал их. А если бы послушал, то пришлось бы признать, что они правы, и тогда вся моя жизненная парадигма оказалась бы в корне ошибочной. На ней базировалась личность, детство, семья, стиль жизни, но эта парадигма была ложной. Интересно, сколько еще таких людей, как я, могут посмотреть правде в глаза и измениться?

Тэмми, мое прошлое напоминает пустой звук. Я жил обособленно от Бога с самого рождения. Годы отношений, учебы, жизненного опыта попросту пролетали без упоминаний о Боге. Грустно и странно осознавать то, что Он был рядом все это время. Тишина прошлых лет пугает. Существование ада и крайняя нужда в спасении абсолютно реальны. Я словно пробудился от глубокого сна. Когда спал, все казалось нормальным. Но теперь, когда проснулся, это «нормальное» кажется мне кошмаром. Я чувствую себя Киану Ривзом в фильме «Матрица». Ты смотрела этот фильм?

— Нет.

— Это жанр фантастики. Но я увидел в нем параллель со своей жизнью. Главный герой по имени Нэо неожиданно обнаруживает, что реальность, в которой он существовал, фальшива. Вся его жизнь — ложь и обман! Я чувствовал себя точно так же. Спасение, вечная жизнь и небесный аспект христианства прекрасны, но тот свет, в котором я сейчас вижу свое прошлое, шокирует.

— Настало время рассказать об этом людям, доктор Виман.

— Хорошо. Начнем с Дэйши. Вы можете ее позвать?

— Конечно.

Тэмми по-товарищески меня обняла и ушла. Дэйша — главная медсестра и прекрасный товарищ. Я понятия не имел, во что она верит, но хотел, чтобы именно она следующей услышала мое свидетельство. Слушая мой монолог, Дэйша широко улыбалась. Когда я закончил, она так же, как Тэмми, обняла меня и заявила, что тоже христианка.

— Это невероятно, доктор Виман! Как же я рада за вас!

Камень упал с плеч. Коллеги-профессионалы не подумали, что я потерял рассудок. Главная медсестра знала все о спасении и Духе Святом. Шикарно!

Теперь я с наслаждением рассказывал другим о своих ощущениях, ведь встреча с Богом и Его реальное присутствие в жизни были для меня чем-то невероятным и прекрасным. Душа словно оживала и наполнялась энергией, когда я рассказывал людям о том, как в мою жизнь пришло спасение. Интуитивно я ощущал, что именно этим нужно заниматься, делая первые шаги веры, — рассказывать людям о своих переживаниях. Я также ощущал, что в христианстве существует что-то большее, чем просто свидетельство об Иисусе и ожидание своего «билета в рай». Вот только еще не знал, что именно. «Должно быть что-то еще» — размышлял я.

Бог вот-вот откликнется на мои догадки и откроет величайшую истину о том, что такое личные отношения с Ним.

Глава XX

ОТНОШЕНИЯ

На следующий день я задержался в офисе. Дэйша вошла с подарком в руках.

— Доктор Виман, у меня есть кое-что для вас.

Главная медсестра вручила мне упакованный в рождественскую подарочную обертку сверток величиной с небольшую книгу. Я развернул бумагу и увидел новенькую записную книжку в замшевой обложке.

— Что это, Дэйша?

— Молитвенный дневник. Записывайте в него свои молитвы и фиксируйте дату. Время от времени просматривайте свои записи и отмечайте, на какие молитвы Бог ответил. Также это поможет вам четче формулировать молитвенные просьбы.

— Что вы имеете в виду? Бог разве отвечает на молитвы? Как Ему это удается? — наивно спросил я.

Дэйша прикрыла двери и села в кресло:

— Доктор Виман, Бог — ваш Небесный Отец. Как Отец Он любит вас, пребывает с вами, хочет настоящих отношений. Его интересует даже самая маленькая деталь вашей жизни.

— Но как это может быть? Я столько лет жил без Него. В мире миллионы мелких суетных дел, совершенно не связанных с Богом. Как же Он действует в повседневной жизни? Я думал, что достаточно «спастись» и заниматься своими делами до конца жизни, а Бог будет вмешиваться разве что во времена кризисов. Разве Ему нужна эта ежедневная рутина? Если Бог общается с нами на личностном уровне, то и люди должны были бы говорить о Нем в обычной жизни. Но я не слышал этого даже из уст евангелистов. То, о чем вы говорите, звучит, по меньшей мере, странно.

— Возможно, они рассказали бы вам больше, если бы вы их слушали? Участие Бога в жизни каждого человека действительно невероятно, тем не менее, это правда. Слово «Господь» означает «господин». Он стремится быть Господином вашей жизни и хочет помочь вам направить жизнь в правильное русло.

— Ничего себе! Удивительно! Я могу взаимодействовать с Иисусом не только на том свете, но и на этом! Я знаю, что Он слышит меня, Он услышал мою молитву в ночь моего спасения. Наверное, «линии духовной коммуникации» открыты в основном в период трагедий или потрясений, именно тогда люди получают спасение.

— Вынуждена с вами не согласиться. Бог стремиться быть Господином всех аспектов вашей жизни. Но навязываться Он не станет, — уточнила Дэйша.

Я заволновался:

— Но что же мне сделать, чтобы Он стал для меня тем самым Господином?

— Просто общайтесь с Ним постоянно. Рассказывайте Ему обо всем. Спрашивайте, что делать в той или иной ситуации. И самое главное, просите Его направлять вашу жизнь в правильное русло и помогать в принятии решений. Начните с этого и наблюдайте за изменениями вокруг. Регулярно читайте Библию. Вы же сами выяснили, что Библия — это Слово Божье. Также это разговор Бога с вами, а ваши молитвы — ваш разговор с Ним. Получается диалог. Ведь отношения — это обмен мыслями, а не игра в одни ворота.

— А как именно Бог говорит через Библию? — не мог успокоиться я.

— Бог явил себя человечеству через Слово. Вы узнаете, каков Бог и как Он действует из Его Слова — Библии. Строки Святого Писания будут говорить к вашему сердцу. Они прольют свет на определенные аспекты вашей жизни. Истории людей, о которых сказано в Библии, напрямую касаются вас. Их победы и поражения описаны для того, чтобы научить нас. Когда вы будете читать Библию, Дух Святой откроет вам истины, которые касаются вашей жизни. Не забывайте о том, что во время чтения в вас пребывает Дух Святой.

— Звучит слишком хорошо. С одной стороны, прекрасно, а с другой — странновато. Как в кино. На протяжении всей моей жизни я думал, что познать Бога невозможно, что Его не существует в быту, а вы сейчас рассказываете, что Бог руководит всеми деталями личной жизни человека… Если это действительно так, то люди игнорируют Его в невероятной диспропорции! Вы понимаете, насколько серьезны ваши слова? Я вам верю, но вы, наверное, даже не подозреваете, каким было мое прошлое.

— Необходимо время, доктор Виман. Разве можно в один миг познать Бога? Просто молитесь, доверьте Ему свою жизнь, читайте Библию и внимательно следите за тем, что происходит вокруг. Бог сверхъестественно естественен.

— В смысле?

— Люди, которых вы повстречаете на своем пути, обстоятельства, в которых окажетесь, мысли и чувства в вашем сердце — все это будет свидетельствовать о том, что Бог с вами, если будете внимательны к Нему.

— Хорошо. Я бесконечно благодарен Богу за спасение, поэтому с радостью исполню Его повеления и буду познавать Его, поскольку на собственном опыте убедился в Его реальности.

— Доктор Виман, вы обращали внимание на обстоятельства, которые подвели вас к решению покаяться? Не указывают ли они на Божий промысел? Христианство заключается не в том, что человек ищет Бога, а в том, что Бог находит человека и выступает инициатором отношений с ним. Вы не представляете, какие усилия Ему приходится прилагать, чтобы спасти одну душу.

Озадаченный, я молчал. Я быстро проанализировал события, приведшие меня к спасению: путешествие в горы, остров Марко, человек-Библия, пациент, книга Джоша Мак-Дауэлла (Руфь случайно оставила ее на прикроватной тумбочке), сосед, который пригласил в церковь... Я не находил слов.

— Невероятно! Так это не я нашел Бога благодаря интеллектуальным исследованиям, а Он явил меня Себе и спас мою душу! Это Он собирал воедино все детали головоломки и знакомил меня с разными людьми в нужное время в нужном месте. Удивительно! Необходимо все это еще раз обдумать. И спасибо за молитвенный дневник. Что ж, пора домой.

— До свидания, доктор Виман.

Я сел в машину и поехал. По дороге обдумывал слова Дэйши. Не каждый посчитает адекватным хирурга, разговаривающего с Богом. Другое дело — единомышленники. С чего начать? Я твердо знал, что Бог слышит каждое мое слово. Сердце радовалось Божьему присутствию и тянулось к своему Создателю.

МОЛИТВА

«Иисус, я знаю, Ты слышишь меня. Пока что я не понимаю всего, что со мной происходит, но благодарю, что спас меня. Я приглашаю Тебя в свою жизнь и прошу, направляй ее в нужное русло. Формируй из меня ту личность, которая угодна Тебе. Со своей стороны я сделаю все возможное, чтобы идти вслед за Тобой. До сих пор не верится, что Ты был рядом с самого начала моего пути к Тебе, когда я даже не думал о Тебе. Мир убеждал, что познать Тебя невозможно, а все вокруг склоняло к мысли, что Тебя не существует вообще. Почему в детстве я не видел у своих родных настоящей веры? Почему Тебя вычеркнули из школьной программы? Если Ты истинный Бог, почему вокруг столько религий? Так много вопросов... Как же мне слышать Твой голос? Как познать Твою волю? Даже не знаю, с чего начать...»

Остаток дороги домой я ехал молча. Мозг прокручивал одну и ту же мысль. «Мои дети, родители, друзья – не спасены. Они до сих пор живут, ни о чем не догадываясь, как и я раньше. Мне нужно им все рассказать. И не только им, каждому, кто захочет услышать о том, что случилось в моей жизни», – решил я.

Внезапно я понял, почему фанатики из горнолыжной поездки впутали меня в свою авантюру. Я впервые признал, что они поступили правильно! В сердце появилось бремя сочувствия к людям, которые никогда еще не переживали встречи с Богом. Я до сих пор чувствовал реальность ада, в который еще недавно направлялся сам. На душе было неспокойно, хотелось всем рассказать о том, что им необходимо спасение. Я чувствовал себя не совсем уверенно, хотя понимал, что желание рассказать другим о своем духовном опыте соответствует воле Божьей. Дэйша обратила внимание на мысли и чувства... Неужели отношения с Богом уже начались?

Когда все уснули, я отправился в свой домашний кабинет. Он стал моей молитвенной кельей, святыней, в которой я читал Библию и искал Божьей воли. Я начал говорить с Богом обо всем на свете. Сначала чувствовал себя странно, как чудак, который разговаривает сам с собой, однако очень скоро усвоил привычку естественно познавать Бога. Все-таки я должен был наверстать упущенное, поскольку допустил серьезную недоработку в духовных вопросах. В конце концов, мне не терпелось по-настоящему общаться с Богом. «Как прекрасно, что сам Бог стремится общаться со мной!»

«Господи, Дэйша рассказала о том, что Ты хочешь действовать в моей жизни. Вот я здесь, перед Тобой. Готов сотрудничать. Что я должен делать?» – примерно такими были слова моей первой молитвы, чтобы начать полноценные отношения с Богом. Я ощутил внутренний толчок к чтению Библии. Сначала я подумал, что это просто поток мыслей, поэтому попытался продолжить молитву. Но желание раскрыть Библию не давало мне возможности сосредоточиться на монологе. Единственное, что было у меня на уме: «Библия». «Гм, Дэйша сказала, что Бог будет говорить со мной через Библию, ведь это Его Слово. Наверное, стоит начать читать прямо сейчас», – заключил я. Откуда начинать, я не знал. Открыл Новый Завет.

СЛОВО БОЖЬЕ

«Учитель! Какая наибольшая заповедь в законе? Иисус сказал ему: возлюби Господа Бога твоего всем сердцем твоим и всею душею твоею и всем разумением твоим: сия есть первая и наибольшая заповедь...» (Мф. 22:36-38).

«Гм, интересно. И каковы же шансы воплотить этот стих в жизнь? – спросил я себя. – Что Иисус имел в виду? Как проявляет Себя Живой Бог на практике?» В Библии имелись ссылки на другие отрывки, касающиеся этого фрагмента. Я перечитал их. В первом отрывке содержался ответ на мой вопрос, и он привлек мое внимание: «Кто имеет заповеди Мои и соблюдает их, тот любит Меня; а кто любит Меня, тот возлюблен будет Отцом Моим; и Я возлюблю его и явлюсь ему Сам. Иуда – не Искариот – говорит Ему: Господи! что это, что Ты хочешь явить Себя нам, а не миру? Иисус сказал ему в ответ: кто любит Меня, тот соблюдет слово Мое; и Отец Мой возлюбит его, и Мы придем к нему и обитель у него сотворим» (Иоан. 14:21-23).

«Вот это да! – подумал я. – Что означает «Иисус явит Себя» мне и «сотворит обитель»? Обещание интригующее. Нужно понять, что все это значит. Итак, любить Бога – это слушать Его слово. Если любить Бога таким образом – это повеление, то мне нужно знать Его слово, то есть Библию, исполнять написанное, и, таким образом, воплощать в жизнь Его заповедь. Действительно: как я смогу любить Бога, если даже не знаю, что Он говорит мне через Свое Слово?» – сделал вывод я. В тот момент постановил в своем сердце читать и изучать Библию. Помимо молитвы чтение Библии напрямую касалось отношений с Богом.

Я читал Святое Писание каждую свободную минуту. И не мог начитаться. Впечатления усиливались в геометрической прогрессии. Каждый раз я видел что-то новое в Библии. Меня переполняли удивительные чувства, когда Дух Святой открывал духовные истины. Слова говорили к самому сердцу. Открывшиеся истины напрямую касались моей жизни, указывали на сферы, в которых требовались большие изменения, направляли последующие шаги и даже обличали различные ложные представления, которые были у меня в прошлом. До встречи с Богом я никогда не ощущал на себе такого мощного влияния Библии. Теперь слово Божье было необходимо мне не меньше, чем еда на каждый день.

В церкви я познакомился с одним интересным человеком, его называли Библейским Биллом. Он предложил мне прочитать Библию за год. Начали с Нового Завета. Он попросил обращаться к нему за помощью, если что-то будет непонятно, дал адрес своей электронной почты и номер телефона. Мы встречались один-два раза в месяц за обедом, чтобы обговорить прочитанное. Я постоянно вспоминал слова Дэйши, когда смотрел на Библейского Билла. Действительно, сам Бог привел его в мою жизнь, чтобы я четче разобрался в важных духовных вопросах. Я радовался возможности лучше понять Святое Писание.

На одной из наших первых встреч Библейский Билл задал странный вопрос:

– Почему ты ешь каждый день?

– Потому что голодный, – удивился я.

– А что случиться, если ты перестанешь есть? – спрашивал дальше Билл.

– Умру от голода.

– А каково состояние человека, который умирает от голода? Подумай, Грэг, ты же врач.

— Тело ослабевает, человек становится апатичным, находится в болезненном состоянии, ему не хватает витаминов, короче говоря, угасает на глазах.

— Вот! Библия – твоя духовная еда. Дитя не может расти, если не будет питаться. А в духовном смысле ты и есть дитя, которое только появилось на свет Божий. Помнишь слова Иисуса о «рождении свыше»? Так вот. Разве может младенец ходить, разговаривать, самостоятельно есть или защищать себя? Понимает ли младенец вообще, что он младенец? А может ли он взаимодействовать со своим отцом на уровне взрослых?

— Конечно, нет, – я улыбнулся такой простой и понятной иллюстрации.

— Так вот. Сначала убедись, что питаешься здоровой сбалансированной едой – Словом Божьим, – Билл ткнул пальцем в следующий отрывок: «Как новорожденные младенцы, возлюбите чистое словесное молоко, дабы от него возрасти вам во спасение; ибо вы вкусили, что благ Господь» (1 Пет. 2:2,3). Потом продолжил: – Каждая книга Библии имеет определенный духовный рацион, витамины, минералы. Вся книга – это сбалансированная диета. Если игнорировать определенные отрывки Святого Писания, то нарушится весь рацион. Немало христиан ужасно питаются, и, как следствие, не достигают целей церкви, поскольку просто игнорируют системно-методический подход к изучению Библии.

Напоследок Билл сказал:

— И не забывай о грехе. Он, как болезнь, создает много проблем. А вот здоровая диета имеет и профилактическое, и целительное влияние, помогает выздороветь, обновить дух, в конце концов, остановить разрушительное действие греха.

ПРОСЛАВЛЕНИЕ

— Билл, мне нравится церковь. Но для меня важнее учение, а не музыка на служении. Зачем музыканты мучают народ полчаса, прежде чем пастор выйдет на сцену?

— Дело не только в музыке. Прославление – прекрасная возможность подготовить свое сердце к принятию Слова Божьего. Когда мы поем христианские песни, мы фактически демонстрируем ценность наших отношений с Богом и получаем Его благословение. Вообще-то Бог сотворил человека для поклонения. Если мы не поклоняемся Ему, то будем поклоняться чему-то другому, даже не подозревая об этом.

— То есть?

— Например, собственной персоне.

— Ого! Об этом я не думал. Больно признавать, что человек может поклоняться сам себе. Ты прав, Билл. Я поклонялся себе. Почитал сам себя и получал отдачу во всем: в достижениях, карьере, внешности и т.д.

— А ты поклоняйся Богу. Ты был сотворен для этого, Грэг. Возможно, звучит немного непривычно, поскольку ты формировался на поклонении самому себе и материальным ценностям. Собственно, это и является духовным «прелюбодеянием» – поклонение чему-то или кому-то другому, кроме Бога.

— Как же тогда поклоняться Богу? Что нужно делать?

— Помни, что я сказал. Во-первых, воздай Ему честь. Прославь Бога за свое спасение. Поблагодари Христа за то, что Он умер за тебя. Признай Бога твоим Творцом и Отцом Небесным. Подчини Ему свое сердце и жизнь, доверься Ему. Очень важно осознавать свою нужду в Спасителе.

Во-вторых, прими честь от Бога. Прославь Его за то, что Он любит тебя. Ты уже стал свидетелем того, сколько всего Он изменил в твоей жизни ради твоего спасения. Ответь благодарностью за тот факт, что ты – дитя Божье. Музыка помогает сосредоточиться на Боге, особенно песни с глубоким смыслом, в которых говорится о том, что я сейчас рассказал тебе.

— Звучит, и правда, дискомфортно.

— Начни слушать песни прославления и поклонения. Каждое утро размышляй о характере Бога, о том, что Он сделал для тебя. Вслушивайся в слова. Пусть Он сначала наполнит тебя своим присутствием, а потом отдай Ему те чувства, которые Он дал тебе. Подумай, что ты чувствуешь, когда твой сын дарит тебе подарок, купленный на карманные деньги, которые были получены от тебя.

— Хорошо. Попробую.

ОТНОШЕНИЯ С ОТЦОМ

— Билл, меня интересует одна вещь. Дэйша, главная медсестра в моей клинике, сказала, что Бог – мой Небесный Отец, Который хочет отношений. Но как можно строить отношения с тем, кого не видишь? Я понимаю, что молитва – это мой разговор с Богом, а Библия – Слово Божье, которое говорит ко мне... Но чего на самом деле хочет от меня Бог?

— Ты отец двоих сыновей?

— Да.

— А чего ты хочешь от них? Что в ваших отношениях нравится тебе больше всего?

— Время, когда мы веселимся и наслаждаемся общением. Я хочу, чтобы они слушали мои рассказы и реагировали на них, чтобы любили меня, как я их. Я в восторге, когда они подбегают, обнимают, скачут у меня на руках.

Билл внимательно посмотрел на меня. Когда он поднял брови, я, наконец, понял, в чем дело. Бог жаждет таких же отношений со мной, каких я жажду со своими детьми.

— Невероятно! Это настоящие отношения, Билл. Если провести аналогию с детьми, то все становится намного понятнее.

— Невозможно познать Бога без отношений. Ему нужны не пафосные религиозные церемонии, а искренние взаимоотношения. Речь идет совсем не об обрядах, автоматических повторениях сакральных словосочетаний, ношении определенной одежды или посещении архаичных помещений каждую неделю или раз в год. Представь себе, что на протяжении недели дети упрямо тебя игнорируют, не говорят ни слова, хотя ты все время рядом. А в воскресенье наряжаются в парадную одежду, торжественно шагают в зал, задрав нос, разводят красивые разговоры о тебе, но не говорят тебе лично ни слова. Что бы ты думал на этот счет?

— Идиоты, нечего сказать.

— Так почему же Бог должен думать иначе? Базовый принцип построения отношений никуда не исчезает. Будь собой. Будь честным. Будь настоящим. Начинай день с Богом. Именно такой пример показал нам Иисус.

— Понятно.

УТРЕННИЕ РАЗМЫШЛЕНИЯ

Таким образом, я молился перед работой каждое утро, слушал музыку поклонения и читал Слово Божье. Библейский Билл и Дэйша подтвердили, что это три столпа, на которых строятся отношения с Богом. Я запомнил кое-что из слов Билла: «Слово Божье взращивает тебя, прославление наполняет, а молитва воссоединяет с волей Божьей. Тебе необходимо возрастание, наполнение и направление в жизни».

Я начал придерживаться этого режима ежедневно и скоро заметил интересные вещи. Я чувствовал себя бодрым, полным сил и энергии, удовлетворенным, с еще более глубоким миром в сердце по сравнению с тем утром, когда проснулся спасенным человеком. Я размышлял, может ли человек чувствовать себя лучше, чем в момент обращения к Богу? Теперь я был уверен, что да. Музыка стала мне приятной, молитва всегда смягчала сердце, а слова Иисуса Христа освещали душу и формировали новый характер. Я стал обновленным, исполненным энтузиазма человеком благодаря утренним встречам с Богом. Жизнь напоминала электромобиль, который постоянно приезжает на станцию подзарядки аккумулятора. Каждый раз после утреннего общения с Богом я начинал свой день абсолютно удовлетворенной личностью и был не в силах объяснить свои чувства словами.

Постепенно я все ближе ощущал присутствие Божье. Это вызывало невероятный восторг. Я начал осмысливать, каков Бог, как сильно Он любит и что совершил ради меня. В процессе богопознания я не ощущал, что принудительно должен «служить» Ему, скорее, возникло искреннее желание исполнять Его волю. Я буквально не мог дождаться, когда, наконец, придет утро, чтобы провести время с Иисусом Христом. «Не могу поверить, что провожу время с Богом, и Он слышит меня! Это прекрасно!» — ликовал я. Каждый день своей жизни я посвящал Христу, желая угождать Ему. Чувство благодарности переполняло меня настолько, что я больше не ощущал пустоты и одиночества.

Как-то раз я проспал утреннюю молитву и был вынужден начать день без общения с Богом перед работой. Разницу ощутил буквально с первой секунды. Ко мне вернулось раздражение, я стал резким, внутреннее спокойствие куда-то исчезло. Это испугало, так как сразу вспомнилось типичное состояние «бывшего Грэга». Я обнаружил, что есть черты моего старого «эго», которые никуда не делись. Просто каким-то невероятным образом общение с Христом в молитве, прославлении и чтении Библии блокировало плотские проявления моей личности. Я не понимал, каким образом все это взаимодействует, но знал, что связь между телесной и духовной природой человека определенно существует. Поэтому решил делать все, чтобы не упускать утреннее время общения с Богом, укрепляя начало своего духовного пути. Я сравнивал изменения в своем сердце с управлением автомобилем. Мне нужно было позволять Христу поворачивать руль в нужную сторону.

ИЗМЕНЕНИЯ СЕРДЦА

Каждый день я старался поддерживать живые отношения с Богом, молиться, сохранять совесть чистой, доверять Богу все обстоятельства своей жизни. Изо дня в день я наблюдал Божье присутствие в своей жизни, позволяя Ему благотворно влиять на мою душу. Самые первые изменения начались в сердце. Я хотел избавиться от всего, что неугодно Богу. Например, раньше я выписывал журнал для мужчин, на страницах которого чередовались фотографии полуголых девиц, статьи о сексе, спорте и машинах. Никто не принуждал меня вычеркнуть сомнительное издание из списка своих предпочтений, я сам захотел избавиться от этого раз и навсегда.

Когда-то я считал, что христианская жизнь – это скука, фанатизм, запреты и ограничения. Казалось, что верующим запрещали даже веселиться. Теперь я видел, что такие стереотипы не имели ничего общего с настоящим христианством. То, что должно было уйти прочь из моей жизни, теперь утратило свою привлекательность. Во многих случаях, как с журналом, например, я сам желал поскорее избавиться от ненужного. Также Бог открыл мне, что раньше я пытался заполнить пустоту в сердце всевозможными прихотями вместо истинного источника жизни. Теперь, когда я имел то, к чему стремилось сердце и ради чего был сотворен, мне больше не нужны были суррогаты.

Появились и противоположные желания. Бог хотел наполнить мою жизнь чем-то новым, другим. Дела, которыми не хотел заниматься в прошлом, теперь стали актуальными и интересными. Каждую пятницу по вечерам я посещал домашнюю группу, чтобы пообщаться с другими христианами. Мы встречались, делились духовным и жизненным опытом, изучали Библию и даже угощались чем-нибудь вкусным. Еще пару месяцев назад я бы ни минуты не оставался на таком собрании. Теперь же с нетерпением ждал следующей встречи!

БОЖЬЕ ПРОВИДЕНИЕ

Молитвенный дневник, который подарила Дэйша, свидетельствовал о том, что я действительно начал молиться. В одной молитве попросил Бога помочь мне найти друзей-христиан для искреннего и глубокого общения. Почти сразу же я столкнулся с рентгенологом, который тоже был членом нашей церкви. Руфь уже успела познакомиться с его женой в тренажерном зале. Мы стали приятелями, и это помогло мне утвердиться в вере.

Дальше я молился о возможности рассказать кому-нибудь об Иисусе Христе. Однажды к нам в офис пришла женщина со своей матерью, она вела себя очень встревоженно. Я рассказал ей об Иисусе Христе и о том, как человек может обрести жизнь вечную. Эта женщина пошла домой и впервые в жизни обратилась к Богу, молясь о спасении своей души. Я был поражен, когда на следующей неделе она снова пришла в офис и рассказала об этом.

Когда я познакомился с Библейским Биллом, то четко понял, что подобные знакомства — не случайность. Очевидно, что Господь приводит определенных людей в жизнь человека. Моя простая роль заключалась в том, чтобы рассказать о своих переживаниях в подходящий момент или понять, с какой целью эти люди появились на моем горизонте.

Я понимал, что знакомства с людьми не были случайностью или стечением обстоятельств. Не раз удивлялся тому, как Бог помещает меня в среду, где Он Сам хочет видеть меня в определенный момент. Дэйша была права. Я был свидетелем того, как Бог отвечает на молитву и направляет мои мысли и обстоятельства. Теперь знал, что даже наш разговор с Дэйшей был уроком на тему отношений Бога и человека, и я был обязан его усвоить. Естественно, существовал миллион других способов общения Бога с человеком, и самым ярким из них были отношения с другими верующими.

ПРИНЦИП ОТКРЫТЫХ ДВЕРЕЙ И ГОЛОС БОЖИЙ

Время от времени мне казалось, что Господь молчит. Я спросил об этом Библейского Билла.

— Иногда я не слышу голос Бога. Как в таком случае понять Его волю?

— Во-первых, сравнивай свои желания с Библией. Если понятно, что идея не соответствует Писанию, не реализовывай ее. Ведь через Библию Бог давно дал ответы на целый ряд вопросов. Вот почему важно ее изучать. Божья воля может также заключаться в том, чтобы ты глубже вникал в Писание и самостоятельно находил в нем ответы. Он как-бы говорит: «Грэг, Я уже сказал об этом, просто найди ответ». В конце концов, если все же не найдешь ответ, обращайся ко мне или к пастору. Мы попробуем провести параллели между твоей ситуацией и библейскими отрывками, чтобы посмотреть на нее в свете Евангелия.

— Хорошо. А как быть с житейскими вопросами? Например, менять ли работу или, вообще, менять ли что-то радикально?

— Проанализируй, чего ты сам хочешь. Убедись, что твои желания не связаны с грехом и не приведут к нему. Потом посмотри, что по твоему вопросу говорит Библия. Эгоистично ли это желание или направлено на помощь другим людям? Что говорит тебе твоя совесть? После этого попробуй использовать принцип «открытых дверей». Представь комнату со множеством дверей. Ты просто проверяешь каждую дверь, пытаешься открыть одну, другую. Когда в процессе поисков ты молишься и стремишься исполнить Божью волю, Господь открывает именно те двери, которые необходимо открыть, и закрывает все ненужные, чтобы уберечь тебя.

— В смысле? — удивился я, не понимая, о каких дверях твердит Билл.

— Сделай шаг вперед в направлении, о котором ты думаешь, и смотри по обстоятельствам. Например, ты проходишь собеседование на новую работу. Тебя не пригласят туда, где тебе быть не должно. Иногда, лишь переступив порог, ты уже чувствуешь, что тут что-то не так. Интуиция также помогает понять, в какие двери нужно входить. Когда появится предложение, созвучное с Божьей волей, ты обязательно почувствуешь это, перед тобой откроются соответствующие возможности, все будет идти естественным образом. Господь подтвердит изменения в жизни, наполнит внутренним миром и душевным равновесием.

Со временем я усвоил принцип «открытых дверей» с помощью метода проб и ошибок. Когда начинал двигаться по неверному пути, двери «закрывались». Когда выходил на правильную дорогу, наоборот, все двери распахивались передо мной.

У меня было два приятеля. Я хотел рассказать им о смысле Евангелия. Каждый раз, когда я пытался это сделать, что-то мешало и не давало нам встретиться. Все время меня не покидало чувство, что Дух Святой сказал «нет», однако я не понимал, почему. Очевидно, ум человека не способен охватить все процессы, происходящие на духовном уровне. Ведь в других случаях люди сами расспрашивают об Иисусе Христе.

Как-то раз я ощутил Божий призыв поехать в Израиль. Я читал статью в журнале о путешествии на Святую землю, и услышал «тихий нежный голос», который говорил: «Грэг, поезжай». Сначала я не придал этому особого значения, однако позже снова ощутил побуждение поехать в Израиль: «Грэг, отправляйся. Грэг, отправляйся!». Собственно, вот и вся «мистика», но внутренне я был убежден, что это говорит голос Божий. Я позвонил Библейскому Биллу и рассказал о своих размышлениях. Спросил, может ли Бог говорить прямо, например, через чувства. Ведь в Ветхом Завете немало историй о том, как Бог говорил непосредственно к людям. Я не сомневался, что Бог мог сказать и прямо на ухо, но понимал, что обычно Господь общается с нами несколько иначе. Естественно, было бы потрясающе услышать голос Божий на акустическом уровне. Как бы это повлияло на мои отношения с Ним? Все время меня не покидало чувство, что Бог называет меня по имени. Это впечатляло и еще больше укрепляло мою веру.

Билл внимательно выслушал меня и посоветовал проверить идею посетить Израиль принципом «открытых дверей». Я так и поступил, и вскоре убедился, что все «двери» удивительным образом открылись. Обстоятельства оказались полностью благоприятными, а также я легко оформил отпуск. В расписании не было никаких нестыковок. Жена отпустила меня без проблем. Финансов на поездку было достаточно. Я ощущал глубокий мир относительно своего решения. В конце концов, поездка оказала большое влияние на мою дальнейшую жизнь.

ИДТИ ЗА МИРОМ

Я понял, что должен в первую очередь следовать за Иисусом Христом. Внимательно следил за тем, куда ведет мое сердце. Если бы игнорировал то, чего хочет от меня Иисус, сердце и разум не находили бы покоя. Казалось, Дух Святой подбадривал меня: «Давай! Не бойся!» Я ощущал внутреннее побуждение к действиям. Когда делал то, что было на сердце, меня окутывал мир и покой.

Бывало и наоборот. Внутренний голос словно посылал мне сигнал тревоги, когда что-то было неправильно в определенной ситуации. Со временем такие ощущения всегда себя оправдывали. Таким способом Господь говорил мне быть осторожным или обратить внимание на определенные детали. Я понимал, что должен идти за миром. В случаях смятения я наблюдал за обстоятельствами и не спешил с принятием решений. Позже туман развеивался, все становилось на свои места, и мир Божий наполнял мое сердце.

Отношения с Богом были потрясающими! Я просыпался каждый день, не представляя, что Бог совершит в моей жизни сегодня. Как-то наступил один из таких моментов.

Глава XXI

ДЕТИ

Часы показывали половину шестого. Рабочий день оказался тяжелым. Я работал в сумасшедшем темпе. Совершенно не было времени думать о Христе и наслаждаться отношениями с Ним. Я вскочил в машину и обратился к Богу: «Господи, какой же насыщенный сегодня день! Мы были так заняты. Все, теперь едем домой».

Я не общался с Богом целую жизнь, поэтому теперь говорил Ему обо всем на свете. Мне это нравилось. Разговор со своим Творцом всегда напоминал о Его присутствии даже среди тишины. Днем я думал о том, кому еще рассказать о вере в Иисуса Христа, ведь Бог дал мне чудесное свидетельство, и я хотел делиться им с другими.

— Господь Иисус, кто? Кто следующий? — только проговорил и сразу подумал о Брэндоне и Камероне, своих сыновьях. Одному было пять, другому шесть лет. Они уже понимали достаточно, чтобы воспринять рассказ об Иисусе Христе и спасении души. Стало немного страшно, поскольку я не очень представлял, как именно рассказать детям Евангелие и какие подобрать слова. К тому же, гордость мешала мне признать перед мальчиками свою неправоту по отношению к ним в прошлом. Самым страшным было то, что я должен был попросить у них прощения! Однако по мере своего приближения к дому я все сильнее чувствовал необходимость серьезно поговорить с сыновьями. Я пробовал отвлечь себя другими мыслями, но перед глазами все время видел лица моих детей.

— Хорошо, Господи. Я расскажу мальчикам о Тебе.

Если бы не Иисус, я бы и дальше воспитывал сыновей без Бога. Эта мысль пугала меня. Они пошли бы по моим следам, игнорируя Господа, как раньше игнорировал Его я. Необходимость спасения собственных детей не давала мне покоя. Я решил позаботиться о том, чтобы мои дети не выросли в той обстановке, в которой рос я.

После ужина я рассказал Руфи о своем желании:

— Хочу рассказать мальчикам о том, что Иисус Христос подарил спасение моей душе, что Бог существует. Меня мучает то, что я подавал плохой пример всей семье. Дети могли бы расти, совершенно игнорируя Бога, и не обрели бы спасения!

— Хорошо, но как ты собираешься с ними говорить?

— Не знаю. Буду честным и простым. Дети намного умнее и внимательнее, чем мы себе представляем. Думаю, они все поймут. Это Божья воля, чтобы я с ними поговорил. Мы как семья начнем двигаться в новом направлении, и мальчики должны это понять. Полагаюсь на милость Божью.

Жена согласилась и собрала всех в гостиной.

— Послушайте, дети. Папа хочет с вами поговорить, — объявила она.

Мальчики запускали машинки с балюстрады, те разгонялись и вылетали прямо на лестницу.

— Хорошо, мама, — робко ответили дети.

Призыв мамы на разговор с папой, как правило, не предвещал ничего хорошего. На всякий случай мальчики прихватили с собой свои машинки. Возникло напряжение, сердце забилось быстрее. Сыновья устроились на кожаном диване и болтали ногами. Мы с Руфью сели на маленьком диване напротив. Все нервничали.

— Послушайте, мальчики, что я вам скажу. Вы помните, как соседи не обращали на вас внимания? — Сыновья играли машинками, катая их туда-сюда, только на этот раз по рукам, ногам и софе.

— Так вот. Я разозлился на них и начал читать Библию.

— Почему, пап? — поинтересовался Брэндон.

— Потому что они считали себя христианами, а я хотел доказать, что они ведут себя совсем не так, как подобает верующим людям.

— А кто такие христиане, папа? — спросил Камерон. — Я слышал, как один мальчик на площадке говорил про это своему другу.

Казалось, мальчики хотели выяснить этот вопрос.

— Христианин — это тот, кто поверил в Иисуса Христа и попросил у Него прощения за все плохое, что он совершил.

Я хотел рассказать о Духе Святом, но понимал, что это вызовет больше вопросов, чем я мог дать ответов.

— А ты веришь в Бога? — поинтересовался Брэндон, катая машинку по животу.

— Раньше не верил, но теперь да. Бог действительно существует, друзья, и Он всегда находится рядом. Именно об этом я и хотел с вами поговорить.

Как только я произнес эти слова, мальчики сразу отложили свои игрушки и внимательно посмотрели на меня. Я удивился, но продолжил:

— Итак, мои дорогие, я начал читать Библию, потому что рассердился на соседей, но вскоре сам поверил в Иисуса Христа.

— Так вот чем ты занимался все это время! Ты почти не играл с нами, — заметил Брэндон.

— Да. Я изучал Библию и другие книги.

— И что ты узнал?

— Что Бог живой. Он изменил меня. Дети, я прошу у вас прощения за то, что до сих пор ничего не рассказывал вам о Боге. Ведь раньше я о Нем не знал. Теперь мы будем молиться, читать Библию и ходить в церковь.

— А откуда ты знаешь, что Бог живой? — настаивал Камерон.

— Только посмотрите вокруг. Откуда, думаете, все это взялось? Вы, я, мама, собака, деревья, весь мир... Мы не можем видеть Бога, но Его творения мы видим повсюду. Они указывают на Творца. О том, что Бог есть, написано в Библии. В этой книге много историй о жизни людей, которые верили в Бога, общались с Ним. В Библии Бог объясняет людям, Кем Он на самом деле является, и как мы можем Его познавать. Он пришел на землю около двух тысяч лет назад в личности Иисуса Христа. Ученики, которые были с Иисусом три года, написали о Его жизни, и их рассказы есть в Библии. Я обратился к Богу несколько недель назад. Попросил Его простить мне мои грехи. Он услышал мою молитву, а я ощутил Его присутствие.

— Почему же ты не рассказывал нам о Боге раньше? — удивился Брэндон.

— Потому что ошибался. Мы ничего о Нем не знали. В детстве мои родители не рассказывали мне о Боге. Я редко слышал, чтобы кто-то вообще обращался к Нему. Мама ходила в церковь, но на этом ее вера заканчивалась. Она тоже никогда не рассказывала мне о спасении души.

— А что такое спасение души, папа? — спросил Камерон.

— Человек просит у Иисуса прощения за свои грехи, а Бог прощает и больше не вспоминает о его плохом поведении. Когда человек приглашает Христа в свое сердце, Он там поселяется и остается на всю жизнь.

— И теперь Бог в тебе живет, папа? — уточнил Брэндон.

— Да, сын. И в маме тоже.

— Класс! Супер! И как ты себя чувствуешь?

— Раньше я чувствовал себя одиноко, грустно и несчастливо. Помните, как я постоянно кричал на вас по пустякам?

В моих глазах стояли слезы, и я еле сдерживал свой голос:

— О да, мы помним. Ты действительно часто орал на нас, папочка! — подтвердил Камерон.

— Знаю. Я ошибался. Мне очень стыдно за свое поведение. Вы простите меня?

Две головки кивнули в знак согласия.

— Теперь начнем познавать Бога и разговаривать с Ним каждый день.

— Но почему я никогда не слышал, чтобы о Боге разговаривали другие? — удивился Брэндон.

— Сам не знаю, почему люди не говорят о Боге, — ответил я. — Папа до сих пор пытается это выяснить. Но мы больше никогда не будем игнорировать Его.

— Хорошо, пап. А теперь уже можно играть?

— Конечно, вперед!

Комната мигом наполнилась имитацией рева автомобиля и трактора.

Руфь молча слушала и кивала головой. Она была потрясена, когда слышала слова, сходящие из моих уст. До самого вечера она почти ничего не говорила, но я понимал, что моя жена счастлива.

После этого разговора с моих плеч свалился невидимый камень. Облегчение было похоже на действие предохранительного клапана, который выпустил пар из системы. «Клапан» сработал, когда я признал свою неправоту, попросил прощения и взял на себя ответственность, чтобы вести семью в правильном направлении.

После того, как Руфь пошла спать, я зашел в кабинет, включил свет и стал на колени.

— Иисус, я поговорил с сыновьями. Рассказал все, что должен был. Пожалуйста, помоги мне понять, как дальше действовать. Брэндон и Камерон нуждаются в Тебе, яви им Себя. Спасибо, что подарил мне спасение и что сыновья приняли мои слова. Спасибо, Господи.

Слезы потекли из моих глаз, сердце сжалось из-за того, что был плохим отцом для своих детей с самого рождения. «Я мог бы отправить их в ад! О Боже, я чуть не повел их по пути, по которому шел сам! — всхлипывал я. — Спасибо, Боже, спасибо. Прошу простить моих сыновей. Даруй им спасение. Не позволяй им расти без Тебя. Прости меня за прошлое и помоги сегодня. Я принадлежу Тебе. Да будет воля Твоя».

Слова текли рекой вместе со слезами и всхлипываниями, переполнявшими меня. Эта молитва напоминала то, что было в ночь спасения. Только на этот раз мое сердце переполняли еще более глубокие чувства. Совсем недавно я совершал огромную жизненную ошибку: формировал семью в иллюзорной реальности «все нормально и без Бога». Дети бы росли и считали, что все прекрасно без Иисуса Христа и без спасения души. Наконец я успокоился и начал обдумывать, как дальше жить по-новому.

Сердце переполнилось чувством любви к сотрудникам. Настало время рассказать всем им о своей встрече с Богом. Разве сложно общаться с коллегами? Кто-кто, а они должны были заметить изменения в моем поведении. Естественно, они с радостью отреагируют на мое преображение, ведь так?

Глава XXII

БЛАГОПРИЯТНЫЕ ОБСТОЯТЕЛЬСТВА

На следующее утро по дороге в офис я остро ощущал необходимость рассказать медсестрам все, что случилось со мной, от начала и до конца. Прокручивал в уме, какими именно словами расскажу им о том, как поверил в Иисуса и получил спасение. Я был новичком в вере, но знал, что мое желание рассказать другим о своем духовном опыте было угодно Богу. Я ощущал Его присутствие, которое не мог выразить словами. Дух Святой помогал мне синхронизировать свою жизнь с Его волей.

Время для беседы было подходящее, потому что совладелец клиники находился за пределами страны и, соответственно, не планировал со мной встреч, а пациентов записалось не так много. До половины одиннадцатого мы осмотрели всех пациентов клиники, а новые посетители не появлялись.

Только Тэмми и Дэйша имели представление о том, что я задумал. Взгляд Дэйши словно говорил: «Видишь, Господь держит все под контролем, даже пациентов, которые уже ушли, а теперь настало время для беседы». Обстоятельства сложились идеально, как по заказу. Я не помнил, когда в последний раз заканчивал свои дела так рано. Как Бог обо всем догадался? Он явно предвидел все, включительно с моими намерениями, которые совпадали с Его планом. Каким-то образом Он повлиял на расписание пациентов, чтобы мы справились со своими заданиями в рекордное время. Это означало, что Бог знал, какая стадия рака у каждого пациента и сколько времени пойдет на устранение проблемы и завершение операции. У меня голова пошла кругом, когда попытался поставить себя на место Бога. Я вынужден был признать, что Бог может все, в конце концов, на то Он и Бог.

МЕДСЕСТРЫ

Я позвал всех восьмерых медсестер, которые дежурили в тот день, и пригласил их в одну из операционных. Они и не догадывались о теме совещания. По дороге коллеги непринужденно болтали между собой. Однако комната быстро наполнилась тишиной, когда они заметили серьезное и немного нервное выражение моего лица. Переглянулись в поисках того, кто знал причину, по которой их собрали. На сердце лежал груз, и они видели это по моим глазам. Я никогда не собирал медсестер на совещания, а приглашал только врачей. Темой собраний, как правило, были изменения в штатном расписании. Несколько пар глаз любопытно смотрели на меня, но встретившись со мной взглядом, робко опускались. Я окинул взглядом комнату, чтобы выяснить, кто присутствует, а кого нет. У меня сложились добрые отношения с медсестрами, но информация, которая вот-вот должна была сойти с моих уст, вообще не отвечала моему прежнему характеру.

— Уважаемые коллеги. Со мной произошло нечто особенное. И это событие повлияло на всю мою жизнь. Я никогда не верил в существование абсолютной истины и считал, что Бога познать невозможно. В детстве я не посещал церковь и не слышал, чтобы кто-то упоминал имя Бога в нашем доме, в школах, средствах массовой информации и в обществе вообще. Молчание, которым общество окружило Бога, создавало впечатление, что Он неважен и недоступен мне, пока не произошел один случай, о котором я хочу вам рассказать. Бог намного ближе к нам, чем мы можем себе представить.

На этих словах медсестры испуганно взглянули на меня, а некоторые даже сделали кислую мину. Очевидно, ощущали неловкость. Я выдержал паузу и сказал:

— Иисус явил мне Себя невероятным способом. Я не искал Его и не знал религиозных догм, но Бог всегда ждал меня. Когда я впервые к Нему обратился в молитве, моя жизнь изменилась. Ваша жизнь тоже может измениться. Парадигма моего существования, его цель, происхождение, значение и завершение вернулись, наконец, в нужное место. Если вы хотите больше услышать об этом, приходите ко мне в кабинет через десять минут.

Пять медсестер пулей вылетели из комнаты, как только убедились, что я закончил. Трое захотели встретиться и поговорить. Итак, пятеро не желали больше ничего слышать на религиозную тему. Я удивился, что эти женщины не захотели послушать мой рассказ хотя бы из любопытства.

Вскоре я рассказал трем заинтересовавшимся медсестрам о том, что именно со мной случилось. Они услышали все от начала до конца. Разговор длился минут сорок пять. Все время медсестры смотрели на меня широко раскрытыми, удивленными глазами. Я видел, что они были ошеломлены и даже испуганы. Больше всего их шокировало то, что Бог абсолютно реален, что Его можно ощутить всеми фибрами души и пережить спасение. Перед ними предстало очевидное доказательство реальности Иисуса Христа, в котором заключался ответ на вопросы вечности, смерти и греха. Коллеги стали свидетелями невероятного преображения своего начальника, которое произошло буквально у них на глазах за несколько недель. Это не укладывалось в их головах. Медсестры очень хорошо меня знали, они были знакомы с моей семьей, поэтому не могли не заметить очевидных изменений в моем поведении.

Выслушав подробный рассказ, одна из коллег сказала:

— Я выросла в церкви. Но сейчас у меня возникло много вопросов. В первую очередь к моей матери. Я спрошу ее, спасена ли она, «рождена ли свыше», как вы говорили. У меня есть большие сомнения на этот счет.

— Выражение «рождение свыше» синонимично слову «спасение», — объяснил я и показал отрывки из Библии, в которых Иисус сказал, что человек должен родиться свыше, чтобы попасть в Царство Небесное (Иоан. 3:7). Мне было интересно, почему моя коллега, которая столько лет ходила в церковь и слышала об Иисусе Христе, никогда не имела личных отношений с Ним, чтобы получить прощение и спасение души. Это удивляло и беспокоило, но я решил не акцентировать на этом. В любой церкви найдутся люди, ни слова не понимающие из проповедей пастора. Раньше я думал, что ситуация с моей женой (которая практически выросла в церкви, но о спасении даже не слышала) — аномалия, однако сейчас, послушав медсестер, я засомневался. Может, неспасенные люди в церкви — нормальное явление? Но почему?

Несколько месяцев спустя каждая из трех медсестер, с которыми я общался у себя в кабинете, стала верующей. Изменились не только их жизни — атмосфера в их семьях значительно улучшилась.

АССИСТЕНТ ВРАЧА

После встречи с медсестрами я поговорил с ассистентом врача. Он был лет на тридцать старше и всегда относился ко мне, как старый друг. Мы встретились в офисе. Я в который раз рассказал свою историю. Ассистент не сказал ни слова, и я даже не представлял, о чем он думает и каково его религиозное мировоззрение. Напоследок я сказал:

— Пол, я хочу, чтобы ты знал, что Иисус настоящий и живой. Это не какая-то архаическая легенда или система верований о том, как прилично вести себя в обществе. Если ты сам обратишься к Нему с просьбой спасти твою душу и простить грехи, то непременно наступят изменения в твоей жизни. Святой Дух, о котором я уже говорил, наполняет нас изнутри. Самое яркое доказательство реальности Бога — невероятное преображение нашего характера. В минуты прозрения происходит нечто радикальное с нашим существованием в этом мире, прежде чем мы попадаем в рай. Я рассказываю не теорию христианства, а реальные вещи, которые я пережил на собственном опыте. Бог слышит все, что мы говорим! Подумай над этим, Пол.

Собеседник сидел в кресле, но выражение его лица свидетельствовало о дискомфорте. Наконец, коллега осмелился ответить:

— Знаешь, Грэг, я с детства ходил в церковь и прошел все стадии религиозной жизни. Служил в церкви еще подростком, прослушал сотни проповедей. Представь себе, за все эти годы я никогда не слышал, чтобы кто-то расставлял акценты, о которых ты говоришь. Ни один служитель не говорил, чтобы я спасал свою душу через покаяние и «приглашение Иисуса в свое сердце». Церковь, которую я посещал, призывала участвовать в церемонии конфирмации. При этом мне четко объяснили, какие слова я должен говорить и какие действия выполнять. Я верил в то, что говорил, однако повторение религиозных фраз походило на сухой религиозный обряд. От каждого участника ожидали соответствующих действий. Нас уверяли в том, что именно этот обряд официально заверяет наш статус верующего человека. Точно так же становятся членами клуба. Если ты хочешь членства, то должен ознакомиться с правилами, принять их, пройти в случае необходимости определенный тренинг, поставить внизу подпись. Тогда тебя принимают в клуб.

Пол остановился и глубоко вздохнул:

— Я никогда не молился так, как ты. У меня никогда не было «личных отношений с Богом». Да, я знал, что существует «Отец, Сын и Дух Святой», но я даже представления не имел, что Дух Святой может пребывать внутри человека после его покаяния и спасения. В церкви нам не читали Библию и не говорили, что каждый верующий должен читать ее самостоятельно. Я спокойно ходил на тематические курсы, где нас ознакомили с базовыми библейскими сюжетами, но сам я не читал и не исследовал Святое Писание. В моей церкви считали, что подвига Иисуса недостаточно, что каждый сам обязан заслужить жизнь вечную своими поступками.

Теперь наступила моя очередь молчать. Я был шокирован, ошеломлен и встревожен до глубины души. «Как служители церкви могли нести такую чушь? Человек столько времени проходил в церковь и совершенно ничего не знал из базовых доктрин спасения. Почему никто не рассказал Полу о библейском взгляде на спасение? Что толку от религии, если душа не спасена?» — размышлял я.

Когда Пол закончил свой рассказ, я понял одну парадоксальную вещь: «Господи! На пути спасения человека стоит… религия!». От страха и осознания реальности ада и, соответственно, нужды человека в спасении сжалось сердце.

— Пол, ты просто помолись Богу, когда вернешься домой. Обратись к Нему от всего сердца, попроси прощения за свои грехи. Покайся. Еще не поздно. Начни отношения с Богом уже сегодня. Достань Библию и начни ее читать. Там все написано. Прошу тебя, помолись Иисусу, чтобы Он спас твою душу, не медли.

Пол поблагодарил за откровенный разговор и ушел. В тот же вечер он помолился Богу, пережил спасение души и начал живые отношения с Богом. Он прозрел точно так же, как и я совсем недавно. Жизнь Пола наполнилась глубоким смыслом и навсегда изменилась.

В конце рабочего дня я остался в офисе подумать обо всем, что произошло за последние дни. Я сидел в кресле, по-техасски положив ноги на стол, рассматривал стены, увешанные наградами, грамотами, дипломами и сертификатами, свидетельствовавшими о земных достижениях. Мне вдруг стало тошно, когда я понял, что передо мной — стена славы моей персоны. Библейский Билл был прав. Я поклонялся собственным достижениям. Это открытие меня пугало, однако я был вынужден признать, что это так. Я снял все эти вещи и убрал в шкаф.

Когда закончил, снова устроился в кресле и посмотрел на голую стену. Казалось, что теперь я начинаю жизнь с чистого листа. Это мне очень понравилось. Позже я повесил на стену детские рисунки, которые сделали мои мальчики на уроках рисования. Я еще какое-то время сидел в кабинете и думал о событиях дня. Сбивал с толку один вопрос: почему в церквях тему спасения либо случайно опускают, либо специально заминают? Есть что-то неправильное в религии без спасения. Я общался с разными людьми и заметил, что вокруг одной из самых важных тем, спасения человеческой души, существовало множество ложных идей, особенно среди церковных людей. Казалось, что атеисты или далекие от религии люди намного проще воспринимают суть Евангелия Иисуса Христа.

Вместо отчаяния я почувствовал потребность в молитве: «Господи, что происходит? Почему не все воспринимают мои слова? Почему некоторых пугают мои разговоры? Почему собеседники не радуются, как Тэмми и Дэйша, когда слышат о моем прозрении? Я просто ничего не понимаю...»

Что-то действительно шло не так. Из-за того, что открыл для себя истинность христианского послания, я считал, что каждый должен поверить в Иисуса и принять спасение. Ведь жизнь вечная и прощение грехов — невероятные дары. Каждый, как я думал, должен был стремиться получить их. Вместо этого я наблюдал совершенно противоположную картину. Информация, сходящая с моих уст, была лишь вершиной айсберга, за которым осторожно наблюдали окружающие. У меня возникло желание пообщаться с другими верующими на эту тему, но я не представлял, к кому могу обратиться.

«Понятно. Нужно найти пациента, который свалился, как снег на голову. Именно он спросил меня, принял ли я Иисуса Христа как своего Спасителя. Это случилось буквально за несколько дней до моего духовного прозрения. Нужно обязательно поблагодарить этого удивительного человека за такой смелый призыв. Обрадую его, что теперь я спасен. Потом задам несколько вопросов о спасении и о реакции людей на мое свидетельство». Когда я вспомнил о необычном пациенте, сразу же почувствовал облегчение. Итак, следующий шаг определен.

Глава XXIII

ПАЦИЕНТ

РАСПЕЧАТАННОЕ РАСПИСАНИЕ

— Дэйша, нужна твоя помощь. Найди, пожалуйста, в архиве расписание приема пациентов, — попросил я старшую медсестру.

Я указал точную неделю и примерную дату. Мы хранили расписание рабочих смен в отдельной папке, которую ежедневно пополняли. Это было необходимо, поскольку, кроме ведения электронного документооборота, много важных записей врачи и медперсонал делали от руки. Например, медсестра, ответственная за обслуживание пациента, самостоятельно решала, в какую палату его поместить и собственноручно вносила соответствующую пометку в распечатанный бланк.

Пациент, интересующий меня, явился тогда без предварительной записи. Я никак не мог вспомнить его имени, но память подсказывала, что он прибыл в четверг утром три недели назад и лежал в четвертой палате. Я увидел его персональные данные не в компьютерной базе, а в распечатке, написанные синими чернилами, — типичный случай для внеплановых пациентов.

— Без проблем, доктор Виман. Документы я оставлю на вашем столе.

Дэйша принесла папку со всеми распечатками той недели. В бодром настроении я полистал страницы и быстро нашел расписание интересующего меня дня. Глаза интуитивно искали синие чернила, но имени пациента почему-то не было видно. Проверил списки других пациентов, сверил всех, а не только из четвертой палаты. Очевидно, имя пациента куда-то пропало. «Должно же оно где-то быть! Что за дела? Может, не тот день», — удивлялся я. Затем быстро проверил другие данные недели, но имени пациента не было и там. И это при том, что медсестры аккуратно сложили все бумаги в хронологическом порядке. Я смутился. «Я же точно знаю, какая именно была неделя», — напомнил себе.

— Дэйша, принеси, пожалуйста, распечатки на неделю позже и на неделю раньше.

— Хорошо. А что именно вас интересует?

— Ищу одного пациента. Его имя написали в распечатке от руки, потом его направили в четвертую палату. Я уверен, что он пришел именно в ту неделю. Но могу ошибаться, поэтому хочу проверить другие недели. Может, найду там.

— Ясно, — ответила медсестра, — удачных вам поисков.

Сначала я проверил все четверги, однако не нашел и намека на имя загадочного пациента. Ни одного имени в расписании дополнительных операций в четвертой палате. Эти заметки куда-то улетучились!

— Дэйша, послушай, — сказал я, указывая на расписание мистического четверга, потому что до сих пор был уверен, что больной появился именно тогда, — я вижу пациентов всех палат, кроме четвертой. Именно там он находился. Его имя дописали в распечатанный список ручкой, так как он появился в последний момент без предупреждения. Я сам видел имя, написанное от руки синими чернилами. Моя память четко зафиксировала ту распечатку. Я хорошо помню и других пациентов, которых оперировал в тот день. Когда увидел их имена в списке, окончательно убедился, что пациент из четвертой палаты появился именно тогда. На всякий случай я проверил недели до и после. Его там нет. Есть имена всех прооперированных из этой палаты в другие дни, кроме одного. Куда исчезло его имя?

— Гм. Странно, доктор Виман. А почему вам так необходимо разыскать того пациента? Вы уверены, что то был именно он?

— Уверен, уверен, — сказал я раздраженно.

— Ну что же, в таком случае нужно проверить электронную базу. Кроме распечаток мы еще вносим данные в компьютер. Вы сами разработали эту систему учета. Его фото должно быть в соответствующих бланках и отчетах. Возможно, мы забыли записать его имя в распечатке, а вам просто показалось, что вы видели его там. Проверьте базу. Он должен быть там. Фото поможет сразу определить, он это или нет.

— Спасибо, Дэйша! И как я сам до этого не додумался? — сказал я, поворачиваясь в кресле к компьютеру.

ЭЛЕКТРОННАЯ БАЗА ДАННЫХ

Я открыл электронный список пациентов того четверга. В общем перечне не было данных о том, какой врач их вел и в какой палате они находились, поэтому я вынужден был распечатать список и проверить отдельно каждого пациента. Имен было около двадцати. Одну за другой я открывал индивидуальные электронные карточки, рассматривал каждое фото и уточнял, какой именно врач занимался пациентом. Наконец дошел до последнего и замер. Дважды щелкнул на файл с фото, затаил дыхание и внимательно всмотрелся в лицо.

— Не он. Его здесь нет! — воскликнул на всю лабораторию. — Что за абсурд!

Через мгновение я вспомнил, что кроме имени и фото существовал еще один критерий поиска — медицинские данные. Я четко помнил тип опухоли, дату процедуры и расположение раковых клеток пациента. Зона поражения: левый висок. Воспользовался поиском по этому показателю — безрезультатно. Тогда я попробовал найти данные по типу заболевания: «левая сторона лобной доли и кожи головы» — на случай, если внесли неточные данные, но это также не принесло никаких положительных результатов. Дальше проверил периоды на неделю раньше и позже. Несколько результатов поиска появились на экране, но ни один из них не касался моего пациента. Любое упоминание о нем на всех уровнях просто исчезло. «Невероятно!» — разочарованно воскликнул я.

ПЕРСОНАЛЬНЫЕ КАРТОЧКИ

Я поспешно подошел к стойке регистратуры.

— Дайте, пожалуйста, личную карточку каждого пациента за такую-то неделю, — обратился я к одной из ассистенток. — И распечатайте список всех пациентов в тот четверг. Одного человека вписали дополнительно, мне необходимо его найти.

— Без проблем, доктор Виман. Даже если мы добавляем пациента без предварительной записи, то все равно заводим на него индивидуальную карточку, как и на всех других. Наверное, его имя написали от руки на распечатке, поскольку все документы мы готовим заранее. Этого пациента, в любом случае, зарегистрировали. А вот и список. До конца рабочего дня подготовлю для вас все личные карточки.

В нашем офисе было две независимых системы учета: одна для администрирования, вторая для сбора и хранения медицинских данных. Информацию о каждом пациенте заносили в обе системы. Даже после внеплановой регистрации моего пациента должны были внести в административную базу. Хотя его имя и было вписано рукой, в одной из электронных систем компьютера оно все-таки должно было засветиться.

Я схватил список и поспешил в лабораторию. Сравнил его с другими документами в моей базе. Если непонятным образом имя исчезло и из распечатки, и из медицинской системы учета, то, по крайней мере, в личной карточке пациента оно должно было быть.

Наконец ассистентка принесла карточки. Все имена совпадали со списком пациентов. Должно же существовать еще одно, дополнительное, в последнем списке! Однако… его не было. Меня захлестнула волна гнева и разочарования. Внутренне я весь кипел, как это часто бывало со мной до покаяния. Абсурдность ситуации разозлила не на шутку.

— Доктор Виман, что случилось? — поинтересовалась медсестра. — Вид у вас не очень. Ждет пациент.

— Да нормальный у меня вид! Позже скажу. За дело.

— Хорошо, доктор Виман, как скажете, — запинаясь, ответила коллега. Ее взгляд свидетельствовал о том, что со мной действительно не все в порядке, только она не понимала, что именно.

Остаток утра я несколько раз проверял все бумаги, допуская, что случайно пропустил имя того пациента, хотя давно тщательно все изучил. Его имени не нашлось ни в компьютерной базе, ни в распечатанных документах, ни в личных карточках. Каким образом вся информация об этом человеке улетучилась?

Наступила обеденная пора. Я позвонил программисту, который разработал электронную систему учета для нашей клиники. Остался последний критерий поиска, но база данных не предусматривала возможность воспользоваться им. Речь шла об идентификации фотографий.

– Барри, мне нужна твоя помощь. Я оплачу твою услугу. Разработай мне, пожалуйста, поисковую систему, которая идентифицирует фото клиентов по любому признаку: пол, дата визита, тип опухоли, имя врача и т. д. Мне нужно срочно найти человека по фото.

– Без проблем. На это уйдет несколько недель, – согласился программист.

– Спасибо, Барри.

РЕАКЦИЯ МЕДСЕСТЕР

До конца дня возле моего микроскопа накопилось множество бумаг. Я сидел и работал на компьютере. Несколько медсестер вошли в лабораторию:

– А это вам зачем?

– Помните того человека из четвертой палаты? Он спросил меня, принял ли я Иисуса в свое сердце, а потом исчез, словно его и не было. Странный такой, смотрел все время в потолок и чувствовал себя довольно комфортно. Синди, кажется ты его обслуживала?

Медсестры не понимали, к чему я клоню.

– Да, помню. Он пришел без записи, и мы дополнительно внесли его в список. Я даже обмолвилась коллегам о том, как он нас напугал. Еще подумала, что он какой-то странный. Он все молчал, а потом внезапно выпалил об Иисусе. Это невозможно забыть.

– Слава Богу, что помнишь! Я чуть было не засомневался, существовал ли такой пациент вообще или он просто привиделся… Это долгая история. Тот мужчина действительно поинтересовался, принял ли я Иисуса. Дело в том, что вскоре после его вопроса я действительно стал христианином. Теперь хочу найти того провидца, чтобы поблагодарить его и обрадовать, что моя душа теперь спасена. Вообще-то, нам есть о чем поговорить.

– Спасен от чего, доктор Виман? – удивилась медсестра.

Она была из тех, кто не захотел послушать историю моего обращения. Я подумал, что сейчас прекрасная возможность обо всем ей рассказать.

– От ада и жизни без Бога – вот от чего. Раньше я представить себе не мог, что Иисус существует и жив сегодня. Я воззвал к Нему и попросил, чтобы Он спас мою душу. После молитвы я еще не понимал, как изменилась моя жизнь. Могу рассказать больше, если захочешь послушать.

Я умышленно ответил коротко, так как, судя по выражению лица присутствующих, большого энтузиазма слушать подробности моего духовного опыта у них не возникало. Даже несколько последних слов о том, что моя душа спасена от ада, было уже слишком много для них. Женщины насупили брови, отвели взгляд в сторону и, похоже, намеревались покинуть комнату.

Я вспомнил горы и остров Марко. Чувствовал там себя точно так же, когда в неподходящий для меня момент звучал рассказ об Иисусе Христе. Очевидно, медсестры, как и я тогда, ощутили внутреннее напряжение, страх, дискомфорт. Почему упоминание об Иисусе и спасении человеческой души часто провоцирует подобные реакции? «Должна существовать причина, которая на уровне подсознания вызывает такие ощущения, — я чувствовал себя непривычно, находясь на другом берегу в вопросах веры. — Стоит ослабить напряжение».

— Вам, наверное, странно это слышать. До недавнего времени меня тоже шокировали неожиданные разговоры о Боге, поэтому я прекрасно вас понимаю. Скажу коротко: это правда.

— Так. Хорошо. Ну что ж... — запинаясь, попыталась перевести разговор на другую тему медсестра. — Почему бы вам не проверить распечатки? Кстати, почему они вас так интересуют?

Я не удержался, чтобы не выказать разочарования:

— Потому что имени пациента нет ни в каких других документах! Он исчез даже из электронной базы. Нет ни одной записи, которая бы свидетельствовала, что он вообще показывался нам на глаза. Успокаивает только то, что я не сошел с ума — остальные тоже помнят его.

Медсестра ответила:

— Посмотрите: вот распечатка расписания того дня, когда он был у нас. Видите? В четвертую палату никто не записан. Номера палат отмечены возле имени каждого пациента, но напротив четвертой — пропуск. Однако я хорошо знаю, когда этот пациент появился. Его имя вписали в график синими чернилами. Я своими глазами видела эту запись. Видели ее и другие сотрудники.

На лицах женщин отобразился ужас. Одна из них побледнела, когда посмотрела сначала на меня, потом на бумагу:

— Боже! Боже! — выкрикнула она и выскочила из комнаты.

— Э... Э... Дайте нам знать о результатах ваших поисков, — пролепетала другая.

Коллега не решилась посмотреть мне в глаза. Она мяла в руках какие-то бумаги, чтобы снять стресс. Через минуту пулей вылетела из моего кабинета, будто узнала, что в нем заложена бомба.

С тех пор на работе все изменилось. Несколько медсестер чувствовали дискомфорт в моем присутствии и избегали зрительного контакта со мной. Каждый сотрудник имел возможность услышать мое свидетельство, но этого хотели не все. Некоторые медсестры вообще не желали ни говорить, ни слышать о Боге. Я хорошо понимал, о чем они думают, и сочувствовал им. Таинственное исчезновение пациента и преображение их босса кардинально изменили представление о действительности, а это пугало. Что не говори, имя прооперированного человека, которого они видели своими глазами и с которым здоровались за руку, исчезло из всех возможных записей!

Я задержался допоздна, чтобы проверить кипу бумаг. Отложил в сторону все данные про пациенток и сосредоточился только на мужчинах. Известно, что больной работал в церкви. Сознание зафиксировало написанное от руки имя на документе. Поэтому я проверил каждый распечатанный лист и изучил подробную информацию о каждом пациенте. Оказалось, что ни один из них не работал в церкви. Итак, персональные данные о мужчине, которого я искал, исчезли! Я вернулся домой и все рассказал Руфи. Осталось лишь дождаться результатов работы программиста, чтобы воспользоваться новыми возможностями поиска.

РАСШИРЕННЫЕ ВОЗМОЖНОСТИ ПОИСКА

Программист выполнил задание быстро и на следующий день сообщил, что новые возможности поиска разработаны, тестирование завершено, база данных обновлена. Прежде чем перейти к делу, я проверил, какие данные могли вводить ассистенты в электронную базу в тот день, когда пациент пришел на операцию. Для нового пациента существовало две новых записи: предварительная диагностика и послеоперационный отчет. Даже если одну из записей случайно удалили, фотография должна была сохраниться. А информацию о пациенте никогда не удаляли «случайно». Вероятность «случайного» удаления обоих записей об одном и том же пациенте равняется нулю – до сих пор в нашей практике такого не случалось. Кроме того компьютер автоматически генерировал дату визита, поэтому внести ошибочную дату (в случае, если бы это делал работник клиники) было невозможно.

После обеда я, наконец, запустил программу. Начал с поиска соответствующего дня. Монитор запестрел фотографиями каждого пациента, который обращался в клинику. Если моего больного по какой-то причине не сфотографировали, то на месте фото должен был быть серый квадрат над строкой с именем пациента. Я проверил каждый снимок. Его изображения не было. Пересмотрел индивидуальные данные всех, у кого отсутствовала фотография, однако ни один из них не был тем, кого я искал. Дальше я проверил каждый день трехнедельного периода до и после его появления, но безрезультатно. Итак, все возможные записи о визите моего пациента исчезли бесследно.

ЛАБОРАТОРНЫЕ ДАННЫЕ

– Не могу поверить, что его нет! – вслух возмутился я. Тэмми как раз работала за столом.

– Вы о ком? – поинтересовалась она.

– О том пациенте, который спрашивал меня, принял ли я Иисуса. Не могу найти никакой информации о нем. Его имя написали от руки, но все данные о нем исчезли из распечаток, электронной базы и индивидуальных карточек, Тэмми. Из всех систем учета. Это какое-то сумасшествие!

– А лабораторные данные проверяли? Если пациента оперировали у нас, то его имя должны были бы зафиксировать в нашем журнале. Мы всегда фиксируем расположение опухоли, тип заболевания и т. д.

– Еще нет, – ответил я неуверенно.

Я просто забыл про этот вариант. Мне даже стало немного стыдно. Взглянул на журнал операций, который лежал на столе прямо передо мной. Я взял его в руки, словно золотое сокровище. Быстро начал листать страницы, пока не нашел день, когда мой пациент появился в офисе. Сравнил этот список пациентов со всеми другими списками. Нужное имя словно испарилось. Никакой записи о той операции. В ту неделю я не оперировал никого другого с таким раковым заболеванием. К тому же все раковые клетки были удалены еще на первой стадии. Для уверенности я проверил операции других стадий и тоже ничего не нашел!

— Тэмми! Посмотрите, его и здесь нет. Я же говорил... Со мной все в порядке, можете не волноваться. Он действительно приходил... Секундочку! — воскликнул вдруг я, кое-что вспомнив. — Тэмми, пациентам, которых мы оперируем, присваивают порядковый номер во время забора образцов пораженных тканей.

— Неужели? — улыбнулась Тэмми. — Именно я и вписываю в журнал их имена.

— Если он приходил, то ему должны были дать порядковый номер, так?

— Естественно.

— Другие пациенты получили номер после него. Соответственно, в журнале должны быть порядковые номера, присвоенные другим клиентам, которые приходили до и после него.

— Да, и что?

— Если его имя везде отсутствует, почему тогда все номера записаны в четкой последовательности, без пропусков? Невозможно удалить имя из списка, не оставив пропуска и не нарушив нумерацию всех других пациентов. Вы понимаете, к чему я клоню?!

— Да. Если я присвоила ему, скажем, номер 100, то следующие пациенты будут иметь номер 101, 102 и так далее. Если удалить его имя, то между 99 и 101 будет пропуск! Последовательность будет нарушена, определенного номера будет недоставать.

— Так можно и с катушек съехать.

— А может, вам не нужно его искать? — улыбнулась коллега.

— Шутки сейчас некстати, Тэмми, я ведь сутками ломаю над этим голову. Недавно вы «пошутили» насчет Духа Святого — так я неделю потом не мог заснуть.

— А что если это был посланник Божий? — снова улыбнулась она.

Мороз пробежал по коже.

— В смысле?

— Вы не найдете его, доктор Виман, — подытожила Тэмми и направилась к выходу.

— Что вы имеете в виду?

Коллега оглянулась, загадочно улыбнулась с видом человека, который в курсе происходящего, однако больше ничего не сказала. Очевидно, свое мнение она уже высказала.

Что же, напрашивался алогичный вывод. Пациент — никто иной как посланник Божий, явившийся в нашу клинику, чтобы призвать меня принять евангельское послание о спасении. Вообще, я читал в Новом Завете про ангелов — «духов служебных», но никак не мог представить, что посланники Божьи существуют и ныне, исполняют Божью миссию, да еще и втягивают в нее меня. Реальность встречи с ангелом в XXI столетии пугала меня и не укладывалась в голове. Я должен был во всем убедиться сам, прежде чем принять версию Тэмми.

Следующие несколько дней я проверял всю имеющуюся информацию о пациентах. Наконец сдался и понял, что проверять больше нечего. Чувствовал себя, как выжатый лимон, разочарованный в поисках. Я не смог найти пациента и окончательно опустил руки.

— Отнесите, пожалуйста, эти личные карточки в архив, — попросил я медсестру, именно ту, которая накануне испуганно выбежала из комнаты с криками «Боже! Боже!».

— Доктор Виман? — Она хотела спросить о чем-то.

Медсестра видела, что на моем столе кипа бумаг. Ей было страшно задавать лишние вопросы. Голос ее дрожал, зрачки расширились:

— Вы нашли что-нибудь? — наконец отважилась спросить. Весь ее вид говорил о заинтересованности и настороженности.

Я выдержал паузу, посмотрел ей прямо в глаза и сказал:

— То был не пациент.

Медсестра побледнела. Она замерла с медкартами в руках и уставилась на меня, размышляя над последними словами.

— Боже! Господи! – испугано воскликнула и выбежала прочь из лаборатории.

Тэмми все это время находилась в другом углу комнаты. Ее мимика была довольно красноречивой. Однажды мое понимание реальности уже пошатнулось, когда я ощутил Божье присутствие в себе. Как только я привык к новой реальности, пошатнулась и она. Каким образом медкарта пациента, электронные данные, лабораторные записи, фото, вообще все возможные фиксации его визита бесследно исчезли? Каким образом его имя, написанное синим по белому, исчезло из распечатки, которую мы с коллегами видели собственными глазами в день, когда он явился? Ответ и выводы указывали на фактор сверхъестественного, но я ведь не собирался иметь с этим дело. Очевидно, Бог контролирует каждую деталь нашего мира и потусторонней реальности, а вокруг происходит намного больше процессов, чем мы способны увидеть на физическом уровне или осознать на интеллектуальном.

Обдумывая все это, я сидел потрясенный. Неужели Бог послал ангела в мою жизнь, чтобы указать путь ко спасению? Ответ, который мне пришлось признать, был утвердительным.

Глава XXIV

ПРИВИВКА ПРОТИВ ЛЕКАРСТВА

ДРУГ ДЕТСТВА

Я вернулся домой поздно. Позвонил другу, который жил в Вашингтоне Колумбийского округа. Мы вместе выросли, вместе ходили в школу и остались друзьями на всю жизнь. Он придерживался иудейской традиции, но его жена, насколько я помнил, была христианкой. Я очень хотел рассказать ему об изменениях в моей жизни. Возможно, его жена мечтала о том, чтобы кто-то поделился с ним Евангелием. Поскольку Библия тесно связана с иудаикой, я надеялся, что, находясь между «двух огней» — другом детства и собственной женой, он в конце концов примет Иисуса Христа как своего Спасителя.

Набрал номер. Сердце забилось сильнее:

— Привет, Фил.

— Привет, Грэг! Как дела?

— Со мной случилось нечто невероятное. Мою душу спас Иисус. Это невероятно, Фил. Бог действительно есть. Тебе, наверное, интересно узнать все подробности, ведь в первых церквях было много иудеев.

— Что?! Что за ерунда? Ты что, пьяный?

— Нет. Вот что случилось в моей жизни... — Мой друг молча выслушал весь рассказ от начала до конца.

— Прекрасно, Грэг, прекрасно. Рад за тебя. Очевидно, ты нашел то, что делает тебя счастливым.

— Нет, Фил, нет. Разве ты не понял, о чем я? Спасение нужно и тебе. Это не просто болтовня на религиозные темы, речь идет о кардинальных изменениях в человеке. Бог, Который сотворил тебя и меня, это Бог Израиля. Мы говорим об одном и том же Боге. Он явил Себя миру в лице Иисуса Христа, поэтому и пришел на нашу землю и умер вместо нас, чтобы спасти от вечной смерти. Ты же не станешь отрицать, что мы с тобой грешники. Если сомневаешься, то мне не сложно напомнить тебе несколько эпизодов из прошлого.

— Грэг, поговори лучше с Алишей. Она с детства ходит в церковь, училась в христианском заведении. Расскажи все ей. Я не могу понять смысл твоих слов. — Фил передал трубку жене.

— Грэг? Что случилось?

— Алиша, меня спас Иисус Христос. Я теперь христианин. Во мне живет Дух Святой. Я реально ощущаю Его присутствие. Иисус действительно пришел на эту землю и действительно совершил подвиг искупления грехов ради нашего спасения. Он жив и слышит наши молитвы. Это невероятно. Помоги мне убедить Фила, что спасение необходимо и ему.

— Стоп. Ты о чем? Спасение? Дух Святой? Искупление? Слушай, Грэг, Фил и так верит в Бога. Я тоже верю. В чем вопрос?

— Алиша, человеку необходимо родиться свыше, чтобы иметь жизнь вечную. Иисус говорил о том же. Прочитай третью главу Евангелия от Иоанна и убедись сама. Разве тебе ничего не рассказывали об этом в церкви и в христианской школе?

— Не припоминаю ничего такого. «Родиться свыше»? Что за бред? Зачем ты напрягаешь Фила и на ровном месте создаешь проблемы? — спросила она металлическим голосом. — Ты ударился в религию?

— Ничего общего с религией. Настоящее христианство — это не религия, а спасение души и преображение личности. Это не разговоры на моральные или интеллектуальные темы. Бог наполняет Своим святым присутствием человека, который принял спасение, — я сделал ударение на последних словах и недоумевал, почему Алиша восприняла в штыки наш разговор.

— Звучит дико, Грэг. Даю трубку Филу.

— Фил, я не сошел с ума. Ты же мой лучший друг. Кто, если не ты, знает меня, как облупленного. Я самый последний человек в этом мире, который мог бы претендовать на христианство. Зачем мне звонить и рассказывать о кардинальных переменах в жизни, если их на самом деле нет? Кому-кому, а мне ты должен был поверить!

— Я должен все обдумать, Грэг. Твой звонок обрушился на меня, как снег на голову. Я не ожидал, что ты будешь рассказывать о Боге.

Я был в нерешительности:

— Понимаю, Фил. Хорошо. Позвоню тебе на следующей неделе. До связи.

— Хорошо. Поговорим позже.

Я положил трубку, шокированный, насколько мой друг был далек от духовных вопросов. На минуту я представил, что каждый человек на земле стремится узнать правду о Боге, о том, что Он жив и жизнь вечная реальна. Но кто сказал, что все должно идти как по маслу?

«Что происходит с людьми, считающими себя христианами? — удивлялся я. — Жена Фила должна понимать простые библейские истины. Оказывается, она так верит в Бога, что даже не знает элементарных понятий. Ей все равно, спасется ее муж или нет. И это уже третий известный мне человек, который считает себя верующим и при том игнорирует основы христианства. Кажется, эта женщина убеждена, что у нее с мужем все в порядке в вопросах веры, так как они оба верят в существование Бога, а проблемы у тех, кто «ударился в религию». Напрашивался вывод: религия делает прививку против настоящего Лекарства, истинного христианства. Как только религиозный яд вводят в душу, человек отталкивает самого Бога.

С того момента я начал молиться за спасение Фила и его семьи. Бог услышал мои молитвы, но ответил совсем не так, как я себе представлял. Через шесть лет у Фила обнаружили рак последней стадии. Когда смерть буквально дышала ему в спину, он, наконец, прозрел и признал свою нужду в спасении, прощении грехов и жизни вечной. Он боролся с болезнью и в процессе борьбы впустил Иисуса Христа в свое сердце, так же поступила и его жена. Теперь Фил в раю с Господом. Ответ на ту молитву записан в моем молитвенном дневнике. Несмотря на временные страдания моего друга, я с радостью вспоминаю эти события. Бог допустил даже раковую опухоль, чтобы повлиять на сердце Фила и дать ему последний шанс. То, что было горем для неверующего, стало чудом для верующего, поскольку спаслась от вечной гибели его душа.

ЗАБЛУЖДЕНИЕ КАСАТЕЛЬНО ЦЕРКОВНЫХ ОБРЯДОВ

Когда я положил трубку после разговора с Филом и его женой, то ощутил срочную потребность общения с нормальным христианином. Я вспомнил о другом товарище, с которым однажды в детстве посетил церковь. Мы договорились о встрече на следующий день у него в офисе.

– Джим, у меня к тебе есть разговор, – начал я, настаивая на неотложности дела.

– Хорошо. Садись. С чем пришел?

Я сел в черное кожаное кресло напротив рабочего стола, за которым расположился Джим. Я слегка подался вперед, держа руки на коленях. Он комфортно устроился в роскошном кресле руководителя.

– Мою душу спас Иисус. Теперь во мне есть Дух Святой. Господь радикальным образом изменил мою жизнь, после того как я помолился Ему. За одну ночь Он повлиял на мою личность, ощущения и мотивацию. Меня пугает то, что никто из окружающих, кажется, не понимает ни слова из того, что я говорю, за исключением двух коллег.

Я внимательно следил за реакцией моего товарища. Чем откровеннее я вел свой рассказ, тем неудобнее он себя чувствовал. Его лицо исказилось, выдавая внутреннюю тревогу, и он старался не встречаться со мной взглядом. Для него оказалось настоящей пыткой выслушать рассказ о духовном прозрении товарища. «Не могу поверить в это дежавю», – думал я.

– Грэг, это грандиозная история. Мы с тобой верим в одно и то же. Просто с разных сторон подходим к вопросам веры.

– То есть?

– Я тоже верю, что Иисус Христос умер за мои грехи. Одним словом, верю в Господа Бога. Ты просто используешь немного непривычную терминологию.

– Непривычную? Это же терминология самого Иисуса Христа. Если Бог – Спаситель, то какую еще терминологию я должен использовать?

– Дело в том, что не каждый воспринимает и трактует значение твоих слов так, как это делаешь ты. Я не раз слышал, как в церкви упоминали о Духе Святом, но я не совсем понял, что ты имеешь в виду. Мы тоже читаем отрывки из Святого Писания. А крестили меня еще в детстве, у нас такие семейные обычаи, — объяснил Джим, меняя позу.

— Не совсем так. Есть базовые вещи, которые невозможно трактовать, как кому вздумается. В фундаментальных вопросах Библия совершенно четкая. Если Дух Святой не пребывает в человеке, откуда взять «гарантию» его спасения? Спасение дарует Бог, если мы каемся в своих грехах и обращаемся к Нему с просьбой о прощении и изменении жизни. Это очень конкретные вещи, которые не касаются посещения церкви, соблюдения религиозных обрядов, крещения детей и т. д.

— Но моя церковь и вся наша деноминация соблюдает обряды.

— А почему ты веришь?

— Ну… Нам говорят во что верить, и мы верим, — ответил Джим неуверенно.

— Ты читаешь Библию?

— Честно говоря, нет.

— Почему?

— Как почему? Ее же написали простые люди. Нельзя серьезно воспринимать все, что в ней написано. Эта книга, безусловно, важна, но не стоит так углубляться.

Интересно, что именно эти сомнения возникали у меня во время исследования. Только я гораздо серьезнее отнесся к поискам исчерпывающих ответов. Стало понятно, что мой товарищ не готов к серьезному разговору.

— Хорошо, Джим. Мне пора идти. Извини, что немного тебя перегрузил. Спасибо за встречу.

Я понимал, что на этом этапе лучше спокойно уйти, чем разводить бессмысленную полемику. Ответы Джима удивили меня. Я видел, что в моем присутствии он испытывал дискомфорт, а искренние слова о Боге его только раздражали. Джиму объяснили «во что верить», и он «верил». Его научили доктринам, которые не имели ничего общего с Библией. Вместо самостоятельного осмысливания ключевых вопросов веры и признания собственной некомпетентности, он упрямо противостоял моему свидетельству, хотя я говорил ему не о каких-то небылицах, а об Иисусе Христе.

«Почему же церковь затуманила ему разум своими догмами, которые совершенно не касаются Библии? Он еще одна жертва прививки против Евангелия, и эту прививку своими же руками сделало духовенство! Что же происходит?» – отчаянно спрашивал себя. В голове вертелись тысячи мыслей.

«Иисус, настоящий и живой, подарил мне жизнь вечную, и об этом свидетельствует Дух Святой, пребывающий во мне ежесекундно. После физической смерти моя душа будет жить вечно и пребудет в раю в Божьем присутствии. У меня исчезло чувство страха перед смертью, деструктивная концепция эволюции больше не имеет смысла в моих глазах. Бог – мой Отец Небесный, Который сотворил и любит меня. Если эта потрясающая истина наполняет людей надеждой в безнадежном мире, почему никто не рассказывает, что существует настоящее Исцеление? Если провести аналогию с медицинским учреждением, то какой смысл каждую неделю протирать штаны в кабинете врача, разглагольствуя о лекарствах и их целебных свойствах, если никогда не применять их? Это то же самое, что сказать пациентам: «Вот ваши таблетки», а в ответ услышать: «Мы их уже приняли», хотя на самом деле лекарства спрятаны по карманам и никак не воздействуют на организм».

— Бред! — воскликнул я, идя домой. Я должен был поговорить с пастором церкви, в которую ходил. Позвонил в его офис и попросил встретиться. Пастор с радостью согласился зайти ко мне в гости на следующий день.

«Похоже, проблема не в других, а во мне», – подумал я. На самом деле я так не считал, но ведь только недавно стал верующим, и не мог знать обо всем на свете. Я не рассказывал все, что узнал о христианстве, Руфи и другим. Существовал океан информации, в которой я мог потеряться.

Если у меня возникали вопросы, на которые я не мог дать быстрого ответа, самым правильным решением считал молитву: «Господь Иисус, помоги мне, пожалуйста, понять все, что происходит вокруг. Почему люди не верят мне и не понимают, о чем я говорю? Может, проблема во мне? Может, я чего-то не вижу? Помоги мне понять, в чем проблема, Господи».

ПАСТОР, КОТОРЫЙ ВЕРИЛ В БОГА ЛЮБВИ

На следующий день на работе я не мог дождаться вечера, когда пастор Родни должен был прийти ко мне в гости. По иронии судьбы, один из пациентов, который пришел ко мне на операцию, тоже служил пастором в церкви неподалеку. Его беспокоила проблема в лобной части головы. После завершения первого этапа операции у меня появилось «окно», и мы немного пообщались.

— Пастор, несколько недель назад я стал спасенным человеком. Хотя вначале у меня были совершенно другие намерения – доказать фальшь и лицемерие христиан. Таким образом, я взялся за Библию, чтобы найти очевидные доказательства их лукавства. О вере я тогда ничего не знал, а Бог меня вообще не интересовал. Мое внимание привлекли претензии Иисуса Христа на божественную природу. Я решил проверить, так оно или нет. Мои дерзкие намерения закончились спасением души, хотя поначалу я и не понимал, что такое это «спасение». Господь радикально повлиял на меня в одну ночь. Личность, мотивы, эгоцентричная направленность жизни – все изменилось. Я даже думал, что заболел! Еще не понимал, что после искреннего покаяния во мне пребывает Дух Святой.

Я остановил свой монолог, потому что увидел испуг в глазах пастора. Его зрачки расширились. Он искренне удивлялся моему свидетельству, но меня еще больше удивлял страх в его глазах.

В замешательстве я продолжил:

— У меня к вам один вопрос. Я свидетельствовал о своем обращении многим. К моему огромному удивлению, большинство вообще не понимает, о чем я говорю. Новость о моем примирении с Богом не восприняли даже школьные друзья, которые с детства ходят в церковь. Они, скрепя сердце, слушали о том, что Бог пребывает в человеке с момента его спасения и что христианство – не бездумное посещение церкви и не соблюдение обрядов, но настоящие отношения с Богом, которые влияют на повседневную жизнь. Почему люди закрывают уши? Ведь Библия дает ответы на ключевые вопросы бытия... Пастор, если те, кто ходит в церковь, не хотят и слышать о спасении своей души, то какой тогда смысл в церкви? Ведь ад существует. Почему люди не воспринимают серьезно собственную душу и ее участь в вечности?

Наступило молчание. Служитель уставился на меня, на мгновение утратив дар речи. Рядом сидела его жена. Он нервно глянул на нее, но женщина, словно онемела. Происходило что-то не то. Очевидно, мои слова вызвали большой дискомфорт у служителя. Когда тишина стала невыносимой, прозвучал вот какой ответ:

— Мы исповедуем принцип любви. Ведь Бог — это любовь. Он любит нас.

Я наивно полагал, что пастор продолжит свою мысль. Но он не прибавил ни слова! Теперь настала моя очередь молчать. Этот пастор, безусловно, был прав, ведь любому ясно, что Бог есть любовь. Однако за его словами стояло какое-то лукавство и недосказанность.

— Пастор, вы о чем?

— В нашей церкви не принято рассказывать людям о таких негативных понятиях, как суд Божий или ад. Бог любви не может посылать людей на вечную погибель. Это радикалы-фундаменталисты твердят о возмездии, создают кучу проблем и провоцируют общество на вражду. Иисус любит нас, а не обвиняет.

— Секундочку, пастор. Спасение и жизнь вечная — действительно фундаментальные доктрины христианства. Если пастор не воспринимает слов Иисуса Христа и элементарного библейского учения, чем тогда он занимается за кафедрой? Ведь на фундаменте все и стоит! Я тоже верю, что Бог есть любовь. Бог пришел в этот мир, стал Человеком, принял смертную кару, Его пытали и распяли за наши грехи и ради нашего спасения. В Послании к римлянам четко сказано, что плата за грех — смерть, и речь идет о смерти вечной. Бог так любит нас, что послал Сына Своего единородного на смерть за нас. Поэтому самое очевидное проявление Божьей любви я вижу на кресте. Если ада не существует, зачем тогда Иисусу нужно было приходить на эту землю? Зачем нужно было идти на крест? От чего спасать?

Я продолжал:

— Безусловно, Бог есть любовь, но в то же время Он — Бог справедливости. Справедливый Бог не может закрывать глаза на грех. С одной стороны, Его любовь стремится спасти грешников, а с другой, требует справедливого наказания. Вот почему Иисус пошел на крест и понес плату за наши грехи. Бог справедливо покарал грех и одновременно проявил любовь — обеспечил путь спасения для грешников, став для нас Спасителем. Настоящая любовь не закрывает глаза на грех. Например, какие родители по-настоящему любят своих детей: те, кто дисциплинирует их и приучает к порядку, или те, кто позволяет детям делать все, что взбредет им в голову?

— Не каждый верит в то, о чем вы говорите, доктор Виман. Мое мнение таково: вы значительно облегчите себе жизнь, если успокоитесь и позволите каждому самостоятельно решать, что такое истина.

— Извините, пастор, что заставил вас волноваться, но не могу с вами согласиться. Я хорошо знаю, что именно произошло с моей душей, и это не результат своевольного толкования или выбора одного из вариантов христианства. Я убежден, что людям необходимо знать об Иисусе Христе и об острой нужде в спасении своей души.

Больше о Боге мы не говорили. Пациент должен был оставаться в клинике некоторое время, но разговор не клеился. От общения тошнило, я чувствовал себя разочарованным. В попытке поделиться мыслями о глубине веры я наткнулся на еще одну обиженную, раздраженную и неуверенную личность, которой оказался... пастор!

ПАСТОР РОДНИ

— Руфь, я дома. Ты где?

— Наверху. Сейчас спущусь. — Через мгновение жена очутилась рядом, я как раз вынимал вещи из портфеля.

— Скоро к нам придет пастор Родни из «Калвари». Прости, совсем забыл тебя предупредить.

— Хорошо. А что случилось?

— Ничего, Руфь. Просто меня волнует реакция людей на мое свидетельство. Это какая-то нелепость. Почти никто не принимает на веру мои слова, никто не понимает, о чем я вообще говорю.

— Грэг, давай будем реалистами. Нельзя ожидать, что все подряд вот так, на ровном месте, поверят в Бога после твоих слов. Вспомни себя год назад. Ты воспринял бы подобное свидетельство?

— Ты права, Руфь. Но меня удивляет другое. Люди, с которыми я общался, ходят в церковь, считают себя христианами. Я разговаривал с теми, кто должен был знать хоть что-то о спасении души. В этом же и есть ключевой момент христианства! В конце концов, к Богу нужно обратиться. Почему их это удивляет? Послушав аргументы верующих, я почувствовал себя как в страшном сне. Может, это я неадекватный? Может, во мне проблема? Как люди могут годами ходить в церковь и ничего не знать о спасении и Духе Святом? От этого невозможно отречься или утаить, если веришь по-настоящему. Руфь, судя по испуганной реакции моих собеседников, я вижу, что они не хотят ни знать, ни слышать о том, что я говорю.

— Ну и ну! Хотя ведь и я с детства ходила в церковь и тоже никогда не слышала о спасении. На богослужении провозглашались проповеди, в воскресной школе детям рассказывали библейские истории, но никто не говорил о том, что нам необходимо спасение души. Все вертелось вокруг церковной деятельности, а не самого Иисуса. Я никогда не читала Библию, нам вообще никто не говорил, что ее нужно читать. Моя сестра Бэкки, насколько я помню, обрела спасение, когда присоединилась к содружеству христианской молодежи во время учебы в колледже. Она вернулась совсем другой, рассказывала всем о Христе. Даже раздала нам брошюры и приглашения в церковь.

Руфь немного помолчала и продолжила:

— Недавно я начала ходить на домашнее изучение Библии и поняла, что большинство женщин в этой компании не читают Святое Писание. Они болтали о том о сем, но когда я спросила, читают ли они Библию, ответ был отрицательный. А я решила, что начну ее читать.

— В том-то и дело! Христианство лишено основы, и это что-то ненормальное, немыслимое, какое-то сумасшествие прямо! Почему все перевернулось с ног на голову? Почему?

— Не знаю, — задумчиво сказала Руфь.

— Надеюсь, пастор Родни даст этому объяснение. Иначе придется идти к психиатру. Не могу поверить, что люди, которые ходят в церковь всю жизнь, даже не слышали о спасении души. Я-то не ходил в церковь... Чем они там, в конце концов, занимаются, если не приводят людей к покаянию и спасению?!

— Жаль, но это правда. У меня похожая история. Расскажешь мне, что скажет пастор? Я буду наверху с детьми.

— Хорошо.

Наконец наступило семь часов вечера. В двери позвонили. Я пригласил пастора войти, и мы спустились в мой «бункер». Неделю назад я уже рассказал ему свое свидетельство.

В подвале возле газового камина друг напротив друга стояли два диванчика с обивкой из коричневой кожи. Пастор комфортно устроился на одном, а я на другом. Я немного подался вперед в преддверии разговора.

— Родни, спасибо, что пришли. Мне нужно поговорить с вами о своих последних наблюдениях.

— Случилось что-то неприятное? Вид у вас угнетенный, откровенно говоря.

— Дело в том, что я начал рассказывать людям о том, как стал христианином, о «рождении свыше», об исполнении Духом Святым, о реальности Бога. Но никто не понимает ни слова. Интересно, что эти собеседники регулярно посещают церковь. Один из них вообще оказался пастором! Верующие реагировали странно, чувствовали себя неудобно и не хотели меня слушать. Я был уверен, что христиане разделят радость моего спасения. Разве не ради этого пришел Иисус? Разве не ради спасения человечества? Поэтому у меня к вам простой вопрос: почему люди избегают свидетельства о спасении души и перекручивают все, как им нравится? Может это во мне проблема?

Внимательно меня выслушав, пастор неожиданно рассмеялся:
— Грэг, ну ты, брат, даешь! Господи, вот это да!

Он все хохотал и хохотал без остановки. Я удивленно хлопал глазами.

— С чего же начать, — сказал он, когда, наконец, успокоился.

Меня это стало раздражать. Почему пастор не воспринял всерьез мои терзания?

— Родни, а что смешного?

— Не что, а кто. Ты, Грэг. Ты смешной, мой друг. Сам хоть понимаешь, что происходит? Твое свидетельство мощное, как бомба.

Оно не двузначно показывает, что Иисус реален и жив сегодня! Божья работа в твоей жизни настолько глубокая и настоящая, что вынуждает людей очутиться один на один с неудобными вопросами реальности Бога, сущности христианства и состояния собственной души. Не удивляйся, что есть люди, которые по воскресеньям разыгрывают перед публикой церковный театр.

Пастор продолжал:

— Человек по своей сути религиозен, поскольку мы сотворены Богом. Но люди не хотят признавать, что они являются творением, поскольку это ставит их в неудобное положение. Они стремятся заглушить свое религиозное сознание так, чтобы не отзываться на Божий призыв. Хотя Бог всегда рядом и знает каждую их мысль. Сегодня расплодилось много церквей, которые дают людям то, что они хотят получить. Много храмов превратилось в клубы по интересам, посетители которых мнят себя исполненными религиозными добродетелями, чтобы успокоить совесть, избежать личной ответственности перед Богом и не позволить Ему влиять на их жизнь. Созданные людьми лжедоктрины, религиозные обряды и обычаи заменили личные отношения с Иисусом Христом настолько, что обрубили на корню Евангелие, которое на самом деле дает ответ на вопрос спасения души.

— Но, Родни, это означает, что религиозные «театралы» не спасены.

— Да. Они духовно слепы и просто не видят проблему. Людям удобно ничего не менять, особенно, когда перед ними разыгрывают спектакль официальные представители церкви в служебной рясе, успокаивающие своих прихожан, уверяя, что с ними все в порядке. А когда на горизонте, как гром среди ясного неба, появляется кто-то типа Грэга Вимана и срывает маски с лиц, обличая их настоящую сущность, которую они старательно скрывали на протяжении жизни, то можно только представить их панику! Ты заставляешь их не только признать Творца, но и Его реальность в повседневной жизни. Они вынуждены осознать, что Бог слышит каждое их слово и знает, чем они дышат. И что самое страшное, твое свидетельство доказывает, что спасение реально существует! Я смеялся потому, что был невероятно рад, видя, как Господь действует через тебя, чтобы протрезвить религиозных людей и достучаться до их черствых сердец, в то время как ты об этом даже не догадывался!

Он по-товарищески захохотал, но через мгновение сказал очень серьезно:

— Естественно, ты перепугал их, Грэг! С такими верующими разговаривать даже сложнее, чем с атеистами, потому что неверующий, по крайней мере, не заявляет, что «тоже знает Христа», и не утверждает, что в нем «тоже пребывает Дух Святой». Когда рассказываешь историю своей встречи с Богом, они в глубине души ощущают, что на самом деле не имеют того, что имеешь ты. Не забывай, что через честный разговор Дух Святой будет обличать их сердца. Удивленные, искаженные лица и раздражение говорят о том, что твое свидетельство задело их за живое. Парадокс в том, что Господь послал тебя, нецерковного человека, достучаться до сердец тех, кто с детства протирал в церкви штаны. Забавно, что ты даже не догадывался, насколько важна твоя миссия. Грустно, что они не знают Бога по-настоящему. Поэтому пойми мою радость правильно. Я радуюсь за тебя, но волнуюсь за этих людей. Не переставай молиться о них. Простыми словами ты их не переубедишь. Свое дело ты совершил, теперь позволь Богу совершить Свое. Почему бы не помолиться за их души прямо сейчас?

Мы помолились, а потом разговорились на другие темы. Пастор Родни рассказал, что некоторые либеральные семинарии отказались от библейской концепции спасения, отрицают работу Духа Святого в повседневной жизни, отбрасывают сверхъестественный фактор, например, чудеса Иисуса и богодухновенность Библии.

— Пастор Родни, если сила христианства в воскресении Христа, как семинария может отрицать чудеса? Воскресение — наибольшее чудо. Разве отрицание сверхъестественного не отрицает воскресение Христа?

— Да, брат, ты прав.

— Так зачем же им понадобилось придерживаться такой позиции?

— Важный вопрос. Не забывай, Грэг, что у христиан есть враг. В духовной сфере происходит нечто более серьезное, чем просто либеральные тенденции в семинариях или культы личностей, которые отрицают библейскую концепцию спасения и чудеса Иисуса.

Пастор открыл Библию и зачитал отрывок: «Если же и закрыто благовествование наше, то закрыто для погибающих, для неверующих, у которых бог века сего ослепил умы, чтобы для них не воссиял свет благовествования о славе Христа, Который есть образ Бога невидимого» (2 Кор. 4:3-4).

— Многие люди считают, что они спасены, но на самом деле обманывают себя, — продолжал Родни. — Иисус несколько раз предупредил нас об этом в Библии. — Пастор показал следующий отрывок:

«Не всякий, говорящий Мне: "Господи! Господи!", войдет в Царство Небесное, но исполняющий волю Отца Моего Небесного. Многие скажут Мне в тот день: "Господи! Господи! Не от Твоего ли имени мы пророчествовали?" и "Не Твоим ли именем бесов изгоняли?" и "Не Твоим ли именем многие чудеса творили?" И тогда объявлю им: "Я никогда не знал вас; отойдите от Меня, делающие беззаконие"» (Мф. 7:21-23).

— Грэг, ты видишь, о чем говорит Иисус? «Никогда не знал вас» означает, что религиозные особы, которых коробит от одного только имени Иисуса, не знают, что такое личные отношения с Ним. Грэг, они ошибочно полагают, что через показную религиозность становятся сопричастными Христу, но это далеко не так. Для меня это один из самых суровых отрывков Библии.

— И правда, Родни. Я очень хочу достучаться до их сердец.

Мы поговорили о стандартных заблуждениях в современной церкви. Слава Богу, есть множество прекрасных церквей, в которых верно и преданно изучают Библию, и прихожане, не только рассказывающие другим о важности личных отношений с Богом, но и живущие в гармонии с Ним каждый день. Итак, несмотря на заблуждения, распространенные сегодня среди религиозных людей, все-таки существует немало церквей, миссий и организаций, а также отдельных служителей по всему миру, которые демонстрируют Божью любовь, правду и силу, спасающую грешников. Пастор посоветовал мне пообщаться с другими братьями и сестрами в церкви:

— Спроси их о том, как они стали христианами. Ты услышишь много интересных историй, — сказал он на прощание. — А по свидетельству человека можно многое понять.

— Благодарю вас, пастор Родни. До встречи в воскресенье.

Меня поразила беседа со служителем. Я всегда ощущал, что в мире творится что-то непонятное, и объяснения пастора Родни расставили все точки над «i». Я прислушался к его совету и пообщался с людьми после служения. Большинство имело свою «историю». Я попытался охватить как можно больше людей и выяснить, почему в современном обществе столько обмана. В церкви мне встретились потрясающие люди. Их свидетельства и ответы на самые важные вопросы достойны отдельной книги.

Оглядываясь на прошлое, я вижу, что Бог всегда был рядом со мной, несмотря на то, что общество пыталось заставить Его молчать. Я игнорировал очевидное и заглушал истину, когда ее приходилось слышать, поскольку центром моего существования было собственное «я», которое не собиралось отвечать перед кем-либо за свои поступки. Я продвигался по жизни, словно бульдозер, брал от нее все, что мог, только бы удовлетворить свои желания. Однако мои достижения увенчались лишь ощущением собственного ничтожества, душевной пустотой и депрессией. Наступил момент, когда я позволил Иисусу войти в мою жизнь и направить ее в нужное русло. Фактически я только начинал жить. Отношения с Иисусом — удивительный, исполненный прекрасными чувствами образ жизни, который превзошел все мои ожидания. Даже богословский термин «спасение» блекнет на фоне реальности Бога в каждой минуте прожитого дня. Бог — мой Небесный Отец, Лучший Друг, моя Страсть и Источник Силы.

Теперь я хочу задать несколько откровенных и важных вопросов тебе, читатель. Можешь ли ты сказать, что Иисус Христос — твой Спаситель? От этого ответа зависит твоя судьба в вечности. Надеюсь, через эту книгу Бог сказал что-то важное и ценное для твоей души.

Если ты считаешь себя христианином, подумай, пережил ли ты встречу с Богом, когда покаялся всем сердцем в своих грехах, доверился ли Иисусу и попросил ли Его спасти тебя? Уверен ли в том, что Дух Святой пребывает в тебе?

Наконец, считает ли твоя церковь Библию Словом Божьим? Изучаете ли вы ее шаг за шагом от Бытия до Откровения? Говорит ли учение твоей церкви о личных отношениях с Иисусом Христом? Общаешься ли ты с Ним каждый день на личном уровне? Позволяешь ли Богу направлять обстоятельства твоей жизни согласно Его воле? Можешь ли уверенно сказать, что знаешь Его, а Он знает тебя?

Задумаемся над словами апостола Павла: «Близко к тебе слово, в устах твоих и в сердце твоем, то есть слово веры, которое проповедуем. Ибо если устами твоими будешь исповедывать Иисуса Господом и сердцем твоим веровать, что Бог воскресил Его из мертвых, то спасешься, потому что сердцем веруют к праведности, а устами исповедуют ко спасению. [...] Ибо всякий, кто призовет имя Господне, спасется» (Рим. 10:8-10, 13).

В заключение примем слова Иисуса: «Я есмь воскресение и жизнь; верующий в Меня, если и умрет, оживет. И всякий, живущий и верующий в Меня, не умрет вовек. Веришь ли сему?» (Иоан. 11:25-26).

Примечания и ссылки

Глава III

1. Norman L. Geisler, Baker Encyclopedia of Christian Apologetics, (Grand Rapids, MI: Baker Books, 1999), 4-8, 46-48.
2. A. N. Sherwin-White, Roman Society and Roman Law in the New Testament, (Grand Rapids, MI: Baker Book House, 1978), 166-171, 189.
3. Sir William M. Ramsay, The Bearing of Recent Discovery on the Trustworthiness of the New Testament, (London: Hodder & Stoughton, 1915).
4. Sir William M. Ramsay, St. Paul the Traveler and the Roman Citizen, (London: Hodder & Stoughton, 1903), 383-390.
5. Merrill F. Unger, Archaeology and the New Testament, (Grand Rapids, MI: Zondervan Publishing House, 1962).
6. Colin J. Hemer. The Book of Acts in the Setting of Hellenistic History, (Wiona Lake, Ind: Eisenbrauns, 1990).
7. Ramsay, The Bearing of Recent Discovery on the Trustworthiness of the New Testament, pg 222.

Глава IV

8. Josh McDowell, The New Evidence That Demands a Verdict (Nashville, TN: Thomas Nelson, 1999).
9. Frank Morison, Who Moved the Stone? (Grand Rapids, MI: Zondervan, 1958).
10. Geisler, Baker Encyclopedia of Christian Apologetics.
11. Simon Greenleaf, The Testimony of the Evangelists, (Grand Rapids, MI: Kregel Classics, 1995).
12. McDowell, The New Evidence That Demands a Verdict, pg. 258-63.
13. William D. Edwards, MD et al, "On the Physical Death of Jesus Christ," JAMA 1986; 255:1455-1463.
14. McDowell, The New Evidence That Demands a Verdict, pg. 225-31.
15. Ibid, pg. 243-48.
16. Josephus, Antiquities of the Jews, IV.xiii.
17. John A.T. Robinson, The Human Face of God, (Philadelphia, PA: Westminister, 1973), page 131.
18. McDowell, The New Evidence That Demands a Verdict, pg 243.
19. Ibid, pg. 262-72.
20. Ibid, pg. 239-240, 248.
21. Ibid, pg. 250.
22. Ibid, pg. 250-1.

23. Ibid, pg. 272-279.
24. Ibid, pg. 252-253.
25. Josh McDowell, More Than a Carpenter, (Wheaton, IL: Tyndale House, 1977), pg. 60-71.
26. Ibid.
27. Ibid.
28. Ibid.

Глава V
29. McDowell, The New Evidence That Demands a Verdict, pg. 197-201
30. Ibid, pg. 164, 193-194.
31. Ibid, pg. 193-194.
32. Ibid.
33. Peter W. Stoner and Robert C. Newman, Science Speaks (Chicago, IL: Moody Press, 1976), pg. 106-112.

Глава VI
34. McDowell, The New Evidence That Demands a Verdict, pg. 32-45.
35. Ibid, pg. 33-44.
36. Ibid, pg. 38.
37. Ibid, pg. 33-44.
38. Geisler, Baker Encyclopedia of Christian Apologetics, pg. 532-533.
39. F. F. Bruce, The New Testament Documents: Are They Reliable? (Downers Grove, IL: Inter Varsity Press, 1964), pg. 16, 33.
40. McDowell, The New Evidence That Demands a Verdict, pg. 45-53.
41. John W. Montgomery, "Evangelicals and Archaeology," Christianity Today. August 16, 1968, pg. 29.
42. Norman Geisler and Thomas Howe, When Critics Ask: A Popular Handbook on Bible Difficulties, (Grand Rapids, MI: Baker Books, 1992).
43. Greenleaf, The Testimony of the Evangelists, (Grand Rapids: Baker, 1984), vii.
44. McDowell, The New Evidence That Demands a Verdict, pg. 53-54.
45. Ibid, pg. 25-26.
46. William Kirk Hobart, The Medical Language of St. Luke (Dublin, Ireland: Baker Book House, 1954)
47. John chapter 9
48. John 12:9-11
49. Acts chapter 4
50. Walter A. Elwell, Evangelical Dictionary of Biblical Theology, (Grand Rapids, MI: Baker Books 1996), pg. 582-584.

51. McDowell, The New Evidence That Demands a Verdict, pg. 53-68.
52. John McRay, Archaeology and The New Testament, (Grand Rapids, MI: Baker Academic 1991).
53. Unger, Archaeology and the New Testament.
54. McDowell, The New Evidence That Demands a Verdict, pg. 61.
55. Ibid, pg. 61-66.
56. Ibid.
57. Ibid, pg. 67-68.
58. Ibid, pg. 53-54.
59. Ibid, pg. 53-54.
60. Ibid, pg. 58.
61. Ibid, pg. 55.
62. Ibid, pg. 55-56.
63. Ibid, pg. 58.
64. Ibid, pg. 58-59.
65. Ibid, pg. 36, 38.
66. Ibid, pg. 42.
67. Lee Strobel, The Case for Christ, (Grand Rapids, MI: Zondervan, 1998).
68. Ibid, pg. 14.

Глава XXII
69. Billy Graham, The Holy Spirit, (Nashville, TN: W Publishing Group, 1988).

Глава XIV
70. Ibid.
71. Ibid.

Об авторе

Доктор Грэг Э. Виман родился в городе Уилмингтон штата Делавэр. Закончил Делавэрский университет с отличием magna cum laude (с большим почетом), учился в медицинском институте Филадельфийского университета Джефферсона штата Пенсильвания, где был самым успешным студентом курса. Интернатуру проходил в госпитале Пенсильванского университета в Филадельфии, а клиническую ординатуру по дерматологии в медицинском центре Дюкского университета, там же получил высшую квалификацию и прошел хирургическую практику по раковым заболеваниям кожи. В 1998-м году доктор Виман стал соучредителем клиники «Кэри Скин Сэнтэр» в городе Кэри, штат Северная Каролина, где проработал десять лет до 2008-го. В настоящее время заведует собственной клиникой «Си Коуст Скин Серджери» в Уилмингтоне, Северная Каролина.

Доктора Вимана приглашают читать лекции по дерматологии в разных штатах, он также автор опубликованных научных статей.

У Грэга есть несколько увлечений: бег, физкультура кроссфит, миссия помощи детям-сиротам из Украины через благотворительную организацию «Нью Лайф Министриз», а также коллекционирование редких экземпляров Библии.

Грэг Виман женат на Руфи Виман, имеет двоих сыновей Брэндона и Камерона, а также дочь Анну. Всю семью радует бордер-колли по имени Пэппер.

На вэб-сайте www.goddiagnosis.com вы найдете много интересных дополнительных материалов: пособие для самостоятельного изучения отдельных глав, анонсы публикаций следующих книг, расписание презентаций и выступлений, возможность заказать персональный экземпляр с личной подписью автора и связаться с ним.

Если вы считаете, что данная книга может помочь вашим друзьям или знакомым, рекомендуем заказать десять копий для обсуждения в домашних группах по изучению Библии. Специально для этой цели разработаны соответствующие материалы, которые вы сможете найти на вэб-сайте автора. Безусловно, мы будем рады получить ваши отзывы на Амазоне.

www.ingramcontent.com/pod-product-compliance
Lightning Source LLC
Chambersburg PA
CBHW071601080526
44588CB00010B/982